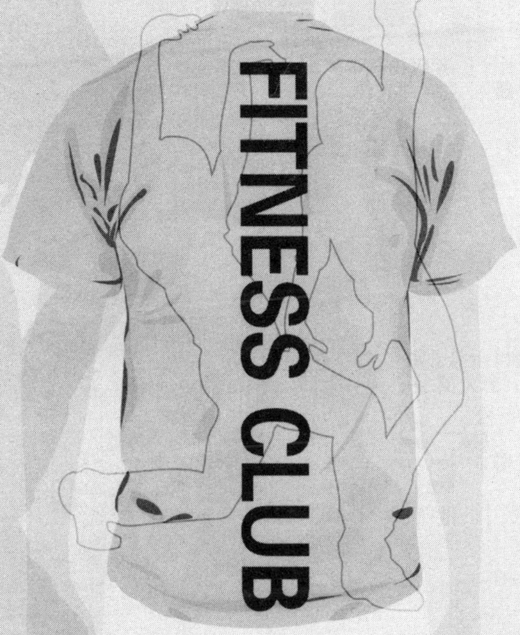

健身俱乐部

经营与管理

主　编　金宇晴　张　林

编　者　何灵光　李　硕　周兴坤

段　戈　张　剑　柳　欣

陈　磊

中国劳动社会保障出版社

图书在版编目（CIP）数据

健身俱乐部经营与管理/金宇晴，张林主编．—北京：中国劳动社会保障出版社，2009
ISBN 978 - 7 - 5045 - 7523 - 4

Ⅰ．健…　Ⅱ．①金…②张…　Ⅲ．健身运动 - 俱乐部 - 经济管理　Ⅳ．G883.6

中国版本图书馆 CIP 数据核字（2009）第 057818 号

中国劳动社会保障出版社出版发行

（北京市惠新东街 1 号　邮政编码：100029）

出 版 人：张梦欣

*

北京北苑印刷有限责任公司印刷装订　新华书店经销

787 毫米 × 1092 毫米　16 开本　20.25 印张　384 千字

2009 年 4 月第 1 版　　2009 年 7 月第 2 次印刷

定价：48.00 元

读者服务部电话：010 – 64929211

发行部电话：010 – 64927085

出版社网址：http：//www.class.com.cn

编者的话

本书总结了我们韦德同仁创业七年以来企业发展中的经验，从健身俱乐部发展的每一个环节给予了系统阐述，并根据一兆韦德的成功发展轨迹总结出一些心得，期待为业内制定行业标准提供可参考的基准，进而为整个行业的发展作出贡献。同时，也希望这本书成为行业从业人员的基础工具书，供他们时时参考。对于本书的问世，我们作为致力于中国健身产业的推动者，尤为高兴。

从编写理念上看，本书的编写力求结构严谨、概念清晰，遵循了从简单到复杂的逻辑顺序。先从宏观整体环境入手，根据我国健身行业发展的实际情况，首次提出了行业发展四阶段理论。接着系统阐述了当前阶段发展的阶段特征，重点谈及了现阶段“整合发展”对于所有健身俱乐部的特殊意义。在微观方面，我们先是对“俱乐部组织机构管理”“俱乐部的布局及设施设备”等健身俱乐部有序经营必备的基本硬件要素给予说明，再转向软性的人的要素，讨论如何做好基础的健身行业从业人员，再谈及在此基础上的健身俱乐部三大人才系统，即客服人员、会籍顾问、私人教练，并详细加以阐述。最后谈及会员管理系统等高新技术对健身俱乐部管理的意义。

从内容特色上看，本书中有大量以实践为基础的创新，例如“俱乐部突发事件处理办法及预防”“内场销售技巧及销售流程”“私人教练日常工作”等章节均是从数以千计的实践案例中精选出来并加以总结而成的，倾注了本书编写人员大量的心血。“整合阶段”的论述充分汲取了新加坡淡马锡入资一兆韦德过程中的经验，详细分析了目前行业发展中业内外资源整合的意义及方法。“健身俱乐部会员管理系统”的介绍是本书另一大亮点，第一次在行业内系统阐述了如何使用会员管理系统、健身系统软件功能、软件应用展望等内容。这些内容是从一兆韦德引入 ERP 系统的实践中总结得出的，值得业内同行借鉴。

特别鸣谢以下对本书的完成作出贡献的同仁：一兆韦德（上海）健身管理有限公司技术总监韩克、董事会秘书史敬辉、人力资源部培训总监金娅玫、IT 部总监何教理、韦德健身管理学院专职培训师王双。

序　一

我曾经多次在演讲中提及“身心健康”这个概念，也多次介绍过一些保持身心健康的方法。在通往成功的路上，我曾深切地感受到良好的身体素质、愉悦的精神状态对于一个渴望成功的人来说有着重大的和决定性意义！短短的几年时间，我亲眼目睹了体育健身产业蓬勃兴起，全国各地的健身连锁企业也借产业的东风，在全民健身浪潮下蓬勃发展。

一兆韦德健身作为这个朝阳产业中最具代表性的企业之一，短期内就从一家小型健身俱乐部迅速成长为国内一流的知名健身企业，赢得了诸如新加坡淡马锡投资公司、中国交通银行、万科等世界各知名企业的青睐和数十万消费者的认可；现在他们又把成功的管理、销售、培训等方面的经验系统归纳总结，无私地提供给业内同行。我曾说过：“用爱心做事业，用感恩的心做人，努力去行动，就一定会成功！”我想，一兆韦德人也是因为具备这些成功的素质，才取得了今天来之不易的成绩。

成功的企业往往离不开几大要素，其中最重要的是企业领导者全方位的卓越能力与素质。而我经常谈到卓越的亲和力、领导力和执行力是成就企业的三大基石。偶然的机会，我巧遇一兆韦德健身年轻的CEO金宇晴先生。从他身上我感受到这三种力量与他个人魅力的完美结合。亲和力，可吸引人才并持续留住人才；领导力，让他年轻的团队时刻保持有效的高速运转；执行力，让他的企业不畏艰险，屡创佳绩。我站在一个培训师的角度看《健身俱乐部经营与管理》一书，很明显可以感觉到本书内容均是从一兆韦德品牌发展历程中的数以千计的案例中精选出来并加以总结而成的。在系统规范化的管理与不断创新中，一个年轻的企业正在走向成熟，一个年轻的企业领导者，正不断把阳光、激情、智慧融入他企业的血脉，并把成功的喜悦、成功者的胸怀带给这个企业的每一个员工。

我由衷的喜悦，不仅仅在于本书问世为行业带来了标准，也在于有这样一个企业，她在为国民的健康而努力、为民族的体育健康产业而奋斗！而一兆韦德品牌迅速成长的过程也是越来越多的国民获得健康、分享到运动快乐的过程。相信金宇晴先生和他的企业将为我的成功学演讲增加新的鲜活的成功案例！是为序。

励志成功学大师　陈安之

序　　二

作为健身行业发展的见证者，我为《健身俱乐部经营与管理》的出版感到由衷欣喜！同时出于对张林先生多年的了解和友谊，我不得不再次表示对本书的强力推荐和对本书出版的祝贺！

数年前，我们就对他出书心怀迫切期待，几番催促。然而，其人工作繁忙已达“来也匆匆，去也匆匆”之境界，令我等热望屡屡落空。

作为年轻的中国健身行业的“老人”之一，张林同其他行业先驱一样，既是中国商业健身俱乐部成长历史的目击者，又是健身企业的经营者，还不时担当着市场进步的推手。

张林刚入行时，国内的商业健身概念还很不清晰，俱乐部业态也颇为幼稚。那时的张林是个具有市政管理硕士学历背景的健美操教练，年轻、热情，笑容如阳光般灿烂。在教操的同时，张林积极“行走”于健身圈，广交同业中人，他在为自己积累人脉资源的同时，也为这个缺乏经验的行业，增加了一些交流与分享的机会。

1998 年，张林与多位教练合作创办了月坛天行健身会，并担任总经理。在国内大型商业健身俱乐部出现之前，“天行健身”称得上是行业内的明星品牌，其不断推出的主题健身推广活动以及流行健身课程的发布时常吸引着媒体和公众的目光，俱乐部经营理念在当时也颇具先锋意识。

2001 年，中体倍力健身俱乐有限公司创建，张林出任总经理，他的事业拥有了更大的平台。此时的商业健身俱乐部市场已是群雄竞起，“中体倍力”的出现，为中国健身行业树立了新的标杆。张林坚持的一贯做法，使他赢得了业内人士的尊重。他与几大品牌的老板始终保持着较密切的沟通，这种做法最直接的好处是：各家都在销售价格上达成默契，避免了低价竞争行为的出现。张林认为，对于一个尚处于培育期的行业来说，对话与合作能使大家取得共赢。

“中体倍力”的事业如日中天的时候，张林却选择离开，加入了正在迅猛发展中的“一兆韦德健身”，只不过他的工作精力更多地集中在健身课程开发和人力资源的培训上，而这正是俱乐部赢利模式的核心内容。

张林以如此资深的行业经历，在本书中谈论健身俱乐部的经营之道，其内容自然能得到读者的信任。实际上这本书表现得颇为厚道，许多被有些人视为商业秘密而讳莫如深或吞吞吐吐的运营方法，本书都慷慨地和盘托出。无论对于健身行业的从业者，还是对于正准备进入这个行业的人，这都是一本非常实用的工具书。

透过书的字里行间，我们还能感受到的就是在金宇晴先生领导下，一兆韦德健身管理团队所展现出的开放胸襟和他们对所坚持的事业的热爱、真诚与尊重。在当前经济危机的背景下，在许多人都在计算俱乐部经营的得失而怨天尤人的时候，这种超越“生意”心态的赤诚情感更显得弥足珍贵。

再次向为本书问世做出重要贡献的一兆韦德健身管理团队表示由衷的祝贺。

《健与美》杂志主编　刘舜

目录
Contents

第3章 成功的会籍顾问

第4章 私人教练

第1章

健身俱乐部从业人员基础知识

作为健身俱乐部的员工，无论是会籍顾问、教练，还是保洁人员，都应该学习一些行业发展历史、健身俱乐部的组织结构、健身的基础知识、营养学基础知识、服务规范和解决投诉的基本方法，因此本章内容是每位健身俱乐部员工的必修课程。

1.1 国内健身行业的发展历史

1.1.1 从健身俱乐部投资主体、开设项目方面了解健身俱乐部的发展

随着国内经济的不断发展，国民健身意识的不断提高，健身行业也得到了长足的发展。

1995 年以前，大部分健身俱乐部的投资者是跳操教练或器械教练。他们大多出于对这一健身项目的酷爱，最初是为了自己训练或找到自己可以做主的“舞台”而开设了健身俱乐部，其中很多以自己的名字命名。其中，大多数健身俱乐部仅仅提供器械训练或跳操，至少比较偏向于提供其中一种健身服务。这时期的健身俱乐部专职人员较少，场地面积多为 500～800 m^2，有的仅租用学校、体育馆或单位场地的部分时间段开展健身项目的经营。

1995 年以后，开始有健身俱乐部中的会员由于自己曾经在健身训练中体会到健身的益处，同时似乎感到了其中的商机，开始投资创办自己的健身俱乐部。这时期的健身俱乐部开始注重服务，有了专职的服务人员，选择的面积也加大到 800～1 500 m^2，并普遍提供器械和跳操项目来满足不同人士的需求。特别是到了 1998 年以后，更多的科学健身理念的普及，使人们开始意识到器械训练对女子塑形的作用，因此，器械区在健身俱乐部的比重也得到了提高。

2000 年以后，更多的公司以商业目的开始投资健身俱乐部。除了器械训练和跳操外，有的健身俱乐部还包括游泳、球类和附属的美容按摩等设施，很多人习惯地把这类健身俱乐部称之为商业健身。

从健身俱乐部投资人的演变过程不难看出，国内健身行业不断发展壮大，投资健身俱乐部这一商业模式受到越来越多人的重视。

1.1.2 从具有代表性的健身俱乐部品牌的发展了解国内健身行业的发展

1. 第一阶段——健身行业的起步阶段

- 1987 年 5 月，国内第一家全天开放的健身俱乐部“利生健康城”成立，标志着专业健身俱乐部的开始。
- 1989 年 7 月，被誉为“公园式的健身俱乐部”的健力宝健身健美乐苑在广州开业。

- 1995年7月，深圳中航健身会成立，至今已在深圳开设10家分店，成为地区知名品牌。
- 1998年5月，北京月坛天行健身会成立，成功推出街舞、搏击操等集体项目，成为从传统健美操教学方法过渡到线性渐近法的推动者。
- 1998年6月，北京浩沙健与美健身俱乐部成立，它目前在国内发展了数十家分店，成为健身行业的知名品牌。

2. 第二阶段——健身行业的积累、摸索阶段

- 2000年11月，上海金吉姆健身俱乐部开业，第一家以品牌加盟的形式引入的国际健身品牌在国内落户，2003年11月由于场地原因关闭。
- 2000年12月，上海美格菲健身俱乐部在上海最繁华的商业地段开业。
- 2001年6月，北京青鸟健身、上海的力美健开业，标志着商业健身的开始。
- 2001年10月，上海一兆韦德健身俱乐部成立，成功地创建了与房地产开发商共同创办社区健身俱乐部的发展模式。
- 2002年5月，中体倍力健身俱乐部成立，它是国内国外两家上市公司联合打造的健身品牌，是国内第一家有美国健身品牌入资的企业，开启了国内健身品牌加盟管理的时代。

3. 第三阶段——健身行业的整合发展阶段

2007年11月，新加坡淡马锡入资上海一兆韦德健身俱乐部管理有限公司，使其成为中国健身行业第一个有商业基金入资的企业。同时，这一事件也标志着中国健身行业进入了整合发展阶段，在健身行业具有划时代的意义。

健身行业的从业人员将期待着健身行业发展的下一阶段，即健身行业的腾飞阶段的到来。

1.2 健身俱乐部管理的组织结构及布局

1.2.1 健身俱乐部管理的组织结构

由于健身俱乐部的公司体系、面积大小、可设项目不同，其内部的组织结构可能会有所不同，以下是一个常规的健身俱乐部的组织结构（见图 1—1）。下面将会对一线服务部门的内容进行介绍，作为健身俱乐部从业人员上岗前的基础培训。

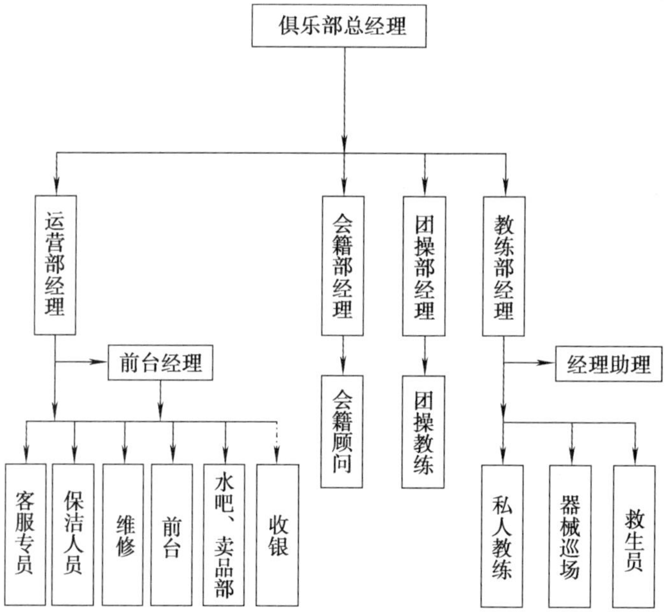

图 1—1　常规的健身俱乐部组织结构

1.2.2 健身俱乐部的布局

健身俱乐部区域可大致分为：接待休息区、训练区、更衣区、运动康复区和办公区。

1. 接待休息区

（1）前台。

（2）水吧、卖品部。

（3）会员休息阅读区。

2. 训练区

（1）心肺训练区。配置跑步机、椭圆仪（运转机）、划船机、功率自行车、台阶器。

（2）等重量器械区。配置单功能训练器。

（3）自由重量器械区。配置哑铃、杠铃、卧推架等。

（4）拉伸区。配置用于拉伸训练的器械和开阔的场地。

（5）普拉提器械或搏击区。根据健身俱乐部的项目可选购器械普拉提设备或拳击台。

（6）有氧操房。开设各类团体课程，如健美操、踏板、街舞、拉丁健美操等。

（7）动感单车房。开设集体的单车课程。

（8）瑜伽房。分为常温的和可以控制温度的热瑜伽房。

（9）亚健康测试区。进行体质检测。

（10）游泳池。

3. 更衣区

（1）淋浴更衣区。分为理容、更衣、卫生间、淋浴、干蒸房和湿蒸房。

（2）公共卫生间。部分健身俱乐部在训练区设立独立的卫生间。

（3）员工休息区。根据实际情况设立带淋浴的员工休息区或仅供就餐的员工休息区。

4. 运动康复区

（1）美容 SPA。

（2）保健按摩。

5. 办公区

（1）销售办公室。

（2）教练办公室。

（3）运营办公室。

（4）店长办公室。

（5）财务办公室。

（6）库房。

1.3 健身基础知识

1.3.1 健康的定义

过去人们对于健康的理解就是指身体的无病状态，只要身体没有疾病就称为健康。20 世纪 80 年代中期，世界卫生组织（WHO）对健康重新进行了定义："健康是指生理、心理及社会适应三个方面全部良好的一种状况，而不仅仅是指没有生病或者体质健壮"。1989 年，世界卫生组织进一步定义了四维健康概念，即"一个人在身体健康、心理健康、社会适应健康和道德健康四个方面皆健全"。同时，世界卫生组织据此制定了健康的 10 条标准：

1. 有足够充沛的精力，能从容不迫地应付日常生活和工作的压力，而不感到过分紧张和疲劳。
2. 处世乐观，态度积极，乐于承担责任，不过分挑剔事物的具体细节。
3. 善于休息，睡眠良好。
4. 应变能力强，能适应外界环境的各种变化。
5. 对一般性感冒和传染病具有抵抗能力。
6. 体重适当，体态匀称，站立时头、肩、臂位置协调。
7. 眼睛明亮，反应敏捷，眼睑不发炎。
8. 牙齿清洁，无龋齿，无疼痛，牙龈颜色正常，无出血现象。
9. 头发有光泽，无头屑。
10. 骨骼健康，肌肉、皮肤有弹性，走路轻松。

1992 年，世界卫生组织在维多利亚宣言中提出了健康的四大基石：膳食合理，适量运动，良好的生活习惯和平衡的心理。这表明大健康概念已经形成并被人们广泛接受。通过体育锻炼、到健身俱乐部从事健身运动，可以发展力量素质、耐力素质与柔韧素质等，这些都有助于满足"有足够充沛的精力，能从容不迫地应付日常生活和工作的压力，而不感到过分紧张和疲劳"，同时在健身俱乐部活动可以提高人们的社会适应力，在减轻精神压力、增强体质的同时，进一步提高自己的健康水平。

1.3.2 体适能

随着健身俱乐部的发展，体适能的概念越来越受到健身教练和健身人群的关注，下面就介绍一下相关的内容。

体适能是指身体具有能够有效并高效率地操作的肌体能力，通常分为健康体适能和运动体适能两种。其中，健康体适能特指身体适应外界环境的能力，即身体有足够的能量去应付日常生活和紧张的工作，并有余力去享受闲暇时间的娱乐活动，同时关键时刻可以应付紧急的、突发的事情。可见，健康体适能对人们的日常生活尤为重要，健身的目的也是不断地提高健身者的健康体适能。运动体适能是为运动员所追求巅峰成绩所需的体能（本书不做详细介绍）。通常，人体健康体适能分为以下5个方面。

1. 心肺功能（心血管耐力）

心脏、肺脏和血管能把氧气运送到工作的肌肉并且可以使运动维持较长的时间。

（1）训练心肺功能的益处

1）减少身体脂肪。

2）降低发生冠心病、心脏病和中风的可能性。

3）提高对多种疾病的抵抗力。

4）改善胆固醇水平。

5）降低血压。

6）提高处理紧张状况的能力。

7）改善精力和耐力。

（2）训练心肺功能的步骤

1）热身10 min。

2）按计划练习40 min。

3）放松5 min。

4）做拉伸运动5 min。

（3）进行心肺功能训练时的注意事项

1）训练前。热身5～10 min，并进行适当拉伸。从时间和强度的下限开始，逐渐增加练习量。

2）训练中。为了防止脱水，在练习前、中、后期要喝足量的水。为了防止受伤，训练结束前要将心率降到100次/min或更低。如感到头晕目眩（低血糖的表现），应立刻停止练习，并补充单糖。

3）训练后。拉伸全身大肌肉群。

2. 肌肉力量与耐力

肌肉力量是指肌肉或肌肉群在一次收缩过程中可以产生的最大力量，肌肉耐力是指肌肉能够在等长（静态）或动态收缩时维持较长时间的能力。

（1）力量与耐力训练的益处

1）增强肌肉力量和肌肉耐力。

2）改变体型，提高自信。

3）使休息时的热量消耗提高，即基础新陈代谢（BMR）提高。

4）降低受伤风险。

5）增加骨骼强度。

6）使身体更平衡，更协调，更灵活，进行日常活动更轻松。

（2）进行力量训练的注意事项

1）进行强度大的肌肉练习前，一定要热身。

2）进行力量训练时要保持正确的呼吸方法。

3）动作要缓慢而有控制。

4）避免关节超伸。

5）保持脊柱正直。

6）逐渐加大练习量，把肌肉酸痛限制在最低程度。

3. 柔韧性

柔韧性是指关节周围肌肉、韧带的运动幅度或活动范围（ROM），因此影响关节柔韧性的因素也不单单是肌肉的紧张程度，还包括关节本身的结构以及韧带的弹性。

（1）提高柔韧性对身体的益处

1）提高运动表现。

2）减少受伤风险。

3）缓解压力。

4）使动作更加灵活和放松。

5）缓解延迟性肌肉疼痛（DOMS）。

（2）进行柔韧性训练的 4 个原则

1）训练中保持正常呼吸，伸展前深吸气一下，伸展过程中呼出。

2）为减少脊椎压力，做站立伸展时要使肩位于髋正上方，双膝微弯。

3）伸展过程中关节要避免锁紧（lock out），不要过度伸展或扭曲。

4）尽量使用静态伸展，不推荐会员用弹跳的弹动伸展，这与放松的本意背道而驰，还可能造成伤害。

4. 体脂比

如果把体重分为脂肪体重和去脂体重两部分，体脂比就是这两部分之间的百分比关系，表示脂肪在人体中含量的多少。

（1）脂肪的作用

过量的脂肪会导致很多心血管疾病，但是脂肪本身并非不好。相反，适量的脂肪对身体健康有不可替代的作用：

1）脂肪可以保护内脏器官。

2）脂肪可以帮助吸收脂溶性维生素，即维生素 A，D，E，K（维生素 B 和维生素 C 是水溶性的）。

3）脂肪可以保证神经系统功能的正常发挥。

4）脂肪可以绝缘。

5）脂肪可以产生一些荷尔蒙。

6）脂肪是能量的来源之一。

（2）脂肪含量的测量方法。通常通过仪器或手工用“皮脂钳”两种方法测量。

（3）通用人体脂肪含量见表 1—1。

表 1—1　通用人体脂肪含量

类别	女性	男性
运动员	14%～20%	6%～13%
健康人群	21%～24%	14%～17%
普通人群	25%～31%	18%～25%
肥胖人群	＞32%	＞26%

5. 协调性和平衡能力

协调性和平衡能力是指人体在运动时能正确地控制肌肉群来发力，能准确地改变动作的方向及速度，以及完成动作或运动时的身体稳定性和韵律性。健身教练会帮助会员在训练中加入可以改善协调性和平衡能力的内容，如小器械训练、功能性训练及有氧操课等。

提高协调性和平衡能力能够有效地避免由于意外而造成的运动伤害，对提高会员的运动表现起到非常重要的作用。

1.3.3 FITT 原则

FITT 原则是指在选择运动方案和计划时所要考虑和遵循的一个基本原则，其中包括 4 个方面：频率（Frequency）、强度（Intensity）、时间（Time）、类型（Type）。根据会员的情况，可以通过调整以上 4 个方面的内容来制订可行的训练计划，从而达到理想的健身效果。

1.3.4 肌肉酸痛

在运动中经常会出现肌肉酸痛的现象，这是人体机能代谢的一个正常表现。但是由于酸痛的成因不同，给人体造成的影响也各不相同，这使得很多训练者对肌肉酸痛的认识产生了误区甚至是恐惧，而因此放弃了训练。

1. 肌肉酸痛的分类

现代运动医学研究表明，肌肉酸痛有两种，其中一种是由于乳酸堆积所造成的，被称为即发性肌肉酸痛，最多在人体内持续 1～2 h。而另一种是由于肌肉纤维和毛细血管在抗阻力训练中被轻微拉伤或撕裂所带来的酸痛，被称为延迟性肌肉酸痛。

2. 改善方法

改善肌肉酸痛的方法主要有：有氧心肺训练；放松、拉伸；热敷、推拿。

1.4 营养学基础知识

1.4.1 食品和营养的分类

必须要有充足的能量提供支持，各项训练课程才会有效率，健身效果才会明显。提供能量的各项必需物质称为营养。良好的营养条件可让人体保持体型优美、肌肉结实的状态，因此合适的饮食（营养条件及摄食量）是健身训练所必须注意的。

营养是由食物提供的，食物中含有的蛋白质、脂肪、糖类、维生素、矿物质及水统称为营养素，能维持并建造身体组织、提供能量、调节新陈代谢。

我国卫生署将食品分为5类：

1. 五谷及淀粉根茎类。这类食物是碳水化合物的主要来源，提供能量。这类食物除糖之外多为主食，如米、小麦、马铃薯等。
2. 鱼、肉、蛋、豆及奶类。这类食物主要提供蛋白质。
3. 油脂类。室温下为固体状态的称为脂肪，如猪油；室温下为液体状态的称为油，如黄豆油、花生油、葵花油等。脂肪与油合称为油脂。
4. 蔬菜类。主要提供维生素A、维生素C、纤维质及矿物质。
5. 水果类。主要提供维生素C、纤维质及矿物质。

上述5类食品中的成分可依生理作用细分成6大类：蛋白质、碳水化合物、脂肪、维生素、矿物质及水，下面将依次介绍各类营养素的生理意义及生理功能。

1.4.2 蛋白质

1. 蛋白质的构成

蛋白质除了与糖及脂肪一样含碳、氮、氧外，还含有极少量的硫、磷等元素。人体摄取蛋白质后，经过消化系统消化后形成氨基酸，再将氨基酸合成为身体所需要的功能性蛋白质。蛋白质的基本单位是氨基酸，由氨基酸依照一定的比例及形式排列而成。在自然界中存在的氨基酸有50种以上，而在营养学上常讨论，并存在于蛋白质中的只有22种。

某些氨基酸在人体中可以自行合成，某些则存在于食物中。人体若不从食物中摄取这些氨基酸就会呈现病理症状，所以这些氨基酸对人体来说是非常重要、不可缺少的。依其重要性可将氨基酸分成3类：

（1）必需氨基酸。仅存在于食物中、人体无法自行合成的氨基酸称为必需氨基酸，共 10 种，即色氨酸、赖氨酸、甲硫氨酸、缬氨酸、苯丙氨酸、亮氨酸、异亮氨酸、酪氨酸、胱氨酸。其中酪氨酸可由苯丙氨酸合成，胱氨酸可由甲硫氨酸合成，所以有时被列为非必需氨基酸。但人体内若无苯丙氨酸及甲硫氨酸，则无法合成酪氨酸及胱氨酸，因此还是把它们列为必需氨基酸。

（2）半必需氨基酸。人体可自行合成但合成量不能满足身体需求，所以必须自食物中获得的氨基酸称为半必需氨基酸，如组氨酸、精氨酸。

（3）非必需氨基酸。非必需氨基酸是指完全能够由人体自行合成、满足人体需要的氨基酸，主要有甘氨酸、丙氨酸、天门冬氨酸、麸氨酸、丝氨酸、脯氨酸、瓜氨酸。

2. 各类食物所含的蛋白质及其营养价值

（1）不同食物的蛋白质含量。食物中蛋白质的种类不同，营养价值不一。一般来说，动物蛋白的营养价值较植物蛋白好。判断营养价值时，质与量要同时考虑。“量”指的是蛋白质能提供的氨基酸总量及各种必需氨基酸之间的比例。“质”是指若某种蛋白质中含有足够的必需氨基酸，可提供足够的生长物质并维持氮平衡，则称为高质量的蛋白质或高生物价蛋白质。动物性食物多含高生物价蛋白质，植物性食物则含低生物价蛋白质较多。常见食物的蛋白质含量见表 1—2。

表 1—2　　常见食物的蛋白质含量

食物	蛋白质含量（mg/100 g）	食物	蛋白质含量（mg/100 g）	食物	蛋白质含量（mg/100 g）
玉米	9.0	牛肉（瘦）	18.8	海螃蟹	17.2
燕麦	13.9	牛肉（半肥）	16.7	鱼丸	13
糙米	6.7	鸡肉	22.5	龙虾	16.6
米饭	2.8	鸭肉	21.5	虱目鱼	17.1
营养米	6.7	鹅肉	20	牡蛎	9.3
熟面条	1.8	羊肉	20.1	大虾	13
小麦	12.2	西式火腿	21.7	干贝	61.7

续表

食物	蛋白质含量(mg/100 g)	食物	蛋白质含量(mg/100 g)	食物	蛋白质含量(mg/100 g)
面包	9.5	猪肉（肥）	3.0	鱼翅	87.1
马铃薯	2.0	猪肉（瘦）	14.6	旗鱼	23.5
甘薯	1.8	肉松	53.6	吴郭鱼	20
红豆	21.3	火鸡肉	25.3	竹笋	1.7
绿豆	22.9	鸭蛋	13.0	芥蓝	3.0
豌豆	23.1	鸡蛋	11.1	高丽菜	1.9
花生	24.7	鸡蛋白	10.1	玉米	3.2
黄豆	36.8	鲜牛奶	3.0	茼蒿菜	1.6
豆腐	6.4	鲜羊奶	3.5	香菇	13

（2）合理的膳食搭配。各类食物中所含的蛋白质和氨基酸有如下特点：

1）谷类。谷类以米、面及玉米为主，谷类蛋白质普遍缺乏赖氨酸，特别是玉米蛋白中缺量最多，并且谷类蛋白质中也缺色氨酸及异亮氨酸。

2）豆类。豆类中以黄豆蛋白质的营养价值最好，但黄豆蛋白质中缺乏甲硫氨酸及胱氨酸。

3）奶类。牛奶中的蛋白质的营养价值高但缺甲硫氨酸。

4）肉类。肉类蛋白质营养价值高，所能提供的氨基酸较齐全。

食物中最易缺乏甲硫氨酸及赖氨酸，其次是色氨酸、异亮氨酸及羟丁氨酸，所以为了得到含有足够营养价值的蛋白质，饮食中应选用两种或两种以上的食物互相补充，最好的方法是选用多样食物，以动、植物蛋白均有、每种少量最好。

相关链接

氮平衡、正氮平衡和负氮平衡

氮平衡是指氮的摄取量等于氮的消耗量。当饮食的摄入量使身体处于新陈代谢平衡状态时，食物中的蛋白质用于补充代谢过程消耗掉的必需氨基酸及氨基酸氮，消耗掉的氮则排泄至尿、粪便、唾液、皮屑、指甲及头发内。

正氮平衡是指氮的摄取量超过氮的排泄量。这种情况出现在组织生长时，如儿童、孕妇、从重病中复原的病人及肌肉快速增长的健身运动员。

负氮平衡是指氮的排泄量超过摄取量，出现于蛋白质摄取不足、缺乏必需氨基酸以及处于生理性压力时，如受到意外伤害、烧伤、患病、手术及训练过度的运动员。

3. 蛋白质的生理功能（见表 1—3）

表 1—3　　蛋白质的生理功能

类别	生理功能	代表蛋白质
催化作用	几乎所有生物体内的化学反应都是由酶所催化，酶通常对身体有高度专一性	酶
收缩作用	使细胞或生物能够收缩、改变形状或移动	肌动蛋白、肌原纤维蛋白
激素作用	激素是指一群由特定细胞分泌、释入血液中并对体内特定的标的器官产生特定作用的分子，通常也起调节作用	胰岛素、甲状腺素、生长激素
保卫作用	使生物体能够防卫异种生物侵入体内或保卫自体免受体内其他系统的伤害	免疫球蛋白、干扰素、血纤维蛋白
调节作用	调节生理作用或化学反应	携钙素、组织蛋白
结构作用	对于组织有支持性，赋予硬度、韧性或弹性	胶原蛋白、角质素、弹力蛋白
运送作用	生物体的体内平衡需要靠许多分子或离子在细胞内外的运送，许多蛋白质有运送特定分子或离子的功能	血红素、脂蛋白、铁蛋白

4. 蛋白质的吸收和代谢

人体对蛋白质的吸收和代谢如图1—2所示。

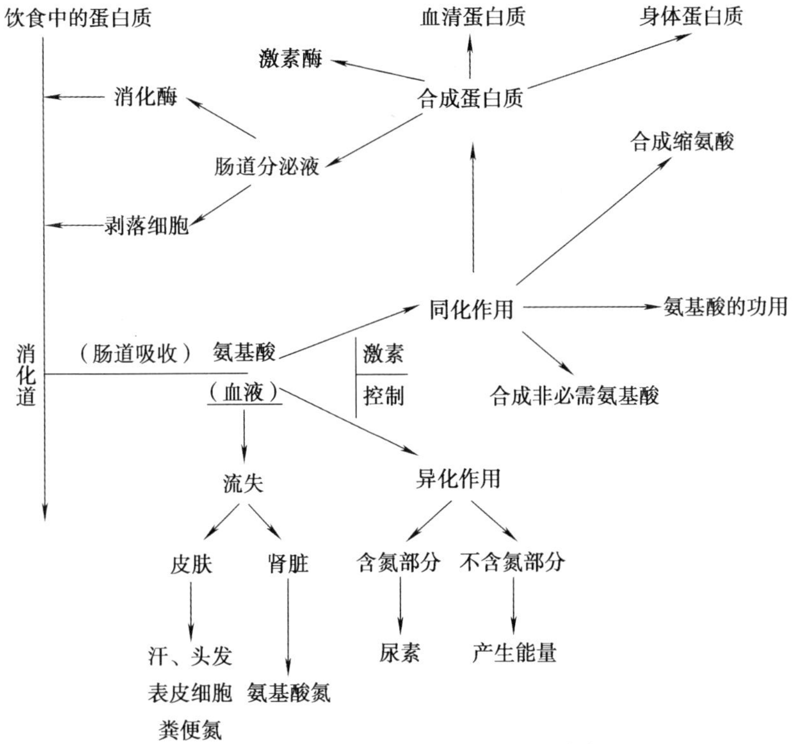

图1—2　人体对蛋白质的吸收和代谢

1.4.3　糖类

除婴儿期以外，其他大部分时间人体最主要的能量来源是糖类。食物中平均约有60%或更多的热量来自糖类。糖类（又称为碳水化合物）广泛存在于动植物体内。植物进行光合作用将二氧化碳与水合成葡萄糖，并以淀粉形式储存或转化成网架状的纤维素。动物可利用脂质及蛋白质合成一些糖类，但所需的绝大多数糖类仍通过摄取植物而得。

1. 糖类的生理功能

人体每天都需要大量糖类，但储存于体内的量却很有限。以健身运动员而言，20%的糖原存在于肝中，79.5%的糖原存在于肌肉中，其他0.5%存在于血浆中。糖类的生理功能如下：

（1）提供身体所需要的能量。每克糖能提供约16.8 J（4cal）热量。

（2）节省蛋白质。糖类不够时，身体会氧化蛋白质以帮助产生能量（糖质新生作用），所以若要蛋白质行使其修补、建造组织的功能，必须保持正常量的糖类供应。

（3）适量的糖类可维持正常脂肪代谢。糖不敷使用时，脂肪会部分氧化产生酮体（酮酸），会使身体受到中毒伤害。

（4）葡萄糖是神经细胞唯一的能量来源，所以缺乏葡萄糖会干扰神经组织（特别是脑部）的正常功能。

（5）乳糖留于肠道的时间比其他糖类长，有促进肠蠕动的作用，并有助于肠内乳酸菌生长。

（6）糖类中无法消化利用的纤维质可帮助排泄粪便。

（7）糖类是构成核酸、结缔组织及神经的重要成分。

2. 糖类的分类（见表 1—4）

表 1—4　　糖类的分类

糖类	特点	有代表性的种类
单糖	是不能再水解的简单糖类	醛糖、酮糖、核糖、葡萄糖、核酮糖、果糖
双糖	水解后能产生 2 分子相同或相异的单糖	蔗糖、麦芽糖、乳糖
寡糖	水解后能产生 3～6 分子的单糖	麦芽三糖
多糖	水解后能产生 6 分子以上的单糖	淀粉、糊精

3. 糖类各论

（1）单糖。单糖是碳水化合物中最简单的分子，不能再分解成更简单的糖，其含碳的数目由 3 个到 7 个不等。在食物中六碳糖存在量最多，有葡萄糖、果糖、半乳糖及甘露糖 4 种，从营养角度说葡萄糖是最重要的。在正常情况下，中枢神经系统仅以葡萄糖为能量来源，其他糖类不能取代。另外，身体需要能量时，葡萄糖不需经任何转换就可以最快地供给能量。

在人体血液中的葡萄糖称为血糖。正常人餐前的血糖浓度约为 0.1%（即100 mg/dl，其正常范围为 80～120 mg/dl），倘若饭前血糖浓度在 130～160 mg/dl 之间，则有患糖尿病的可能。中枢神经系统对于血糖量的变化比较敏感，血糖浓度降至 50 mg/dl 以下时，人将失去意识而昏迷。对于运动员而言，血糖是使训练稳定进行的重要因素。身体为维持中枢神经系统的稳定运作，会于血糖浓度不足时，将体内蛋白质及肌肉内储存的游离氨基酸氧化（糖质新生作用），帮助稳定血糖浓度。因此，若要使蛋白质能够确实作用于组织生长及修补（肌肉增长及复原），必须确保血糖浓度稳定。在训练前要注意补充碳水化合物，重量训练前要安排有氧心肺运动。

（2）双糖。双糖包括蔗糖、麦芽糖及乳糖三种。

1）蔗糖。蔗糖是砂糖的主成分，小肠内有一种酶可将其消化分解为果糖及葡萄糖。

2）麦芽糖。麦芽糖是淀粉分解后的产物，人体将淀粉分解为麦芽糖后再利用淀粉将其分解成2个葡萄糖分子。

3）乳糖。乳糖是乳类中的糖，植物食品不含乳糖。乳糖由1分子葡萄糖及1分子半乳糖构成。乳糖有好几个有利于婴儿食用的特点：

①味较弱，可较大量地供给婴儿。

②少量未被吸收的乳糖在肠道中被细菌发酵为乳酸，使肠道中pH值下降，有利于钙的吸收。

③少量乳酸可促进肠的蠕动，所以乳糖有轻泻作用，有利于排泄。

母乳中乳糖含量较高（约7%），牛奶中乳糖含量较低（约4.5%），所以喝牛奶的婴儿的粪便较硬、无酸味。

少量未消化的乳糖有助于排泄，若未消化的乳糖太多（即乳糖不耐症），则被细菌发酵后的酸性物质及二氧化碳等太多，会造成胀气、腹泻、腹痛。消化乳糖的乳糖酶会因摄食乳糖量减少而降低，由于成人的饮食种类较复杂，不像婴儿那样以母乳或牛奶为主食，所以成人肠道中乳糖酶较少，未消化的乳糖容易被肠道菌发酵，造成腹泻。

乳糖不耐症也与人种有关，黄种人与黑人中较多而白种人中较少。

（3）多糖。多糖分子很大，有淀粉、糊精、肝糖、纤维质及半纤维质等。

1）淀粉和糊精。植物借由光合作用将水及二氧化碳制成淀粉，存于植物细胞内，以谷类及根茎类的淀粉藏量最为丰富。淀粉与淀粉酵素消化成为糊精，再被淀粉酶消化成麦芽糖，之后于肠道中消化成葡萄糖。

2）肝糖。肝糖又称为糖原质，仅存在于动物体内，人体中以肝脏及肌肉含量最高，但总含量不多，以成人而言约 300 g 左右。肌肉内的肝糖可以很快变成葡萄糖，直接于细胞内被利用，而肝脏内的肝糖先转变成葡萄糖后，由血液带至肝脏以外的组织再被利用。肝糖的构造与淀粉相似，所以称为动物淀粉。肝糖的分支较多，每个分支约有 3～6 个葡萄糖分子。

3）纤维质。纤维质是植物纤维的主要成分，人体不能分解利用，但很多草食性动物特别是反刍动物的肠道内细菌能分泌纤维素酶，可消化吸收幼嫩的纤维质。对于人体而言纤维质有刺激肠道蠕动的作用，帮助排出粪便，如果饮食中缺乏纤维质易引起便秘。现在的饮食越趋精细，纤维质的摄取量也越来越少，根据流行病学的研究，人类患便秘、痔疮、肠憩室症及大肠癌等，大肠疾病的比率也越来越高。对于健身运动员而言，纤维质的摄取更加重要，因为他们的蛋白质摄食量及代谢率通常较高，对于排泄系统而言负担比较重，排泄有问题的状况发生率也比较高。纤维质与健身运动员的肌肉生长及脂肪代谢（例如体脂肪的减少）也很有关联。

4. 糖类的新陈代谢

糖类经由口腔、胃及小肠消化后，大多数会转化成葡萄糖进入血液，因此血糖浓度正常值的维持及处理便是很重要的课题。

（1）血糖浓度升高。血糖浓度升高的方式包括：

1）小肠吸收葡萄糖。

2）肝脏中的肝糖分解（肌肉内的肝糖分解产生葡萄糖，直接氧化产生能量并被释放于血液中）。

3）糖质新生作用。例如蔗糖在肌肉运动中经糖解作用所得到的乳糖，可被送入肝脏转变成葡萄糖，以提升血糖浓度。

（2）血糖浓度降低。血糖浓度降低的方式包括：

1）细胞从血液中取出葡萄糖供氧化产生能量。

2）合成肝糖。

3）利用过多葡萄糖合成脂肪。

4）在身体中合成其他相关化合物，如乳糖、核糖、糖脂等。

5）血糖浓度超过 160～180 mg/dl 则由尿中排出，这是糖尿病的症状之一。

（3）血糖浓度升高与降低方式的影响因素。血糖浓度升高与降低的方式是由下列激素控制的：

1）胰岛素。胰岛素由胰脏的β型细胞分泌，有降低血糖浓度的作用，其作用方式是：

①促使葡萄糖进入肌肉及脂肪细胞进行氧化。

②促进肌肉及肝脏中的肝糖合成。

③促使脂肪及肝细胞汲取葡萄糖以便合成脂肪。

2）升糖激素。升糖激素由胰脏的α型细胞分泌，有升高血糖浓度的作用，其作用方式是：

①促使储存于肌肉及肝脏中的肝糖分解。

②糖质新生作用。

3）肾上腺素。肾上腺素由肾上腺髓质分泌，具有升高血糖浓度的作用，可促进肝糖分解，释出葡萄糖。肾上腺素并不是生命所必需的，而是在适应紧急或慢性压力时所必需的。当身体面临紧急状况时，体内会产生一些生理反应，将各器官作一整合性的协调，使身体能抵御外在的压力。分泌肾上腺素时，会降低胰岛素的分泌量，并且与糖皮质素、生长激素、血管收缩素Ⅱ、血管增压素及升糖激素共同作用。

4）糖皮质素。糖皮质素使固醇类激素具有升高血糖浓度的能力，作用方式仍为促进糖质新生作用，并降低组织利用葡萄糖的能力。

5）甲状腺素。当血糖浓度非常低时，甲状腺分泌甲状腺素，使肝脏进行肝糖分解及糖质新生作用，提升血糖浓度，并促使小肠增进吸收六碳糖（如葡萄糖）的能力。

6）生长激素。生长激素由脑下垂体前叶所分泌，可增加细胞汲取氨基酸的作用力，促使蛋白质合成（同化代谢），同时降低细胞汲取葡萄糖的作用力，增进细胞内对脂肪的氧化以弥补能量的不足。此激素作用也有助于肌肉量的提升及体脂含量的降低。

介绍控制血糖的激素主要是为了让健身人群及教练能够更深入地认识到肌肉的运动需要营养及生理激素的支持，把它们完美搭配起来才会有良好的健身成果。

1.4.4 脂质

脂质是脂肪及类脂的总称，包括油脂类、脂肪类、蜡类及其他相关物质。

1. 脂质的生理功能

（1）供给及储备能量。1 g 脂肪能够产生 37.8 J（9 cal）热量，因此脂肪是人体能量的主要来源，可直接或间接被利用，过多的脂肪储存于脂肪组织。脂肪也像糖类那样可以节省蛋白质，使蛋白质能行使修补及建造组织的功能。

（2）合成激素。例如前列腺素由花生四烯酸合成。

（3）是细胞（包括肌肉细胞）架构的成分。脂质与蛋白质合成脂蛋白，它是细胞内各种膜的重要成分。油脂在血液中也需以脂蛋白方式运送。

（4）参与代谢作用。脂质直接或间接参与许多代谢作用，例如卵磷脂可作为葡萄糖磷酸水解酶的活化剂。

（5）保护与绝缘作用。脂肪组织遍布于皮下及器官周围，并围绕着骨髓磷质化的神经，有保护器官及绝缘神经的电性传导作用。

（6）具有临床意义。粥状血管硬化症、肥胖症及多烯脂肪酸缺乏症均与脂质代谢有关。

2. 脂质的分类

（1）简单脂质。简单脂质是指由脂肪酸及醇类所形成的脂质，其中由 1 分子甘油及 3 分子脂肪酸结合而成的称为中性脂肪，也称三酸甘油酯。中性脂肪有 3 类：

1）脂肪。呈固体状，如猪油、牛油。

2）油类。呈液状体，如花生油、大豆油。

3）蜡类。由脂肪酸及高级醇组成，这种化合物不能为人体吸收，不能食用。

（2）复脂类

1）磷脂类。磷脂是脂肪酸、甘油及磷的化合物，如卵磷脂是脂肪酸甘油和胆素的化合物。

2）糖脂类。糖脂是碳水化合物及甘油酯的化合物，主要存于脑、神经组织。

(3) 脂类衍生物。脂类衍生物是指由上列脂质水解所得的产物，包括脂肪酸、甘油、固醇及胆固醇等。

3. 脂肪酸的分类及生理功能

脂肪酸是脂质的水解产物。自然界中存在的脂肪酸均含偶数碳，且为直链结构。脂肪酸可分为两大类：

(1) 饱和脂肪酸。结构上无双键，如硬脂酸。

(2) 不饱和脂肪酸。结构上含 1 个或 1 个以上的双键，如油酸、亚麻油酸、次亚麻油酸及花生油酸。

4. 必需脂肪酸及其生理功能

必需脂肪酸即人体无法自行合成，必须自饮食中获得的脂肪酸。必需脂肪酸在人体内的生理功能有：

(1) 强化血管及细胞膜的结构，防止皮肤渗透性过高。如婴儿缺乏必需脂肪酸便会造成皮肤湿疹。

(2) 与胆固醇结合形成胆固醇脂酸酯类，也是磷脂及脂蛋白的组成成分。

(3) 可以降低血液胆固醇。

(4) 可延长血液凝固时间，并且增进血液纤维蛋白溶解作用。

5. 固醇的分类及生理功能

重要固醇的种类及生理功能见表 1—5。

表 1—5　　重要固醇的种类及生理功能

种类	生理功能
胆固醇	存在于动物细胞中，尤其在神经组织含量丰富； 与脂肪酸结合形成胆固醇脂； 性荷尔蒙、维生素 D 及胆汁酸等的前驱体； 人体不可或缺的成分之一
麦角固醇	存在于麦角和酵母中； 维生素 D 的前驱体； 经紫外线照射转变成维生素 D，具有抗佝偻病的作用
粪固醇	未被吸收的胆固醇在小肠下端被细菌转化为粪固醇

6. 胆固醇的生物合成、排泄及不良影响

（1）胆固醇的生物合成

人体每天约需 1 g 胆固醇，其中人体自己能合成 500 mg（占 50%），其他 50%从食物中摄取。人体合成的 500 mg 中，由肝脏合成 50%，肠合成 15%，剩余部分由其他组织合成（其中皮膜合成较多），这些合成组织细胞的微粒体（内质网）及细胞液是合成胆固醇的主要场所。

胆固醇合成是受身体反应的各项酶调控的，也就是如果身体运作过程需要使用胆固醇，例如身体处于饥饿状态下便可经由关键酶的作用来控制胆固醇的合成。如果胆固醇或胆固醇氧化物的实际含量低，则酶的活性增强。甲状腺素及胰岛素能增强酶的活性，糖皮质素会抑制酶的活性。

在健身运动过程中，激素（包含性激素）在身体运动过程扮演着十分重要的角色，所以健身选手及各项肌力型选手的胆固醇消耗量会比营养学提及的量来得高。大部分健身运动的初学者是因为身体已经出现警讯（如高血脂、高胆固醇及高血压），才想经由健身来改善身体状况。如果健身选手能根据身体对于脂肪的利用情形，仔细安排适量的运动，一定能十分显著地减少储存于体内的胆固醇及血脂。此过程中，必须注意控制对脂肪及胆固醇（包含外加的植、动物油）的摄取量，有消耗无摄取是最快速的降低胆固醇的方法。

（2）胆固醇的排泄。胆固醇可以经由肝脏以中性胆固醇或胆汁盐的方式排出体外，量约 1 g/d，其中 50%形成胆汁酸（盐）排泄于粪便中，另外 50%以中性胆固醇形式排出。排泄于胆汁中的胆固醇大部分被重新吸收，排泄于粪便中的胆固醇有一部分是由小肠的胆固醇所衍生出来的，肠道中的胆固醇会被小肠下方的肠道菌利用代谢成为粪固醇。

体内胆固醇量过高之后，血液中游离的胆固醇会与三酸甘油脂、蛋白质及磷脂质结合，形成一种脆弱的水溶性复合物——脂蛋白。脂蛋白的种类、生理特性及功能见表 1—6。

表 1—6 脂蛋白的种类、生理特性及功能

特性/分类		乳糜微粒	极低密度脂蛋白（VLDL）	低密度脂蛋白（LDL）	高密度脂蛋白（HDL）
密度（g/mL） 直径（A°）		＜0.95 500～5 000	0.95～1.006 400	1.006～1.063 200	1.063～1.21 100
构成比例	三酸甘油脂	85%	50%	11%	8%
	游离胆固醇	2%	7%	8%	3%
	胆固醇	5%	12%	37%	14%
	磷脂质	6%	18%	22%	22%
	游离脂肪酸	—	2%	1%	3%
	蛋白质	2%	11%	21%	50%
特性/分类		乳糜微粒	极低密度脂蛋白（VLDL）	低密度脂蛋白（LDL）	高密度脂蛋白（HDL）
起源		小肠	肝、小肠	乳糜微粒与极低密度脂蛋白的异化	肝、小肠
生理功能		运输外因性三酸甘油脂及胆固醇	运输内因性三酸甘油脂	运输胆固醇脂，调节末梢组织胆固醇的合成	将胆固醇自末梢组织运送至肝脏

（3）胆固醇过量的不良影响。血中脂蛋白的浓度过高，超过正常值上限时（即高脂症），有可能引起动脉粥状硬化性心脏病以及末梢血管疾病，下列 3 点为血脂异常的参考数值：

1）低密度脂蛋白含量增加（170 mg/dl 以上）。

2）极低密度脂蛋白含量增加（30 mg/dl 以上）或三酸甘油脂含量增加（150 mg/dl 以上）。

3）高密度脂蛋白含量降低（50 mg/dl 以下）。高密度脂蛋白的主要机能是摄取末梢组织中过剩的胆固醇并运送至肝脏分解，在胆固醇过高的情况下其量会降低，因此它是冠状动脉性心脏疾病的相关指标。

7. 人体脂肪组织的种类

人体脂肪主要存在于：

（1）皮下。皮下脂肪约占 50%。

（2）腹腔。腹腔内、围绕在脏器周围的脂肪约占 45%。

人体脂肪可分为白色脂肪及棕色脂肪，以白色脂肪占大部分。棕色脂肪在身体内的含量很少，主要存在于两肩胛骨间及颈部。在新生儿身体内有较多的棕色脂肪，年龄越大则量越少。但长期暴露在寒冷环境中的人棕色脂肪会较多。棕色

脂肪会使脂肪酸氧化产生热。因为水温与体温有一段差距，所以长期进行水中运动会使皮下脂肪增厚，以维持体温（热）不易散失。

1.4.5 维生素及矿物质

1. 水溶性维生素及其特点

水溶性维生素包括维生素 B 族（共 8 种）和维生素 C，其特点是：可溶解于水中而发挥其功效；身体只能储存小部分，过量时便会从汗液或尿液排出体外，所以很少出现过量导致中毒的情况；如果身体缺乏这类维生素，会很快显现出病征；维生素 B 族主要作为辅酶体，使新陈代谢反应有效地产生。

水溶性维生素及其特点见表 1—7。

表 1—7　水溶性维生素及其特点

种类	功能	主要食物来源	缺乏时可能导致的病征	吸收过量时的病征	RDA（推荐的日摄食量，mg）适合于 19～50 岁健康男女
维生素 B_1	有利于碳水化合物的新陈代谢； 帮助神经系统、心脏、肌肉和其他器官运作 帮助消化系统运作，使营养吸收更理想	全谷麦类、麦芽、强化营养白面粉、动物内脏、肉类（包括猪肉、家禽、鱼等）、豆类、酵母	脚气病、抑郁症、疲倦症、水肿、精神不稳定、消化不良及胃口不佳、肌肉抽筋	不普遍	男性 1.5 女性 1.1
维生素 B_2	辅助某些酶，促进碳水化合物、蛋白质及脂肪的新陈代谢	奶及奶制品、蛋类、绿叶蔬菜、内脏（包括肝、肾及心脏）、干酵母、花生及花生酱、全麦食品	舌头发炎、皮肤干燥及龟裂、眼睛敏感、白内障、口角或口腔炎及唇干裂	不普遍	男性 1.7 女性 1.3
维生素 B_3	辅助某些酶，促进热量的新陈代谢； 有助于身体机能及精神健康； 维持皮肤、舌头及消化系统正常	肉类及动物内脏、全麦粉制品、强化营养白面粉、各种豆类、酿酒用酵母	皮肤粗糙及皮肤与嘴角发炎、消化系统不良、光敏感性皮肤炎、精神性抑郁症	皮肤因血管扩张而发红、恶心与呕吐、血糖新陈代谢不正常、血尿酸不正常、肝功能不正常、胃溃疡、过敏反应、循环系统不协调	男性 19 女性 15

续表

种类	功能	主要食物来源	缺乏时可能导致的病征	吸收过量时的病征	RDA（推荐的日摄食量，mg）适合于19～50岁健康男女
维生素B_6	主要辅助蛋白质、氨基酸、碳水化合物及脂肪的新陈代谢； 维持身体各方面机能及正常成长	动物肝脏及红肉、全麦食品、马铃薯、绿叶蔬菜、粟米	症状并不普遍，但相信可引致痉挛、外周神经麻痹、糙皮病或者抑郁症及口腔溃疡	感觉神经破坏、四肢麻木、共济失调、骨痛、肌肉衰弱	男性2.0 女性1.6
维生素H（生物素）	对于很多酶系统作用十分重要； 帮助制造脂肪及碳水化合物与蛋白质的新陈代谢	肝脏、各种肉类、奶类、大豆、酿酒用酵母、蛋黄（生蛋白会损害生物素）	并不普遍，但可能引起某些贫血病、抑郁症、失眠、肌肉痛及皮肤炎	不常见	男性0.03 女性0.10
维生素C	帮助身体抵抗外界感染、有利于伤口痊愈及手术后复原； 对于骨骼、牙质、软骨、连接器官及血管十分重要	柑橘类水果、西红柿、黑加仑子、绿叶蔬菜、西兰花、椰菜、马铃薯	贫血、牙肉发炎及出血、脱牙、挫伤（微丝血管爆裂）、坏血病（如病人突然停服大量维生素C可引致此病复发）	尿道结石、腹泻、血糖过低、可误导尿糖测试	男性60 女性60

2. 脂溶性维生素及其特点

脂溶性维生素包括维生素A、维生素D、维生素E、维生素K，其特点是：可溶解于脂肪或脂肪溶剂而发挥功效；过量时可储存于肝脏，但不会排出体外，有可能导致中毒情况出现；身体缺乏脂溶性维生素时病征不会很快显现。

脂溶性维生素及其特点见表1—8。

表1—8　　脂溶性维生素及其特点

种类	功能	主要食物来源	缺乏时可能导致的病征	吸收过量时的病征	RDA（推荐的日摄食量，mg）适合于19～50岁健康男女
维生素A	对于视觉（尤其在夜间）十分重要； 维持上皮细胞黏膜的健康及功能； 在人体的成长、发展及生殖过程尤其必需； 有益于免疫系统的功能	肝脏（但要避免过量进食）、菠菜、西兰花、大头菜茎、莴苣、芥蓝菜、胡萝卜、番薯、南瓜、西红柿、杏脯、西瓜、哈密瓜	夜盲症、皮肤角质化、粘膜干燥、干眼病	食欲不振、呕吐、脱发、皮肤干燥、指甲脆裂、骨骼及关节疼痛、肝脏及胰脏肿大、头痛、虚弱、神志不清、嘴唇干裂、腹水	男性1.0 女性0.8

续表

种类	功能	主要食物来源	缺乏时可能导致的病征	吸收过量时的病征	RDA（推荐的日摄食量，mg）适合于19～50岁健康男女
维生素D	帮助吸收钙质及磷质； 调节血钙平衡； 提高骨骼及牙齿的矿化作用	营养强化奶、连骨吃的鱼类（如沙丁鱼、三文鱼等）	儿童佝偻病、成人骨软化病	软骨钙化、血钙偏高、肾结石、体重及食欲下降、恶心及疲劳、儿童成长不健全	男性0.01 女性0.01
维生素E	防止肠内维生素A氧化性损害； 保护红血球以防止产生溶血； 减少不饱和脂肪酸氧化而维持细胞膜正常	麦芽、植物油、豆类、果仁、全麦食品、鱼类、绿色蔬菜	红血球分化	甲状腺荷尔蒙降低、血脂可能会上升	男性10 女性8
维生素K	对于制造凝血酶原及其他与凝血效能有关的物质十分重要	深绿色叶蔬菜、椰菜花、大豆油、绿茶	意外出血	不普遍	男性0.08 女性0.06

3. 主要矿物类营养元素

常量矿物类营养元素及其特点见表1—9，微量矿物类营养元素及其特点见表1—10。

表1—9　　　　常量矿物类营养元素及其特点

种类	功能	主要食物来源	缺乏时可能导致的病征	吸收过量时的病征	RDA（推荐的日摄食量，mg）适合于19～50岁健康男女
钙	用于肌肉收缩及扩张并帮助调节心跳； 有助于神经系统运作； 辅助凝血及某些酶的功能； 坚固骨骼及牙齿； 预防高血压	主要是奶及奶制品，其次是深绿色有叶蔬菜、豆类制品、连骨沙丁鱼或三文鱼	骨骼与牙齿健康及成长受损、增加坏牙、佝偻病与软骨病、骨质疏松症、凝血失调及高血压等	肾结石	男性1 200 女性1 300

续表

种类	功能	主要食物来源	缺乏时可能导致的病征	吸收过量时的病征	RDA（推荐的日摄食量，mg）适合于19～50岁健康男女
氯	维持水分及酸碱平衡； 氯化氢可辅助消化酶的作用	食用盐、鱼类及蔬菜	酸碱不平衡、发育不正常、记忆力降低及精神病	不普遍	没有制定标准
镁	坚固骨骼及牙齿； 活化酶； 帮助制造蛋白质及脂肪新陈代谢； 帮助调节心跳	深绿色有叶蔬菜、果仁、大豆类、全麦类、香蕉、杏、海产品、咖啡、日常食用的硬水	不常见，但会引致中央神经系统疾病（如精神错乱、感情淡漠、幻觉、记忆力差）和神经肌肉问题（如肌肉无力、抽筋、震颤及心律失常）	增加钙质流失	男性350 女性280
磷	坚固牙齿与骨骼； 帮助脂肪与碳水化合物的氧化从而产生能量； 维持身体酸碱平衡	奶及奶制品、蛋类、肉类、豆类、全麦食品及汽水	不常见，但吸收不良可引致厌食症、体弱、关节紧硬及骨骼脆弱	因血钙低而引致的肌肉抽搐	男性1 200 女性1 200
钾	帮助身体流质平衡及酸碱平衡； 使运输神经搏动及控制肌肉收缩而使心跳正常； 是酶系统作用的必需品	杏、香蕉、橙、西柚、提子、绿豆、西兰花、胡萝卜、马铃薯、肉类、蔬菜、奶及奶产品	阻碍发育、高血压、骨骼脆弱、中央神经系统改变、肾脏肥大、心搏消失甚至死亡	血钾过高会影响心脏功能	没有制定标准
钠	与钾功能相似； 控制细胞膜渗透	主要来源是食盐，另外奶及奶制品，以及某些蔬菜也含有少量钠	血钠过少	高血压、心脏病、肾病等	1 100～3 300
硫	是组成某些氨基酸及维生素B族的元素	含丰富蛋白质的食物，包括肉类、蛋类及奶类	在人类中不常见	症状不明显	没有制定标准

表 1—10　　微量矿物类营养元素及其特点

种类	功能	主要食物来源	缺乏时可能导致的病征	吸收过量时的病征	RDA（推荐的日摄食量，mg）适合于 19～50 岁健康男女
铬	活化酶； 帮助带走血糖	肝脏及各种肉类、全麦食品、奶酪、豆类及酵母	体重减轻、中央神经系统失常，并可能引发糖尿病	肝脏损害及肺癌	男性 0.05 女性 0.25
钴	是维生素 B_{12} 的重要组成元素	椰菜、菠菜、生菜	恶性贫血	红细胞增多、骨髓细胞繁殖异常	没有制定标准
铜	制造及维持红血球生命； 是呼吸系统中某些酶的组成元素； 帮助正常血脂的新陈代谢	贝壳类特别是蚝、肝脏、果仁及种子、提子干、全麦食品、巧克力及豆类	贫血、中央神经系统问题、心电图不正常、骨骼脆弱、免疫系统功能减弱、儿童发育不健全	威尔斯氏病，由于过量铜质积聚而引致神经及肝脏受损	1.5～3
氟	帮助制造健康骨骼及牙齿； 预防骨质疏松症	氟化的食用水、鱼类、茶及鱼胶	增加坏牙机会	慢性氟中毒及牙齿出现斑影	1.5～4
碘	是甲状腺一分子，帮助调节新陈代谢； 对于细胞发挥正常功能十分重要，以保持皮肤、头发及指甲健康，是酶系统作用的必需品	碘化盐、咸水鱼、海草产品	甲状腺肥大、呆小病或克汀病（常见于缺乏碘质的母亲所产下的婴孩）、智力及发育停滞、骨及软组织营养不良等	甲状腺肥大现象也可由于碘质过量而引致	0.15
铁	对制造血色素十分重要，帮助器官呼吸、成长及发展； 构成部分酶及蛋白质	血红素来源，即动物内脏、红肉； 非血红素来源，即已强化铁质的五谷类、深绿色有叶蔬菜、水果干	缺铁性贫血病	自发性血色素升高，这可能引致肝硬化、糖尿病及心肌病	男性 10 女性 15
锰	对中央神经系统、生殖系统、骨骼发展等十分重要； 构成某些酶的分子	果仁、全麦食品、蔬菜及水果、咖啡、茶、鸡蛋黄	在人类中不普遍	帕金森综合征	没有制定标准
钼	构成某些酶的分子； 对正常的细胞功能十分重要	动物内脏、豆类、全麦食品、深色绿叶蔬菜	呕吐、气促、心肌肥大、昏迷	不普遍	0.075～0.25

续表

种类	功能	主要食物来源	缺乏时可能导致的病征	吸收过量时的病征	RDA（推荐的日摄食量，mg）适合于19～50岁健康男女
硒	是酶系统的一分子； 与维生素E互相作用产生抗氧化作用	蛋白质丰富的食品（肉类、蛋类、奶类）、全麦食品、海产品、肝脏、蛋黄及蒜头	心肌病、骨关节性疾病	手指甲及脚趾甲不正常、恶心、腹痛、肚痛、神经麻痹、疲倦焦躁	男性0.070 女性0.055
锌	帮助制造蛋白质； 对于正常发育、生殖、伤口痊愈、免疫、细胞分裂等功能十分重要	全麦食品、麦芽、蟹肉、蚝、肝脏、肉类及酵母	免疫功能降低、生长缓慢、矮小、延迟性生理成长、肢皮炎	严重贫血、恶心呕吐、肚腹抽筋、肚饿发热、血铜低、疲倦、损害肾功能及免疫系统	男性15 女性12

1.4.6　水

不管何种营养成分最终都将产生代谢物（废物），身体必须使用很多方式将代谢物排出体外，大多数时候使用的媒介就是水。水是让身体及肌肉活化的工具，水可稳定细胞，让营养成分流向身体每一个位置。

1. 水的分布状态

所有身体组织都含有水分，但其含量有很大的差异，如牙齿中的水含量为5%、脂肪及骨骼中的水含量为25%，而肌肉中的水含量为80%。身体中大部分的化学反应均需在水环境下进行。

身体内的水可分为细胞内液、细胞外液及细胞间液。细胞内液是指细胞内的水分，占体重的40%。细胞外液是指血浆、淋巴液、脊髓液及身体分泌液，占体重的20%。细胞间液则是指存在于细胞与细胞间的液体，占体重的20%。99%的细胞间液可借由血管上的小孔与血液互相流通，其互相流通情况受血液蛋白质所形成的胶体渗透压的控制。细胞间液积聚太多无法排除时，身体处于水肿状态。

2. 体内水分的功能

（1）水是构成细胞的成分。细胞内的化学变化都要在有水分的情况下进行。

（2）水是细胞间液、分泌液与排出液的成分。血液、淋巴液、消化液、胆汁、汗液、尿液皆含有适当成分的水。

（3）水是一种溶剂。消化后的产物溶于水中，才能被小肠绒毛吸收送入血液循环。

（4）促进正常的排泄作用。尿液、粪便与汗液中的水分可以溶解及稀释体内的废物，避免伤害体内细胞，使废物顺利排出体外。

（5）调节体温。身体运行所产生的热量随体液分散至身体各部位，体温过高时可借由排汗、呼出的水汽、尿液及粪便水分排泄至体外，来调节身体温度。

（6）润滑作用。唾液可润滑食道帮助吞咽，肠道、呼吸道及泌尿道的分泌液皆有滑润粘膜的作用，关节间的液体可防止骨骼间的磨损。

3. 体内水分的来源

（1）直接摄取的水分。即饮用水、饮料及汤汁。

（2）食物中所含的水分。牛奶的含水量为 87%，蛋的含水量为 75%，肉类的含水量为 40%～70%，蔬菜水果的含水量为 70%～95%，谷类的含水量为 8%～20%，面包的含水量为 35%。成人平均每日能够从食物中获得 1 000 mL 的水分。

（3）营养素在体内代谢氧化所产生的水分。100 g 脂肪氧化产生 107 mL 的水分，100 g 糖类氧化产生 56 mL 的水分，100 g 蛋白质氧化产生 41 mL 的水分，因此 240 g 糖类、170 g 蛋白质及 40 g 脂肪（总热量为8 400 J）氧化后约产生 247 mL 的水分。

4. 体内水分的排出方式

体内水分主要经由肾脏、皮肤、肺脏及肠道排出，每日损失的水量主要有：粪便 100～200 mL，尿液 1 000～1 500 mL，肺脏呼出的水分 250～400 mL，汗水 400～1 600 mL。为维持体内生理及化学的平衡，有些水分的损失是不可避免的。

5. 每日水分需求量

每日摄入的水分应能补充肾脏、肺脏、皮肤及肠道所损失的水分，通常口渴是身体需要水的信号。对于健身运动员，建议每日摄入水分 2 500 mL，运动前摄入 250 mL，运动时每 20 min 补充 200 mL，运动后根据体重减少情形酌量补充（体重每减轻 1 磅补充 400 mL 水分）。

1.5　集体课程

1.5.1　集体课程简介

早期的健身俱乐部里开设的集体课程大多以有氧健美操为主，随着健身俱乐部的发展和健身项目趋于多样化，大多数健身俱乐部把在操房进行的、有组织的、在教练带领下配合音乐完成的多人课程统称为集体课程（部分健身俱乐部仍然称之为健美操课程）。据不完全统计，60％～80％的会员加入健身俱乐部时都会非常关注健身俱乐部开设集体课程的情况，因此，健身俱乐部的工作人员必须对集体课程有基本了解。在健身俱乐部开设集体课程的主要目的是帮助会员进行有氧训练，以达到健身、减脂、提高心肺功能和提高灵活性、协调性的效果。为了提高会员的兴趣、满足会员的多种需求并结合时尚潮流，健身俱乐部在有氧健美操训练的基本原则下，结合多种舞蹈、健身项目和其他辅助设备，发展形成了各类集体课程，如踏板操、搏击操、街舞、拉丁健身操等。

1.5.2　健美操

1. 健美操的概念

健美操是在音乐的伴奏下，以身体练习为基本手段，以有氧运动为基础，增进健康、塑造形体、愉悦身心的一项体育运动。健美操具有高度的艺术性、强烈的节奏感、广泛的适应性和健身安全性，对控制体重、减肥、改善体形体态、缓解精神压力、提高协调性和韵律感具有良好的效果。

健美操分为大众健美操和竞技健美操两类，健身俱乐部通常开设的是大众健美操。

2. 健美操课程的基本结构

（1）热身及运动前伸展。让身体和肌肉为运动做好充分的准备，使会员感到自己过紧的肌肉得到舒展，提高身体运动能力，防止运动伤害。

（2）主体课程。进行充分的有氧训练，适当提高运动强度，让会员享受到组合的乐趣。

（3）放松及伸展。进行柔软、缓慢的放松热身。

3. 健美操课程的编排及分级原则

健美操的编排要遵守“安全、有效、有趣”原则、针对性原则、有利于提高心率原则和合理搭配与连接原则。

根据健身俱乐部情况可开设不同级别的健美操课程，具体如下：

（1）按难度分级。可分为初级、中级、高级课程，或称为 LEVEL1，LEVEL2，LEVEL3。

1）初级课程。初级课程的内容是基本动作和基本技术，特点是动作简单、重复较多、速度较慢，适合新会员或初学者。

2）中级课程。中级课程的动作变化较多，音乐速度较快，高低冲击力动作混合，适合有一定技术基础、身体协调性较好的会员。

3）高级课程。高级课程的动作较为复杂，变化很多，音乐速度也更快些，一般是高低冲击力动作混合或以高冲击力动作为主，适合技术水平较高、身体素质较好的会员。

（2）按冲击力分级。根据运动中对膝关节的冲击力的大小可分为低冲击力、高低冲击力或高冲击力课程，它们的区别主要是单脚、双脚是否离开或同时离开地面，以及动作连接时的强度控制。教练应做适当的动作编排，会员应在教练的建议下选择适合自己的强度。

（3）按心率变化分级。部分健身俱乐部的课程分为单峰课程和多峰课程，这主要是根据在课程编排时，教练可通过动作选择、持续时间、连接方式等元素使训练者的心律变化曲线出现一个或多个高峰来划分的。

1.5.3 LESMILLS（莱美）

1. LESMILLS 的历史

（1）起源于家族产业。LESMILLS International 是一个新西兰的知名家族企业，它的前身是 LESMILLS World of Fitness，1968 年兴起于新西兰的奥克兰市。其创始人——Les Mills 先生曾四次代表新西兰参加奥运会，并连续担任过四届奥克兰市市长。现在 Les Mills 先生本人已渐渐淡出了他一手经营起来的生意，但是其家族成员接过前辈传下来的接力棒，继续带领这个从 1920 年便踏足健身行业的企业走向成功。

（2）通过经营健身俱乐部崭露头角。LESMILLS World of Fitness 的第一家分店在 1968 年开业。经过 10 年的经营，在 1979 年底会员人数还不到 1 000 人，即便在高峰时段，每堂健美操课的人数也只有 20 人左右。俱乐部的经营状况的确不怎么乐观。

此时的俱乐部老板——Les Mills 先生的儿子 Phillip Mills 听说在悉尼的一间健身俱乐部，每堂健美操课的上课人数可以超过 100 人。于是他花了一年的时间向这间俱乐部的老板和教练员学习。通过一年的卧薪尝胆，Phillip Mills 认识到健身俱乐部主要盈利点在于吸引更多的人参与有氧课程的训练，而富有吸引力的有氧课程必须简单、有趣、安全、有效。为此他带领自己的教练员团队创造了一个全新的有氧运动项目——BODYPUMP。这个项目的理念是——让杠铃走进操房，让减脂塑身训练充满乐趣！这个理念给传统的健身训练带来了新的革命。

他的辛苦没有白费，LESMILLS 的生意发生了革命性的变化。为了能容纳更多的会员，在 4 年时间里，他们不得不每年将俱乐部的面积扩建一倍。到了最后，他们拥有了一间能够同时容纳 300 名多人上课的大操房。

在奥克兰，人口只有 100 万，但却有 100 多间健身俱乐部。LESMILLS World of Fitness 在同行业中是收会员费最贵的，但发展的会员数目却是最多的。在奥克兰最老的分店每周有 8 000 人来上课，每周要在 4 个操房里开设 140 堂有氧课程，拥有的会员人数已经达到了 11 500 人。在锻炼的高峰期，有超过 300 名会员在俱乐部里面同时上课是很普遍的现象。

相关链接

在 20 世纪 80 年代创建了 LESMILLS 健身训练体系后，LESMILLS 健身世界发生了以下的变化：

1980 年，操房扩建到可以容纳 80 人同时训练，

1982 年，操房扩建到可以容纳 150 人同时训练，

1984 年，操房扩建到可以容纳 300 人同时训练。

（3）成为有氧健身领域的领航人。在 BODYPUMP 运动给世界健身业带来革命性的变化后，Phillip Mills 并没有停下前进的脚步。

在 BODY PUMP 的成功基础上，Phillip 带领的套路编辑小组又开发了以下健身项目：BODY BALANCE，BODYCOMBAT，RPM，BODYJAM，BODYSTEP，BODYVIVE，BODYATTACK。

Phillip Mills 的动作套路编辑小组由知名教练员、专业音乐剪辑专家、运动生理学家组成。这个小组的使命就是每隔 3 个月将莱美健身体系下的运动项目进行一次全面的更新，以保持锻炼者对各个项目的兴趣，避免因为套路陈旧、缺乏变化和活力而丧失会员。所有这些项目的理论基础就是预制套路理论，即根据选择、制作好的音乐，事先编排、组合好基本的技术动作，形成一个统一的套路，然后传授给所有的莱美教练员。在此基础上，Phillip Mills 还创建了完善的教练培训系统和独特的集体健身管理系统。自此，由预制套路、教练员培训和集体健身管理咨询组成的莱美健身体系正式诞生了。Les Mills 家族更是组建了 LESMILLS International（LMI），专门负责向世界各地的俱乐部推广莱美健身体系。

这个体系让 LESMILLS 的家族事业从一个小小的新西兰健身俱乐部，变成了世界健身康体产业著名的产品供应商，成为世界有氧健身领域的领航人。

自 1996 年以来，5 大洲的近 80 个国家和地区的 12 000 多家俱乐部引进了莱美健身体系，在澳大利亚有超过 50％的俱乐部引进了莱美健身体系。

所有编制出来的运动套路通过莱美体系的培训系统，以 DVD、CD、套路说明书的形式传递给全世界 100 000 多名莱美教练员，以确保世界 70 多个国家和地区的锻炼者都享受到标准的、质量一流的锻炼课程。

2. LESMILLS 的成功之道

（1）由强大的团队预先编排项目套路。项目套路由世界顶级的运动专家、舞蹈专家、生理学专家联合编制，并保持有趣、有效、安全更重要等保证课程高质量的特点，以吸引会员不断参与，提高会员数量和忠诚度。由于是预先编排的项目，保证了项目的一致性，即 LESMILLS 教练所使用的项目是全世界完全一致的。

（2）紧跟流行趋势。每个季度从世界各地听取、收集上千首最新最流行的音乐，通过授权合法使用，根据项目再进行编排。

（3）提供详细的、世界级别的培训资料，以便每个教练员可以更好地掌握项目套路。每年 LESMILLS 投入大量的时间和精力来完善培训资料，提高教练员的水平。

（4）由于目前超过 70 个国家使用 LESMILLS 项目，所以项目的资源越来越丰富，每个项目的元素越来越多，这有利于让教练丰富知识。

（5）LESMILLS 会通过第三方的调查了解客户需求，开发新的项目，这保证了项目在开展的时候会更顺利。

简单地说，莱美健身体系的运动项目是由世界顶级的教练、舞蹈设计师、运动生理学专家组成的开发小组每年花费数百万美金研究设计，并在新西兰最大的健身俱乐部进行大量的“人体实验”后再推广到全球 11 000 多家莱美加盟俱乐部。

3. 莱美健身体系各个运动项目的共同特点

（1）有效。精心设计的技术动作能保证练习者达到预定的健身目标。

（2）简单。练习者不必再为追赶教练员复杂多变的动作而不知所措。

（3）有趣。一学就会的动作，让练习者有更多的精力来享受音乐，乐在其中。

（4）安全。经过反复验证的运动套路将动作的危险性降到了最低。

（5）季度更新。专家开发小组每季度对所有运动项目进行一次从音乐到技术动作上的全面更新。

4. 目前国内开展的七种 LESMILLS 课程

（1）BODYPUMP

1）课程简介。BODYPUMP 是健身史上最成功的团体健身项目，迄今为止在 70 多个国家的 11 000 多间俱乐部培训了 10 万多名认证教练。BODYPUMP 是非冲击课程，在热情高涨、激动人心的氛围中为练习者提供结合音乐的、最快速最安全的力量练习。

2）练习者获得的好处。BODYPUMP 有助于快速提高肌肉耐力和肌肉力量，消耗大量卡路里，雕塑出完美的身体线条，还可以增强骨密度，预防骨质疏松症，改善内分泌，提高人体的免疫力。练习时可调节杠铃的重量，适合于不同性别、年龄、体质的人士，尤其吸引喜欢简单有效的非舞蹈性动作练习的男性。因为 BODYPUMP 主要针对的是红肌（它的最大膨胀系数低于 20%），所以不会破坏女士的曲线，而只会使肌肉与脂肪达到完美比例。

3）俱乐部获得的好处。因为 BODYPUMP 快速的效果及激动人心的气氛，它一向都是引入的俱乐部中最受欢迎的课程。统计数字表明会员对它的忠诚度很高——即使在假期或坏天气很多人也不会错过这一课程。

（2）RPM

1）课程简介。RPM 是一项崭新的室内自行车项目，它能在 45 min 长的一节课内燃烧掉 3 780 J（900 cal）热量，最受那些想减肥的人们的欢迎。因为拥有最流行的音乐和一流的经过最严格训练的教练使 RPM 成为最激动人心的 LESMILLS 项目之一。

2）练习者获得的好处。RPM 课程对有氧系统要求很高，能消耗大量能量。RPM 能快速改善肌肉耐力，帮助人们控制体重，降低血压及胆固醇总量，增加有氧运动能力，降低静止心率，增大血液量，保持心血管的健康。练习者会觉得好像是飞驰在高速公路上，与队友一起骑自行车经过充满异国风情的不同地方，而受过良好训练的教练正像导游一样带领着他们，并确保他们的安全。

3）俱乐部获得的好处。RPM 并非专指某个品牌的单车，任何牌子的团体健身单车都可以用于这个项目，让练习者上室内自行车课程，能让教练在示范技巧的同时保证安全性。

（3）BODYBALANCE

1）课程简介。BODYBALANCE 是一个糅合了东方传统瑜伽、太极与西方普拉迪精华的项目，是世界上第一个预先编排套路的身心结合的项目。BODYBALANCE 的目的在于将新成员吸引进团体健身房，完全没有年龄、性别、健身背景和身体状况的限制，是现代都市人的解压良方，能帮助练习者摆脱久坐办公室所带来的腰椎、颈椎、肩周等关节部位的不适，提高身体的灵活性与协调性。

2）练习者获得的好处。大量证据表明参加这个项目的会员在力量、姿势、身体意识、灵活性、呼吸、集中注意力等方面均有显著改善。BODYBALANCE 被认为是在追求更高生活质量的过程中投入全身心的一种非常好的锻炼方法，让练习者恢复活力，重塑平衡。

3）俱乐部获得的好处。对身心合一的锻炼的要求已越来越高，俱乐部已在寻求、发展这种项目的专业人士方面碰到诸多困难。BODY-BALANCE使俱乐部的服务内容多了这种形式的训练，为会员提供了高层次的选择。

（4）BODYCOMBAT

1）课程简介。BODYCOMBAT是集体健身行业中最令人兴奋的项目，同样是由顶级专家编排套路并经过反复测试。这个项目源自一系列搏击格斗动作，如拳击、武术、跆拳道，目的是在锻炼耐力的同时锻炼全身的力量和灵活性。

2）练习者获得的好处。BODYCOMBAT能全面地调节体能，消耗大量能量，提高循环系统循环能力，促进内外肌肉的协调，提高敏捷性与灵活性，并能自我防卫。精心设计的动作套路配以动感的音乐，将带给练习者前所未有的体能与精神上的挑战。

3）俱乐部获得的好处。涉及打斗动作的项目是团体健身行业中最时兴的活动，这股热情已遍及全球，会员们都希望他们的俱乐部能跟上新的市场潮流，引进健身界的一流课程，这取决于领导潮流的教练的专业性。LESMILLS为俱乐部提供全国最好的、受过严格训练的培训队伍，负责BODYCOMBAT的发展及培训BODYCOMBAT教练。

（5）BODYSTEP

1）课程简介。BODYSTEP是利用可调节高度的踏板的一项锻练心血管的项目，它的套路简单易学，对新学员来说不像其他踏板操课程一样复杂难跟。BODYSTEP比其他俱乐部提供的自然踏板操课程更简单但也更强烈、更好玩、更安全、更适合不同人群。

2）练习者获得的好处。奥克兰的UNI SPORT的研究表明BODYSTEP课程能消耗大量能量，改善下半身肌肉轮廓，尤其具有女士青睐的提臀效果。这个项目包括了一些锻练手臂和躯干的基础练习，因此练习者可以锻练到全身所有的主要肌肉群。

3）俱乐部获得的好处。很多俱乐部由于踏板课程的复杂性越来越高，使得上课的人数越来越少。BODYSTEP的目标是以简单的动作吸引会员重回踏板操课堂，让每个人都能参与。

(6) BODYJAM

BODYJAM 是最佳的音乐与动作相结合的课程，它把世界各地的舞蹈风格糅合在一起，精心编排的动作中包含了拉丁，Funk，Groove，加勒比舞蹈，街舞，爵士以及百老汇爵士等风格的舞蹈元素，令人难以抗拒。

BODYJAM 能提供充满舞蹈文化的心血管锻炼和最棒的舞蹈课程，让每一个练习者都成为舞林高手，通过健身获得快乐，在摩登的音乐声中塑造体型。

(7) BODYVIVE

BODYVIVE 是一个低损伤、可以根据自己的实际情况来调节运动强度的健身项目。练习时，练习者一边听着令人兴奋的音乐一边接受着技艺纯熟的教练员一步一步地指导，练完项目后，练习者会有一种焕然一新、活力四射的感觉。

1.5.4 常见集体课程

1. 瑜伽

(1) 起源与功效。瑜伽（Yoga）起源于印度，其含意为“一致”“结合”或“和谐”。瑜伽是一种达到身体与心灵和谐统一的运动方式，能改善人们生理、心理、情感和精神方面的状态。也可以说瑜伽其实更是一种生活方式，而不仅仅是健身项目，更不是难度很大的柔韧体操，相反，其实有许多瑜伽姿势非常易于掌握。

瑜伽包含伸展、力量、耐力和强化心肺功能的练习，不但对肌肉和骨骼的锻炼有益，也能强化神经系统、内分泌腺体和主要器官的功能，通过激发人体潜在能量来促进身体健康。有规律的瑜伽练习有助于消除心理紧张，避免由于疏忽身体健康或提早衰老而造成的体能下降。因此练习瑜伽能保持活力，令思路清晰。

(2) 练习瑜伽的注意事项

1) 保持空腹状态练习。一般情况下，训练者要在饭后或饮用流体食物 2 h 以后再进行瑜伽训练比较好。

2) 在做各种瑜伽练习时，一定要在身体柔韧极限的边缘温和地伸展身体，千万不要用力推拉牵扯，不要做超出自己极限的动作。

3）如果在练习的过程中出现体力不支或身体颤抖等情况，请即刻放松还原，不要过度坚持。

4）在营养方面，主要原则是吃分量少、高品质的食物。建议瑜伽训练者多吃水果、蔬菜、完整的壳类与生的坚果，因为它们富含生命力量。必须少吃或完全不吃肉类，尽可能吃新鲜或生的食物，不吃太烫或太冷的东西。喝酒有损健康，而且会阻碍瑜伽进步。

2. 热瑜伽

（1）起源与功效。

热瑜伽是由印度人比克拉姆在瑜伽的一个分支——哈达瑜伽的基础上创立的。

在热瑜伽系列中，比克拉姆保留了原始哈达瑜伽的26个姿势，并把它们作了科学的排列，按照人体肌肉、韧带与肌腱的特点科学地安排牵拉加热的顺序。比克拉姆认为，如果练习者没有对相关肌肉做适当的准备活动而跳到第15个动作，其结果与仓促地做一次后空翻一样是不会令人愉快的。因此练习时要按教练的指导顺序来做，否则就会出错。

热瑜伽要求练习者在38～40℃的室温下练习。因为比克拉姆认为，在身体未热的情况下练习瑜伽很容易受伤，这就好比把一块钢铁加热后，用锤子便容易使它改变形状，而不加热的钢铁用锤子也没有办法使它改变形状。

热瑜伽的倡导者认为，这套动作可在90 min内把身体恢复到一个平衡的境界，使全身都得到锻炼，能够系统地把充满氧气的新鲜血液100％地输送到身体的各个部位，让它们恢复到健康的、自然的工作状态。

除了减肥的作用外，热瑜伽对失眠、偏头痛、腰背痛、颈椎病和胃肠疾病等都有治疗作用。同时练习瑜伽可以减少面部皱纹，使人感觉年轻、长寿，并能增加疾病抵抗力，改善视力与听力，取得体重减轻、心智情绪健康以及直觉更敏锐等效果。

（2）练习热瑜伽的注意事项

1）在训练前后 2 h 内不要进食，保持空腹。在课前 20 min 时最好喝一大杯水，练习时要有一瓶水和两条毛巾。因为室温较热，毛巾是用来擦汗的，水是在训练中补充水分用的。

2）在训练时，全程都用鼻子呼吸。用鼻子呼吸可安定神经，让身体更健康，鼻毛可过滤脏空气和有害细菌。

3）把握体位法的缓慢过程和全身移动的感觉，比完成姿态更重要。

4）保持完成姿势时的呼吸数，以自己的体能为限。初学者保持 3～5 次的呼吸数即可，往后再慢慢增加次数。

5）要持之以恒，尽自己最大的能力发挥，便能达到最大的效果。同时，要提醒心脏病人注意，高温可能会带来不适，因此心脏病人练热瑜伽时要特别谨慎。

3. 普拉提

（1）起源与功效。

普拉提（Pilates）训练法是由德国的约瑟夫·普拉提于 1926 年创立并推广的一种运动健身体系，是一种静力性的健身运动。西方人一向注重身体肌肉和生理机能的训练，例如腰、腹、背、胸、臀等部位的训练，而东方人着重对呼吸和心灵集中的训练，如瑜伽和太极。普拉提吸取了东西方文化，兼容了生理训练与心理训练的相关研究成果。最初普拉提只运用于两大领域，即专业舞蹈团体对肌肉的训练和医疗康复机构中病人痊愈后的肌体功能及肌肉力量的恢复。随着现代社会的发展，普拉提进行了一些人性化的改善，融入了瑜伽、太极拳、芭蕾形体的一些理念以及教练个性化的内容。普拉提的训练方式是遵循运用自身体重、多次数、小重量以及冥想的运动原则，训练时的呼吸方式为鼻吸口呼，是针对肌肉形态、关节等的一种训练，训练目的是通过改善人体肌肉功能而改善人体脊柱、腰椎等的功能。

（2）练习普拉提的注意事项

1）动作一定要准确，要特别注意采用正确的姿势、良好的呼吸，达到心灵和精神的和谐。

2）普拉提没有年龄和性别的限制，适合任何人。

3）由于大部分动作是躺在垫子上完成，所以建议女性会员不要梳辫子来练习。

4）没有饮食限制，但也别吃太多。

5）尽量穿紧身运动服练习，这样可以随时检查肌肉是否处于紧张状态。

4. 踏板操

（1）起源与功效。

踏板操，即在踏板上随着动感音乐（每分钟120拍左右）有节奏地上下舞动，进行健美操的动作和步伐训练。它具有健美操的所有特点，同时，由于大部分动作是在踏板上完成，所以能更有效地增强心肺功能及协调性。因其主要针对的部位是下肢和臀部，具有明显耗能减脂（1节课可以消耗4 200～6 300 J）、提臀美腿、改善女性肌肉线条的功效。

踏板一般长100 cm、宽35 cm、高8 cm，其高度也可以根据运动水平、踏板技术、膝关节的弯曲度而调节。很多女性担心练踏板操容易使腿变粗，其实这种担心没有必要。踏板操作为有氧健美操的一种形式，是在供氧充足的状态下进行的长时间的、中低强度的练习，不会使肌肉发达。另一方面，踏板具有一定高度，比在平地上完成同样动作耗能要多，在饮食得当的情况下，减脂的效果将更加明显。

（2）练习踏板操的注意事项

1）要穿弹性好、透气性好的衣服。穿运动鞋，有气垫的更好，这样可以起到缓冲作用，不提倡赤脚跳踏板操。

2）不要省略掉开始10 min的热身和最后10 min的放松。在以踏板操为主的同时，可以穿插一些相对动作幅度小的形体舞蹈动作，这样动静互补，增加新鲜感。

3）脚踩踏板时要注意平衡，踏在板中心，以防重心偏移。

4）不要将脚跟抬离踏板，“悬空”很容易扭伤脚跟腱。

5）下板时要脚尖先着地，随后脚跟落地，这样可以使身体得到缓冲。

6）保持收腹的姿态，使肌肉处于活跃状态。

7）保持均匀呼吸。

8）练操时若出现腿部疲劳而导致动作不协调，或身体任何部位有明显的不适，如头痛、头晕、心跳过快，应立即停止运动。

5. 街舞

街舞是一种针对小肌肉群、中低强度的有氧运动，它很好地弥补了其他健身项目的局限性。连续跳 1 h 街舞消耗的热量，相当于慢跑 6 km，减肥功效不言而喻。同时，街舞还可以提高身体协调能力，使身材比例更加标准，并使人注意力集中，动作优美随意。

街舞又称 HIP—HOP，起源于美国纽约的布鲁克林区街头舞者的即兴舞蹈动作。这些舞者很自然地在他们的舞蹈中进行着发挥，发展出多样的 HIP—HOP 风格，目前成为俱乐部的热门课程，其中包括 POPING（机械舞），BREAKING（霹雳舞），LOCKING（锁舞）和 WAVE（电流）。

相关链接

“街舞”中文名字的由来

1996 年以前，在国内专业健美操训练中，为提高运动员的协调性和舞蹈感觉，以北京体育大学健美操专业孟宪君老师为代表的国内第一批专业健美操教练经常采用“街舞”这种舞蹈形式进行教学，取得了很好的效果。

在孟宪君老师掌握的有关音像资料中，这种舞蹈的拍摄地点大多是在美国街头，所以取名为“街舞”，即街头表演的舞蹈，当时这种舞蹈在国内尚未被主流文化所接受。

1997 年，在孟宪君和马鸿韬教授指导下，由国内多位著名的健美操教练参与拍摄的“好家庭”系列健身操录像带在全国发行，其中首次推出了“青少年健康街舞”，之后在中央电视台的“健美五分钟”栏目中教授了 3 年之久，得到了健身界的普遍重视。

1998 年，在北京月坛天行健身会，“街舞”首次作为大众健身课程得以开设和推广，立即得到了多方媒体和会员的好评，并开办了全国首届“天行街舞”培训班，一时间“天行街舞”“街舞”成为国内健身俱乐部的热门课程和会员的首选。

之后，随着国内各方面专业人士的积极努力和国际间的交流，又为“街舞”赋予了更系统、更全面、更时尚的内涵。

6. 拉丁健美操

（1）起源

拉丁健美操是以有氧运动为基础，将传统拉丁舞（桑巴、伦巴、恰恰、斗牛、牛仔）的基本动作与健美操动作巧妙结合，配以热情奔放、动感十足的拉丁音乐，使练习者在健身减脂的同时，充分展现自身的性感和魅力。拉丁健美操动作优美，有浓郁的异国情调，其动作强调髋部的摆动，因此对于腰部两侧的训练效果特别好。

在全球化的今天，拉丁健美操以拉丁舞蹈与健美操相结合的形式肩负着世界文化交流的使命，既能健身又能跳出美妙的民族舞姿态，轻快而时尚的节奏给人以动感和活力，让世界变得青春飞扬。

（2）功效

1）充分激活身体的每一个细胞，扭动身体的每一个部位，消耗热量惊人。

2）跳拉丁健美操时，运用到腰腹部的机会较多，尤其对腰侧的肌肉锻炼效果最好，帮助会员练出纤细的腰肢和苗条的身材。

3）热情奔放的动作能锻炼人体协调性，增强个性魅力。

7. 肚皮舞

（1）起源与功效

肚皮舞源于埃及古代的皇室宫廷舞，流传到土耳其、阿拉伯等中东地区。肚皮舞运动的部位主要是腰、胯、腹、手、眼，动作柔美、性感。

肚皮舞之所以会流行起来，是由于其动作和舞步自然随意，也不受年龄和体形的限制，更重要的是肚皮舞能针对腹部、腰部的脂肪而进行，有效地修复全身线条，减去手臂、臀部、大腿的赘肉。由于肚皮舞是以腰腹运动为主，所以对身体的内脏与器官的生成代谢和系统循环有很大的帮助。例如刚生完孩子的朋友练习肚皮舞可以有助于收紧腰腹肌肉，强壮肌肉组织，减去腰腹赘肉。

（2）练习肚皮舞的注意事项

1）在运动之前和之后的1～2 h不要进食太饱，可以吃少量的东西，以免因空腹而产生头昏等情况。

2）练习肚皮舞的时候要裸足，而且腰腹部一定要裸露出来，这样做的好处可以看到自己的动作姿势正不正确。

3）需要一条腰带。腰带是肚皮舞最主要的一个特色，还可以让初学者练习起来更加有感觉。

4）肚皮舞是一种舞蹈运动，对肺活量有一定的要求，因此心脏病、高血压、哮喘、癫痫患者和手术后伤口还未愈合者都不适合练习肚皮舞。

8. 搏击操

（1）起源与功效。

有氧搏击操的英文名为 KICKBOXING，最早是由一名搏击世界冠军创造的，其具体形式是将拳击、空手道、跆拳道、功夫，甚至一些舞蹈动作混合在一起，即在激烈的音乐中，进行一些拳击和跆拳道的基本拳法和腿法练习。

有氧搏击操能够让健身者的侧腰、腹部、大腿、手臂、肩背减少脂肪，达到瘦身的目的。由于有氧搏击操动作多变，包括直拳、勾拳、摆拳、正踢、侧踢、侧蹬等搏击动作，而且在做每个动作时要求迅猛而有爆发力，所以健身者在锻炼全身每一块肌肉的同时，身体的弹性、柔韧性及反应速度也将得到提高。另外，有氧搏击操运动在出拳时，要求腹肌收缩、大吼一声、用力出拳，不但可锻炼到平时不常使用的腰腹肌，而且可以宣泄情绪、减轻压力，许多跳过搏击操的人都感觉畅快不已。

（2）练习搏击操的注意事项

1）热身时间要足够，否则身体得不到足够的伸展。上课时腿部应每隔 15～20 min 做一次伸展。

2）腹部、下颚收紧，两手握拳于脸前（防御姿势），保持呼吸，不屏气。

3）避免和专业运动员一样进行长时间的训练，应交替进行大运动量和小运动量的练习。

4）侧踢时不向前扭胯，否则会导致压力集中于膝部；绷脚尖会扭伤膝盖，应向脚尖方向扭胯以减轻膝盖的侧压力。

5）膝盖不要僵直，以减轻缓冲。在转身时要抬起并弯曲膝盖，否则会扭伤十字韧带。

6）击拳时要由肩部带动出拳，在完成击拳和踢腿动作前一直看着目标。

7）不要在拥挤的房间内作后踢动作。

8）避免肘、膝部用力过猛；避免进行闪躲或猛击动作时由于动作过大而脱臼，避免扭转动作。

9）若发生腿部疲劳、人体局部出现痛状不适、眩晕、心率过快等情况，可停止练习。

9. 杠铃操

杠铃操是将杠铃和健身操进行组合的一种运动，它由适当的重量、激昂的音乐、坚强的意志和响亮的呐喊组成。可调节杠铃的重量，适合不同年龄、性别和体质的人士。杠铃操可以快速提高肌肉的耐力和肌肉力量，消耗大量的热量，雕塑出完美的身体线条。而且杠铃操还可以增加骨密度，预防骨质疏松症，改善内分泌，提高人体免疫力，提高练习者的耐力和自信。患有骨质疏松或关节扭伤等疾病的人，不要轻易练习。

10. 健身球

健身球由乙烯基制成，里面充满空气，最多可承受大于200 kg的重量。健身者可以根据自己的身材选择直径60～100 cm不等的球来锻炼。早在20世纪50年代，健身球就已经在瑞士产生了，所以最早就叫做“瑞士球”，当时它主要用来给人们做物理治疗，训练人们运动神经的平衡能力。到了20世纪80年代，健身球在治疗诊所和康复中心大放光彩，连运动队也把它当成提高运动员平衡稳定能力、预防运动损伤的训练工具。健身球出现后，人们开始用它来治疗腰背疾病、神经紊乱、膝盖和肩部康复医疗以及纠正体态、提高平衡能力等。近几年它出现在健身房里，主要有开设集体健身球的课程和用于私人教练课程两种形式。

11. 动感单车

（1）起源与功效。动感单车是一种通过对不同的速度及阻力的练习，配上健身房内动感十足的音乐节拍、五彩缤纷的灯光，让练习者挥汗如雨、燃烧多余脂肪的运动。

关于动感单车的起源，有两个说法。一种说法是喜爱自行车运动的澳洲人，根据澳洲特有的地貌发明了动感单车，其英文名字“Spinning（旋转）”极贴切地概括了它的特点，就是要通过运动使车轮不停地旋转，从而达到减脂健美和提高心肺功能的效果。另一种说法称其源自美国，是由美国私人教练兼极限运动员 Johnny G 于 20 世纪 80 年代首创，是一种结合了音乐、视觉效果等独特的充满活力的室内自行车训练课程。

动感单车是一项非常棒的有氧运动，能有效提高心肺功能、力量和耐力，有助于消耗能量、降低体脂，同时动感单车还能缓解心理压力、令人振奋。

动感单车可以让健身者在快乐运动中有效地加强肌肉的耐力及心肺的运转功能，而且在锻炼耐力的同时，大大消耗体能并燃烧脂肪，达到减肥的目的。同时，动感单车是一种团体运动，能够充分地体现集体团结合作、相互支持鼓励的精神，非常适合培养年轻人的团队合作精神。另外，骑动感单车对臀部、大腿的肌肉有健美作用，可增强人体的下肢力量。动感单车所用的车体是按人体工程力学设计的，可供不同身高、体重的人士随意选择，安全脚套始终固定在蹬板上，这有效地提高了运动的安全系数。

（2）练习动感单车的注意事项

1）注意在骑动感单车时保持正确的姿势：不要耸肩，保持挺直，避免含背或过分后倾，令背部受压而损伤；无论做任何动作，头部尽量与背部保持平直，不要过高或前仰；套好脚套，收紧；双臂保持微曲，手腕不要过分弯曲。

2）第一次参加动感单车课程可将目标定为坚持上完课，慢慢根据自己的情况相应增加强度。

3）正确地设置单车非常重要，车座位置过低会造成膝部酸痛和其他损伤。在开始蹬车前一定要请教练指导会员如何正确设置单车。

4）由于单车的齿轮是圆的，正确的骑车技巧是：注意蹬整圈。

5）大多数人骑车时习惯重踏脚蹬，喜欢向下时用力蹬、向上时休息。实际上，向下压脚蹬会削弱腿部、小腿和股二头肌肉组织的力量，骑车时所传输的力量就减少，大腿就特别容易疲劳，所以用力要均匀。

1.6 客户服务基础知识

企业的发展依赖于自身的优质服务和在客户中的良好口碑，特别是对于健身俱乐部这样一个健康服务性行业，就更需要全体员工提高服务意识、不断完善服务技能。所以，全体员工都必须熟悉客户服务的基础知识并在实际中得以应用和实践。

1.6.1 客户及服务意识

客户是指在健身俱乐部内、外任何一个需要员工帮助的人和单位，因此通常把客户分为内部客户和外部客户。内部客户是指俱乐部的全体员工，外部客户是指会员和协助单位。作为健身俱乐部的管理者，只有服务好自己的员工才能最终得到会员的满意和认同。作为健身俱乐部的员工，除了要以热情、专业、职业的工作为会员提供优质的服务外，也必须为身边的同事做好优质的服务。

本节着重介绍如何提高健身俱乐部的服务质量，换句话说是重点讨论如何提高会员对健身俱乐部的满意度。

1. 视会员为衣食父母

（1）会员是员工服务的对象。正是因为有了会员，健身俱乐部才有了生存的基础，员工的工作才有了意义。是会员真正支付了健身俱乐部赖以生存的经营开支、员工工资和利润，他们是健身俱乐部真正的“老板”，是健身俱乐部最重要的人。

（2）会员是有权选择他们认为满意的健身俱乐部的，所以满足他们的合理愿望就是员工必须努力的方向。会员愿为所得的服务付出公平的费用，良好的服务会使其感到物有所值，续会并介绍更多的朋友加入俱乐部；劣质服务则会使会员感到深受欺诈而不再续会，同时造成不好的口碑。

2. 客户意识的两种具体体现

（1）会员是“上帝”。使用“上帝”这个字眼，是对客户的尊重，这使得一些没有从事过服务行业的员工有这样的感觉：“会员当了上帝，员工岂不是侍从，会员不就可以为所欲为了吗?”其实，这是一种误解。将会员比作“上帝”，目的就是突出会员在健身俱乐部中地位的重要和特殊。作为“上帝”，其地位是至高无上的，其服务要求就是命令，满足其服务要求是健身俱乐部员工的第一任务，这有助于强化服务意识。同时，作为“上帝”的会员，也是国家的公民，他的行为同样受法律和社会道德行为准则的约束，也必须遵守会员守则和健身俱乐部的规定，所以“上帝”也不能为所欲为，必须在国家法律和道德准则允许的范围内活动。而为客户提供服务的员工，只是在健身俱乐部中向客户提供服务的人，这只是社会分工的不同，并没有地位高低、身份贵贱的区别。同样，当员工到了健身俱乐部以外的其他地方，作为消费者，同样也是客户，是“上帝”。

（2）“会员总是对的”。“金无足赤，人无完人”，所以人不可能无过错。会员也是人，出错也在所难免，但“会员总是对的”意味着在处理与客户的矛盾时，要从会员的角度和争取客源的角度去考虑问题。员工不应当面指责会员，不要给会员难堪，而应巧妙地维护其自尊，给会员下台阶的机会，从而使会员不失面子而感到备受尊重，同时也维护了健身俱乐部形象，巩固了会员与健身俱乐部的良好关系。当然，“会员总是对的”并非绝对，如果会员的行为是违法的或者是严重“越轨”，则另当别论。

1.6.2 客户的需求

要做好健身俱乐部的服务，首先应该了解会员对健身俱乐部的要求，才能有的放矢地开展工作，处理看似复杂又十分重要的服务问题。会员的需求总体上分为实际需求、情感需求和潜在需求 3 个方面。

1. 实际需求

实际需求是指会员加入健身俱乐部的主要原因和他们需要健身俱乐部提供的服务项目，如明亮干净的健身环境、运转良好的设施设备、丰富的集体课程、专业的健身指导等。如何满足会员的实际需求看似非常简单，但在实际操作上是对健身俱乐部运营管理的一个不小的挑战，为此健身俱乐部必须拥有：

（1）专业合理的布局设计。

（2）完善的设备、设施的保修、保养流程和每日检查制度。

（3）专业的保洁制度和有效的保洁管理。

(4) 持之以恒的培训机制，确保优秀的会籍顾问、客服人员和专业教学团队的职业素质。

(5) 有效的、及时的、快捷的会员意见反馈机制和解决跟踪制度，确保会员的合理要求得到满足，工作流程得到进一步改善。

2. 情感需求

情感需求是指会员对来到健身俱乐部健身所经历的一切事情的感受，如开心、热情、受到尊重等情感上的体验。满足会员的情感需求是对健身俱乐部的一项综合考评，是要求健身俱乐部每一位员工共同完成的任务，因此必须做到：

(1) 尊重会员，通过不断的跟进式培训使健身俱乐部全体工作人员具备“会员是上帝”“会员总是对的”的服务意识。

(2) 严格执行健身俱乐部的服务规范，熟悉服务流程。

(3) 每位员工随时随地都能做到：对在3 m之内遇到的每位会员都要主动点头微笑并说“您好!”，在会员有要求时，不论分内分外，立刻解决或找到同事帮助解决。

(4) 随时主动发现需要帮助的会员，并提供友好、专业的服务。

3. 潜在需求

会员的潜在需求是指会员本人未曾意识到的或未来将产生的需要，如给会员更多的健身建议或健康提醒。要想做到这一点并不容易，为此要求健身俱乐部的每一位员工都能够换位思考，经常设身处地地为会员着想。

1.6.3 客户服务的3个层次

“客户服务”就是员工为需要员工提供帮助的人做一些事情。根据服务水平，可由低到高分为3个层次，健身俱乐部应该力求达到最高层次的服务水平。

1. 满意的客户服务

客户服务的第1个层次：“满意的客户服务”是指会员对健身俱乐部提供的服务基本认可，而这种认可往往是在健身俱乐部能够满足会员的实际需求的情况下达成的。满意的客户服务至关重要，然而还是不够的，只有在满足会员的实际需求的同时，充分考虑会员的情感需求，才能达到客户服务的第2个层次，即“优质的客户服务”，这是俱乐部工作的标准，需要健身俱乐部的每一位员工共同努力才能实现。

2. 优质的客户服务

要达到优质的客户服务，员工必须做到：

（1）不断地自我学习，熟练掌握服务流程和本岗位的专业技能，以热情饱满的工作热情对待身边的每一位会员和同事。

（2）始终在保持微笑的同时，不断地使用“您好!”“谢谢!”等标准的礼貌用语和标准的服务手势。

（3）永远积极乐观，不说健身俱乐部、同事、会员和其他品牌健身俱乐部的负面信息。

（4）保持随时准备主动为他人提供服务的职业习惯。

3. 卓越的客户服务

俱乐部的服务要努力达到的目标是“卓越的客户服务”，这是健身俱乐部服务的最高境界，也是未来健身俱乐部生存的必要保证。

“卓越的客户服务”是在达到“优质的客户服务”的基础上，为会员做得更多，在关心客户的实际需求和情感需求的基础上，还能够从会员的角度出发，满足客户的潜在需求，使他们得到意想不到的惊喜和备受关怀的感觉。为此，员工始终要提醒自己：

（1）不断参加培训，注重自我学习，提高自己的职业素质。

（2）保持积极主动为他人服务的热情，记住会员的名字，经常询问会员的健身情况。

（3）经常赞扬会员，随时对遇到的会员致以微笑、点头，并说“您好!”。

（4）在做任何决定之前，与会员沟通，听取会员的建议和意见。

1.7 健身俱乐部员工的行为规范

职业感是客户服务的关键。职业感是指员工把工作需要置于个人要求之上，包括职业形象、职业行为、职业语言、职业态度4个方面。

1.7.1 职业形象

1. 服装

（1）正确穿着工作制服。员工应按规定身着工作制服，制服应清洁、无污迹汗渍、平整无褶皱、无异味、无破损；衬衣干净平整，领口及袖口无污迹，服装尺寸应大小适宜，并且把上衣的下端塞进裤子里。纽扣须扣好，不可将衣领竖起，不可将衣袖和裤脚卷起。

（2）正确佩戴工牌。

（3）正确穿着鞋袜。除规定穿运动鞋的场合外，男员工应穿着黑色皮鞋和深色袜子，女员工应穿着黑色皮鞋和肉色长筒丝袜，丝袜应无破损、勾丝或明显污迹。皮鞋应表面光亮、无尘（打鞋油），不可赤脚穿着皮鞋。

2. 容貌

员工每天开始工作时，应保持最佳状态，要看上去容光焕发、干净利落，具体应做到：

（1）个人身体卫生。不可有汗味、腋臭、脚臭等异味，适当使用清淡香型的香水，但不可使用气味浓烈的香水。指甲长度不可超过2毫米，可以涂抹透明色指甲油，不可使用颜色鲜艳的指甲油。

（2）发型

1）男员工。不可留长发，发型要清爽、大方，使用定型喷雾、发泥、发蜡保持头发的整体美观，发尾不超过衣领，侧发不盖耳，前发不遮眉，不可留长鬓角。

2）女员工。短发女员工应使用定型喷雾、发泥、发蜡保持发型整洁大方，长发女员工应使用黑色发网将头发盘起，发髻位置不可过高，前发不过眉挡眼。

不管是男员工还是女员工，如果要染发只能染一种颜色且不宜过于鲜艳、夸张，要保持头发头皮的清洁。

（3）面容

1）男员工。要求面容清洁，口气清新，不可留胡须，牙齿清洁，鼻毛不外露。

2）女员工。要求面容清洁，化淡妆，形象清新自然，不可浓妆艳抹，口气清新，牙齿清洁，鼻毛不外露。

（4）饰品。已婚员工可佩戴婚戒，可佩戴运动型、皮制、钢带手表，不得佩戴卡通型及其他夸张类型手表，女员工只可佩戴一对耳钉，工作时不可佩戴有色隐形眼镜或样式夸张的框架眼镜，其他饰品不可外露。

（5）保持微笑。在俱乐部内无论何时何地都应始终保持微笑。与顾客或同事相遇时，应点头、微笑、行礼，表示敬意。微笑是最美的语言，某些时候一个微笑就能拉近人与人之间的距离，在工作中减少很多的阻力。同时经常笑一下也会使自己保持一个好的心情。

微笑的时候要露出 6 到 8 颗牙齿。微笑会表现出温馨、亲切的表情，能有效地缩短双方的距离，给对方留下美好的心理感受，从而形成融洽的交往氛围。微笑可以反映一个人高超的修养和待人的至诚。微笑有一种魅力，它可以使强者变得温柔，使困难转变为容易。微笑是商务交往中的润滑剂，是广交朋友、化解矛盾的有效手段，但微笑要发自内心，不要假装。

3. 身体姿势

在俱乐部内，员工应保持优雅的姿势和动作，站、坐和行时都应脊柱挺直，要避免倾斜、后弯和懒散，具体要求有：

（1）站姿。站立的要领是：

1）身体应挺直而自然，显得优美而文雅。从正面看，身体重心线应在两腿中间，向上穿过脊柱及头部，重心放在两个前脚掌。

2）挺胸、收腹、抬头。

3）站立要端正，眼睛平视，环顾四周，嘴微闭，面带笑容。

4）双臂自然下垂或在体前交叉，右手放在左手上，以保持向会员提供服务的最佳状态。

5）女子站立时，双脚呈“V”字形，双膝和脚后跟靠紧；男子站立时，双脚与肩同宽。

6）站立时重心不要偏左或偏右，身体不能动倒西歪。

7）站立时双手不可叉在腰间，也不可抱在胸前。

8）站累时，脚可以向后撤半步，但上身仍须保持正直，不可把脚向前或向后伸得过多，甚至叉开很大，不得倚靠家具或设备。

（2）坐姿。坐时的姿态要端正，这是体态美的重要内容之一。平坐在椅子上的要领是：

1）入座要轻缓，上身正直，重心垂直向下，腰部挺起，脊柱向上伸直，胸部向前挺，双肩放松平放，躯干与颈、髋、腿、脚正对前方。

2）把双腿平行放好，脚应踩在地上而不应踩在家具和设备上，双手自然放在双膝上，双膝并拢。

3）双目平视，面带笑容。

4）不要把椅子坐满，服务人员应坐在椅子的2/3，但不可坐在边沿上。

5）切不可坐在椅子上前俯后仰，摇腿跷脚；切不可将脚跨在椅子或沙发扶手上或架在茶几上；切不可双手抱在胸前，不可跷二郎腿，不可抖腿，也不要半躺半坐。

（3）行姿

1）行走时应昂首、挺胸、收腹、眼直视、肩要平、身要直、两臂自然下垂摆动、腿要直。

2）女子走一字步（双脚跟走一条线，不迈大步）。

3）男子行走时双脚跟走两条线，但两线尽可能靠近，在地上的横向距离为3 cm左右，步履可稍大。

4）每走一步，两脚间的距离标准为左脚一步迈出，脚跟离右脚尖恰好是脚的长度（随身材高低而不同）。

5）行走时不可摇头晃脑、吹口哨、吃零食，不要左顾右盼、手插口袋或打响手指，不与他人拉手、搂腰搭背，不得以任何借口奔跑、跳跃。

6）走路时男士不要扭腰，女士不要晃动臀部。

7）尽量靠右行走，不走中间。

8）与会员、同事相遇时，要点头表示致意；与会员、上司同行至门前时，应主动开门让他们先行，不能抢先而行；引路时，让上司、会员在自己的右侧；上楼时会员在前，下楼时会员在后；因工作需要必须超越会员时，要礼貌道歉，说声“对不起”。

9）3 人同行时，中间为上宾。

10）让女士走在内侧，以便使她们有安全感。

4. 职业礼节

大量的潜在冲突都是能够避免的，只要员工牢记 4 个重要的、可行的原则：

（1）在健身俱乐部遇到每一位会员或同事时要面带微笑，并且一直保持眼睛的接触，主动向会员问好、打招呼时称谓要得当，尽量称呼会员的姓氏。

（2）在工作的任何时候都应站立。员工应直立问候会员，这样显得有礼貌、很职业。

（3）始终集中注意力，保持警惕。不要让任何一个人没有经过问候就通过健身俱乐部的入口。

（4）员工应保证在工作时间内一直在工作区域，为会员服务时要动作迅速。

5. 健康的生活方式

俱乐部鼓励每个员工享受健康的生活方式，利用健身俱乐部的便利条件进行健身锻炼，从而为客户提供一个健康的范例。

1.7.2 职业行为

1. 必须双手把卡或物品放在会员的手上。
2. 在会员、顾客询问员工如何到达健身俱乐部某一设施、地方，或找某位同事时，必须带他们去相应的地方，至少让他们确认自己可以到达，或把他们介绍给他们需要见到的人。
3. 在会员、顾客向员工说话时，员工应该先停下来，并转向和面对他们，不能有任何不耐烦的表示；若没听清楚，要礼貌地请会员重复一遍；在与会员对话时，若另一会员有事，应点头示意打招呼，或请会员稍等，同时尽快结束谈话，招呼等待的会员，如等待时间较长，应说“对不起”“让您久等了”。

4. 对会员的咨询应认真答复，不能不懂装懂、模棱两可、胡乱作答，特别是不得有欺骗客户的言行。很多时候，员工为了自己的工作能顺利进行，会对会员有一些不切实际的承诺，这样做从小的方面来说会让会员觉得这个人不诚实、靠不住，从大的方面来说会很容易使公司蒙受损失。
5. 当会员提出的某项要求员工一时满足不了时，应主动向会员讲清原因并表示歉意，同时要给会员一个解决问题的建议或主动协助联系解决。要让会员感到，虽然问题一时没解决，但却受到了重视并得到了应有的帮助。
6. 与会员相处时应保持适当的距离，切勿虚言妄行、任意承诺或是举止过于随便。
7. 服务客户时应时刻想到客户的需要，注意客户的情绪反应，做到体贴周到。对会员或上级要求办的事必须踏实地去做，并尽快通知会员或上级最后的结果。
8. 只能在办公室讨论健身俱乐部内部的事。在公共区（前台、训练区、更衣室等）讨论业务问题和内部事务会使会员感觉不舒服，并会对健身俱乐部产生负面印象。除非上级要求，否则在任何情况下不谈论、指责俱乐部、同事或谈论其他健身品牌的负面信息，保持中立和积极友好、乐观的态度对待周围的一切。
9. 对会员、访客和其他员工要遵守诺言，按预定的时间开始工作。任何一个未解决的问题或是小小的拖延，都可能对别人造成重大影响。如有未解决的事情应立即转告值班经理，请其协助处理。
10. 在走廊行走时要放轻脚步。在带客户参观时，主动为客户打开门，路过训练区介绍时不应打扰正在训练的会员。同事之间在健身俱乐部内不得边走边大声说话，更不得唱歌、吹口哨或相互追逐等。在通道、走廊遇到访客或会员时要礼让，不能抢行，应主动说“您好！”并点头示意。

1.7.3　职业语言

1. 健身俱乐部全体员工在任何场合、任何时间为顾客或会员服务时不能说：“不”“没有”“不知道”“不行”“办不到”“不可能”，而只能说：“请稍等，请您留下卡号或联系方式，我尽力帮您联系。”等话语。

2. 热情接待所有顾客或会员，要有眼神接触，使用礼貌用语，说话语气要温和、亲切，注意“请”字当头、“谢”不离口，表现出对会员的尊重。

3. 在较敏感的原则性问题上要态度明确，但说话方式要婉转、灵活。既不要违反俱乐部规定，也要维护顾客或会员的自尊心。切忌使用质问式、怀疑式、命令式、“顶牛”式的说话方式，杜绝蔑视语、嘲笑语、烦躁语、否定语、斗气语，而应使用询问式、请求式、商量式、解释式的说话方式。如询问式的“请问……”，请求式的“请您协助我们……”（讲明情况后请顾客协助），商量式的“您看这样好不好？……”解释式的“关于这种情况，我们的规定是这样的……”

4. 请会员协助时，如果打扰到会员，要表示歉意，说：“对不起，打扰您了。”对会员的帮助或协助（如签名、登记）要表示感谢。会员对员工表示感谢时，一定要回答“不客气”。

1.7.4 职业态度

在健身俱乐部，每个员工对会员、客户和同事的态度是非常重要的。

在当今的社会中，很多人都会不同程度地感到心理紧张、工作和生活压力过大，渴望用更多的时间放松身心，而绝大部分会员来到健身俱乐部的一个主要原因也是想在这方面得到较大的改善。因此，健身俱乐部需要营造一种积极的、友好的氛围，使会员在健身俱乐部外承受的压力能够得到有效释放。而这种氛围的营造特别需要健身俱乐部全体员工具有更加职业的态度。

态度是有感染力的，员工在每次工作中表现出的积极或消极的态度会感染周围的许多人。而这种态度是通过身体语言、面部表情、语音语调和使用的语言等途径传达会员的。因此，在与会员沟通时应该注意：

1. 每个人都有烦恼和压力，员工要学会控制自己的情绪，把个人的情绪抛在健身俱乐部之外，当投入工作时要展现出一种乐观、友好、鼓舞人心的精神面貌。

2. 当发生冲突时，应主动、坦率地进行沟通，并努力避免否定的和自卫的沟通方式，保持嗓音平静，把音量控制在交谈的水平下。

3. 遇到复杂的局面应冷静、礼貌地处理。对于不耐烦的顾客，应请他到办公室解决。处理同事间的任何冲突也应在办公室内进行。

4. 对待所有会员和顾客都要有耐心、礼貌接待、热情诚恳，语气应温和、亲切，并应一视同仁，切忌在两位会员同时在场的情况下，对其中一位过分热情或长时间倾谈，而冷落了另一位。
5. 经常赞美、尊重、关心顾客及同事。
6. 在处理与合作者、同事和顾客的关系时，始终保持一种肯定、友好和乐观的态度。

1.7.5 注意事项

为了提高全休员工的职业感，必须在实际工作中注意严格执行健身俱乐部的有关规定，并通过不断的学习和观察，甚至是上级或同事的批评和帮助，不断地修正自己的言行、提高自己的职业素养，同时在工作中还应该注意以下几个方面：

1. 职业形象

（1）不准在工作区域内化妆、更衣（如果有员工更衣区）

（2）切忌化浓妆。

2. 职业行为

（1）不准因私事打扰工作中的同事。

（2）在接待顾客时不准一心二用。

（3）在工作时间内不准随意离开工作岗位，不准睡觉、接待亲友、看书看报，下班后不准看休息区内的杂志。

（4）禁止在工作区域（前台、水吧、教练岛、教练办公室）内大声谈话及聊天，不准怠慢会员，影响健身俱乐部的形象。

（5）不准在健身俱乐部内吸烟、嚼口香糖或吃零食。

（6）不准使用俱乐部的电话打私人电话。

（7）不得给会员不切实际的承诺。

（8）会员或上级之间交谈时，不要走近旁听，也不要在一旁窥视他们的行动。

3. 职业语言

（1）不准使用口头禅。

（2）不准批评会员的错误。

（3）不准对会员大呼小叫。

(4) 不准与会员争辩。

(5) 不得在会员背后搬弄是非，也不得议论同事。

(6) 在会员面前不得用方言与同事交谈，工作时间一律使用普通话交谈。

4. 职业态度

(1) 不得在店内无精打采、面无表情或表情冷漠。

(2) 不得随意打扰会员或是表露轻视之意。

(3) 对任何事或任何会员不得有不耐烦的表情。

(4) 不把工作或生活中的不良情绪带到服务中来，更不可发泄在会员身上。

1.8　健身俱乐部的电话服务礼仪与流程

接听或拨打电话是健身俱乐部员工的基本工作。一般情况下健身俱乐部接到的电话可以分为4类，即找人、投诉、查询、咨询。查询电话是指会员给健身俱乐部打电话查询课程、活动或是一些项目的开放时间等，而咨询电话是指健身俱乐部的潜在顾客打入的电话。

本节主要介绍接听找人、投诉、查询、咨询4种电话时的服务礼仪及流程，探讨如何更加专业、高效地处理这类电话。这不仅仅只是针对前台，其他部门的员工掌握这类技巧同样是非常重要的。

1.8.1　健身俱乐部的电话服务礼仪

1. 电话服务礼仪的重要性

在目前还未使用视频电话的健身俱乐部，员工在通话过程中如何使用声音和语言向顾客提供服务，直接影响到顾客对健身俱乐部及对整个品牌的观感，这种观感可能是正面的也可能是负面的，所以专业热情的电话服务及高效完美的电话沟通技巧是至关重要的。

在接听顾客电话时，员工应该力求在接听过程中满足顾客的来电要求，给对方留下美好印象，这也是体现个人职业素养和健身俱乐部专业水平的重要组成部分。因此，在接听电话中使用的语音、语调、语速、词汇，还包括倾听的技巧和电话服务礼仪，都是帮助员工与来电顾客建立亲切友好的信任关系的基础。

2. 接听或拨打电话时的注意事项

每位健身俱乐部员工在接听或拨打电话时都应做到：

(1) 员工应在电话铃声响2～3声之间接起电话，这样既可以避免顾客在拨号音中等待过长时间，又可以保证服务人员接听电话前有一点准备时间。如在铃声超过3声以后再接起电话，应表示歉意，说：“对不起，让您久等了。”

(2) 接听电话时要给来电者以积极、热情、耐心的感觉，坚持使用健身俱乐部标准的问候用语，保持专业度，声音要婉转亲切，音量不宜过大，只要能够清晰、明白表达就可以了，以免影响周边其他人。注意控制语气、语调、节奏，做到亲切自然、简练准确，语速不要过快。

（3）任何情况下都不能直接对顾客说“不”“没有”“不知道”“不行”“不能办”之类口气生硬的话，只能说“请稍等”“请您留下联系方式”“我帮您联系一下”“我尽力帮您联系”等话语。经过努力也未能满足顾客要求时，应主动向顾客解释清楚不能满足要求的原因并表示歉意。

（4）询问对方姓氏，称呼其×小姐/先生。

（5）在得到联系方式或任何需要记录的信息后，必须进行重复并请对方确认。

（6）接听、拨打客户电话时，身体必须离开椅背而端坐或不倚靠任何桌椅而直立，同时必须面带微笑。打电话时要保持良好的心情，因为面部表情会影响声音的变化，所以即使在电话中，也要抱着“对方在看着我”的心态，保持微笑，倾听和帮助顾客解决问题。员工欢快的语调会感染顾客，给他留下好印象。

1.8.2 接听电话的基本流程

1. 问候和自我介绍

当有电话打入时，接听的标准用语应该是：问候语＋地点＋接听者称谓＋询问。例如：“您好，××××健身俱乐部，我是×××，有什么能为您效劳的?”“您好！××××健身俱乐部，×××（自己的名字）为您服务，有什么可以帮助您?”在说这些话语时，注意要用乐观而不急促的声音和语调。

这是国际上比较通用的一种电话问候礼仪，是有科学根据的。因为经过调查发现来电者需要了解两件事：一是他所致电的单位名称，以确认他的电话打到了正确的地方；二是与他通话的人是谁。只有准确、及时地传达给顾客这两个信息，他们才会感到受到了尊重。

2. 倾听来电者需求

（1）分辨清楚顾客来电的目的是找人、投诉、查询还是咨询。

（2）当遇到投诉电话时，顾客常常会带有许多负面的情绪，员工更要耐心、面带微笑地倾听。

（3）如果因对方讲方言、语速过快、音量过小等原因而没有听清时，要有礼貌地请求对方重复，并表示感谢。

3. 询问对方是否是本俱乐部的会员、是否有预约

（1）确定来电者是会员或非会员，将帮助员工判断来电是查询电话还是咨询电话。

（2）如果是咨询电话，接听者需要请顾客留下名字和电话。

（3）询问来电者是否有预约能够以更高的效率帮助来电者达成来电目的。

4. 耐心回答并表现出热情、积极的态度

（1）就客户服务而言，员工不得不在要求来电者之前先给予他们所想要的，因此员工必须对客户提出的要求有个初步的反应：如果是找人电话，直接进入下一步；对投诉电话首先表示理解后进入下一步；对查询电话，给出正确信息后，进入下一步；对咨询电话简单回答后进入下一步。

（2）咨询电话一般有两类问题：

1）询问健身俱乐部的基本情况，例如健身俱乐部的地址、设施、课程、教练。在回答问题的时候不要说“不”“没有”，而应尽量给出更多的信息。

2）询问成为会员也就是办理会籍卡的价格问题。例如，顾客问：“办一年卡需要多少钱?”，接听者应回答：“不好意思，我们是会籍制健身俱乐部，请您留下联系方式，我们的会籍顾问会尽快和您联系，解答您的疑问。”

5. 电话转接或请对方留言

电话转接的内容请参考第 2 章。当来电寻找的人无法立即接听电话时，就需要请来电者留言。这是每个员工日常工作中都可能会遇到的，所以要求每一个员工都要很好地掌握。

一般健身俱乐部规定，会籍顾问在带访客参观、私人教练和团体操教练在上课、经理在开会、谈话时，不能接听电话。因此，无法接听来电的情况一般发生在被找的人外出不在健身俱乐部或正在工作不便打扰时，接听者要告诉来电者所要找的人无法接听或不在健身俱乐部的正确信息，并可以给来电者一个选择，例如说“你要找的人暂时没有时间接电话，你是继续等他还是把情况告诉我，我可以转达给他”，也可以婉转地说“对不起，×××不在，您能留言吗? 我一定转告。”值得注意的是，在这种情况下，千万别没事找事地追问：“你是谁? 有什么事? 你跟他是什么关系?”也不能说“我不知道他去哪儿了，什么时间回来没

准”，更不能简单地说：“××不在，你等会再打电话吧。”或是“下班了，明天再打来”等。

如果只是接听者自己猜想来电者所找的人暂时没有空，请不要立即告诉来电者这种猜测，而应该说“让我看一下，你要找的人是否有空”。然后，立即确定并尽快做出正确的处理。

如果对方同意留言，接听者应立即取出纸笔认真倾听、记录，待对方说完后，必须再重复一遍，请对方确认，然后进一步问“还有其他事情需要留言吗?”待对方说“没有”后，接听者应说“感谢您致电我们俱乐部，再见”或“我一定转达，请放心，再见”。

如果对方不愿意留言，接听者可恳切地说“能告诉我您的电话吗? ×××回来后我请他给您回电话”。

接听者在留言纸上记录信息的时候，请注意把以下几点同时记录下来：被找者的姓名、所在的部门；来电的日期、时间；来电者的姓名、来电者的电话号码；来电者的留言；接到留言的员工姓名、所在的部门。

6. 感谢来电，结束通话

(1) 接听者应在适当的时候对来电者表示感谢，感谢他们的等待、来电和理解。

(2) 在通话结束时要再次询问对方“还有什么可以帮您的吗?”在挂机前要先说表示感谢和欢迎的话，如“谢谢您的来电，再见”，必须等待对方先挂机后再挂电话。

(3) 如还需要回电给对方，在挂机前要先说“我们会尽快……”当对方说“谢谢”时，接听者回答“不客气，这是我们应该做的”，之后再说“谢谢您的来电，再见”，当然还是要等待对方先挂机后再挂电话。

7. 处理来电

(1) 记录咨询者的基本信息。

(2) 确保留言及时送达本人。

(3) 跟进需要答复会员的问题。

1.8.3 接听电话时的其他注意事项

1. 听对方讲话时不要随意打断对方，但也不要沉默不语，必须伴以“是”“对”“嗯”等应答声。

2. 因线路、客人等原因而造成客户话语不清晰时，应委婉地向客户说：“对不起，请您重复一遍好吗?”

3. 如果对方电话打错了，比如找会籍部却打到教练部，接听者绝不可生硬地说“打错了，这不是会籍部”，然后将电话“砰”地挂上，而应该委婉地说“对不起，这是教练部，会籍部的电话是……”对因拨错号而误打入的电话，也应以礼相待，绝不能呵斥对方，因为对方很可能是一个潜在的顾客。

1.9 健身俱乐部会员投诉的处理

作为健身俱乐部的员工，随时可能遇到会员提出建议、意见甚至是投诉。如果会员愿意向健身俱乐部反映他们的想法，就表示他们对员工和健身俱乐部是信任的。因此，每个员工都应该掌握处理会员投诉的流程，使会员反映的问题及时得到解决并让会员感到备受尊重。值得注意的是：无论哪一个部门的员工，只要碰到会员反映问题，就必须把这个问题转给相应的客户投诉处理系统，并亲自跟进问题的解决情况并及时通知会员。

1.9.1 会员投诉的类型和方式

1. 会员投诉的类型

（1）针对设施、设备的投诉。会员对健身俱乐部设施、设备的投诉主要包括：室内温度、音响、灯光、淋浴水量和水温等。即使健身俱乐部建立了各种设备的检查、维修、保养制度，也只能减少此类问题的发生，而不能保证消除所有潜在的问题，甚至有时候是原建筑的缺陷，健身俱乐部一时很难解决。

受理会员有关设施、设备的投诉时，最好的方法是立即实地观察，然后根据情况采取措施。事后，该员工应协调有关部门采取进一步措施，并再次与会员电话联系，以确认会员了解到俱乐部的改进措施和对此事的重视程度。

（2）针对服务态度、服务质量的投诉。会员对服务态度的投诉主要包括：会籍顾问承诺的不兑现、团体操教练迟到、不负责任的答复或行为、冷冰冰的态度、若无其事爱理不理的接待方式、过分的热情等。对服务质量的投诉主要包括：在教练指导情况下受伤、验卡速度过慢、在健身俱乐部内遗失个人物品等。

减少会员对服务态度、服务质量投诉的最好方法是加强员工的培训。大多数员工不是有意对会员无礼或怠慢，有时候甚至是好心办坏事，他们往往事先未曾预料到自己的服务方式会使会员不满。因此，对他们进行有关服务态度、知识、技能的培训是非常重要的。

（3）对异常事件处理的投诉。包括健身俱乐部中突发事件的处理、投诉进程的处理、训练环境异常等。

2. 会员投诉的方式

（1）书面投诉。健身俱乐部在前台或某个地方设置了会员意见箱，会员可以通过填写会员意见表来做书面投诉，也可以通过健身俱乐部的网站完成投诉。

（2）口头投诉。会员可以通过口头方式向健身俱乐部的任何一名员工投诉。大部分会员会向他们的会籍顾问、私人教练反映他们对健身俱乐部的意见或直接到前台投诉。

1.9.2　处理投诉的基本原则

1. 对会员投诉的认识

会员投诉是沟通管理者和会员的桥梁，是坏事，也是好事。投诉可能会使被投诉的部门或人员受到相应的教训，甚至会使所涉及员工感到难堪，但同时投诉又是一个信号，可以警示相关人员其服务和管理中存在问题，便于健身俱乐部有的放矢地去改善设施设备和提高服务质量，同时也有机会让会员通过健身俱乐部解决投诉的态度、速度，体会到健身俱乐部对会员的尊重和健身俱乐部员工的职业精神，从而能够更好地保留已有的会员、吸引更多的会员。

2. 处理会员投诉的基本原则

应以平和正常的心态来对待会员投诉，不应带着逆反、烦躁的情绪。一般来说，在处理会员投诉时首先应遵循以下几个原则：

（1）态度友好，本着为会员服务的原则，真诚地为会员解决问题。遇到会员投诉，应认识到是健身俱乐部的工作和服务中存在着一定的问题，因此工作人员应理解会员的反应，同情会员的遭遇，尽心尽力地帮助会员，满足他们的合理要求。只有这样才能赢得会员的好感与信任，树立一个良好的形象。

（2）克制、有耐心，不与会员争辩。会员一般是遇到了麻烦、不顺之后才来投诉的，往往心里是有气的，难免会表现在言语行为之中。对待怒气冲冲的会员，首要的做法就是理解、克制，应该心平气和地听会员把自己的遭遇讲完，对会员表示理解。如果会员情绪很激动，工作人员就更应该注意礼貌，绝不能与会员发生争执。一旦发生争执，就会给会员留下糟糕的印象，进而影响周围其他会员对健身俱乐部的印象。因此，员工一定要努力克制自己，设法平息会员的怒气，并请会员到办公室坐下来慢慢谈，努力帮助他们解决问题。

（3）维护整体的利益。在处理会员投诉时，一方面要注意平息会员的情绪，帮助会员解决问题；另一方面也要注意维护整体的利益，即要懂得一些处理问题的技巧。比如在对会员所投诉的问题进行解答时，不能简单地把一切责任都推给员工或俱乐部其他部门，以此来暂时平息事件。这种做法虽然能消除会员的心头之气，但却损害了健身俱乐部整体的利益，是不可取的。此外，简单地退款或是增加训练月份也不是解决问题的最有效办法。一般来说，可以通过面对面的额外服务，以及对会员的关心、照顾来解决会员投诉，让他们满意。

（4）对于会员的投诉，健身俱乐部的任何工作人员都是第一接待者，不得推诿，必须以热情、职业的态度接待会员，并在了解情况的基础上，引导会员找到能为他提供帮助的相关部门或个人，同时作为“第一接待者”有责任将此事跟进到底。

（5）尽量做到当天的问题当天解决，或者必须让会员知道俱乐部正在努力解决问题。

（6）对于会员的任何投诉必须做到及时跟进，直到确认问题已经得到解决。

3. 投诉记录的内容

无论是口头的还是书面的会员投诉都是非常值得每位员工重视的。为了提高会员满意度、有效地管理客户投诉并确保问题得到解决，健身俱乐部首先必须建立会员投诉的记录。具体内容包括：

（1）发生投诉的时间、地点、投诉内容。

（2）投诉者姓名、会员卡号。

（3）会员陈述的情况和会员的要求。

（4）接待人姓名、时间。

（5）接待人调查的事实情况和处理意见。

（6）最终处理结果和会员对处理结果的态度。

1.9.3 会员投诉的处理程序

接待前来投诉的会员无疑是对员工的一种挑战，要做到既使会员满意而归，自己又不至于太过紧张吃力，就必须掌握处理会员投诉的一些程序、方法及艺术。

1. 做好心理准备

为了正确、轻松地将会员的投诉处理完毕，首先，应在心理上做好准备。要确立“会员总是对的，会员是上帝”的信念。一般来说会员总是在万不得已的情况下才来投诉的，所以要做到站在会员的立场换位思考。而且，在服务行业都遵循一个原则：即使是会员有错，也不要发生对抗，和会员争个高低，那样于事无补，只可能破坏双方的和谐关系。其次，负责对投诉做处理的员工应了解投诉会员的三种心态：发泄、要求补偿及希望得到尊重。员工应根据具体情况来判断会员究竟是属于哪种类型，是出于何种目的来投诉的，然后再区别对待。如果会员的目的在于发泄或是求得尊重，就要耐着性子听，给会员发泄的机会，不要与其争辩，并尽可能地安慰会员，平息其心中的怒气。有些会员则是为了求得补偿，虽然他可能一再强调“并不是钱的问题”，对于这类会员，就要看自己是否有权力对其做出给予赔偿的承诺了，如果没有这样的授权，就要请示上级来出面接待、处理。

2. 认真听取会员的叙述

会员在叙述的时候，应集中注意力倾听，并适时地提出问题，这样可以在很短的时间内弄清事情的经过，提高办事效率，节省时间。听取会员叙述时应做到：

（1）要让会员把话说完，不能胡乱插话或随便打断会员的讲述。

（2）对会员讲话时要注意语调、语气、音量。

（3）表情要认真严肃，不能随便发笑，让会员误以为是对其遭遇幸灾乐祸。

（4）要在会员叙述的过程中将有关要点如会员投诉的内容、会员的姓名、卡号等认真记录下来，作为下一步解决问题的资料和原始依据。同时，这样做也是向会员表示自己代表本部门所采取的郑重态度，是把会员的喜怒哀乐放在重要位置、以会员的利益为重的。另外，会员为了方便员工的记录，语速会不自觉地有所减慢，这样，无形之中就起到了一个缓冲的作用。

3. 对会员表示同情和理解

在会员叙述的过程中，要设身处地地为会员着想，对会员的感受、反应表示理解，用温和、恰当的语言安慰会员，但也不能急于把一切问题都往自己身上揽，只能先以朋友的身份对会员的遭遇表示同情，在没有把事情的来龙去脉完全弄清以前，是不能为了止住会员的怒气、暂时平息事端而随便承担责任的。因为这不仅牵涉到健身俱乐部整体的声誉和利益，同时也关系到事情的是非曲直。

4. 共同探讨解决方案

把准备采取的措施告诉会员，征求会员的意见并根据所发生事情的性质，迅速确定两个解决的办法，供会员选择，征询会员的意见，并如实说明解决问题所需花费的时间。具体负责的员工应对解决问题的难易程度作出恰如其分的估计，确定所需要的时间，最好能定出一个较为具体的时间，然后将确定的时间明确告诉会员。

5. 投诉的跟进处理

（1）对会员反映的问题应立即着手处理。除了极个别人以外，会员投诉最终都是为了解决问题，因此对于会员的投诉应立即着手处理，必要时请相关人员协助。

（2）对处理结果给予关注。接待会员投诉的员工往往并不能直接去解决问题，但应对处理结果进行跟踪、给予关注，确定会员的问题是否最终得到了解决。

（3）询问会员对于投诉处理结果的意见。会员投诉的问题解决之后，应该与其再进行联系。这种周到的服务与关心会使会员感觉到健身俱乐部对其是十分关心的，对其所投诉的问题是十分重视的，从而对健身俱乐部留下良好的印象。另外，应对会员再次表示歉意，对其把问题反映给健身俱乐部的举动表示感谢。

1.9.4 对会员不礼貌言行的处理

1. 会员出现不礼貌的行为

首先要分清这些不礼貌的行为是属于什么性质的：如果是会员向员工掷钥匙牌、讲粗话等，员工必须忍耐，保持冷静和克制的态度，不能和会员发生冲突，并根据情况主动先向会员赔礼道歉。只要员工谦虚诚恳，一般有理性的会员都会为自己不礼貌的行为而过意不去。如果是对女员工态度轻浮甚至动手动脚，女员工态度要严肃并迅速回避，男员工应主动上前应付。如果情节严重或会员动手打人，则当事人应保持冷静和克制的态度，绝对不能和会员对打起来，应马上向值班经理报告，由他们出面处理此事，直至报警。

2. 会员发脾气骂人

健身俱乐部是服务性行业，员工即使挨了会员的骂，也应同样做好本职工作。当会员发脾气骂人时，首先要保持冷静的态度，认真检查自己的工作是否有不妥之处，待会员平静后再婉言解释与道歉，绝对不能与会员争吵或谩骂。如果会员的气尚未平息，应及时向上级汇报。

3. 会员纠缠不休

当会员纠缠不休时，员工不能以不耐烦、不礼貌的言行冲撞会员，而要想办法摆脱会员的纠缠。在这种情况下，其他员工应主动配合，让被纠缠的员工干别的工作，避开会员的纠缠。当一个人在服务台、又不能离开现场时，应运用语言艺术，婉言摆脱会员，如“实在对不起，如果没有什么事的话，我还要干别的工作，请原谅”，然后借故在服务台附近找一些工作干，如清洁卫生等，以摆脱纠缠。

4. 遇到刁难的会员

服务工作是与人打交道的工作，所遇到的会员往往较为复杂，他们的性格、修养、阶层、年龄等各有不同。会员不时会遇到不如意的事情，心情不愉快，有时就会对服务工作有所挑剔。员工应在日常的服务工作中揣摩会员的心理，掌握会员的性格和生活特点，更要注意热情、有礼、主动、周到地为客服务，力求将服务工作做在会员开口之前。通过多方面的详细了解，细心观察、分析会员刁难的原因，以便做好会员的服务工作。碰到会员刁难时注意保持冷静的态度，以礼相待，严于责己，表示歉意。如仍未解决，应向值班经理反映，做好情况记录，留作资料备查。

第 2 章 日常运营管理

健身俱乐部的三大业务部门是会籍部（销售部）、教练部和运营部。这三大部门承担了健身俱乐部主要的业务和对客户服务的责任，其中运营部是维护健身俱乐部会员基本健身设备、设施良好运转，承担为会员提供安全、舒适的健身环境的最主要负责部门和监督部门。运营部的管理水平和部门内员工素质的高低，对健身俱乐部的服务品质和会员满意度的提高起着至关重要的作用。常规健身俱乐部运营部的组成如图 2—1 所示。

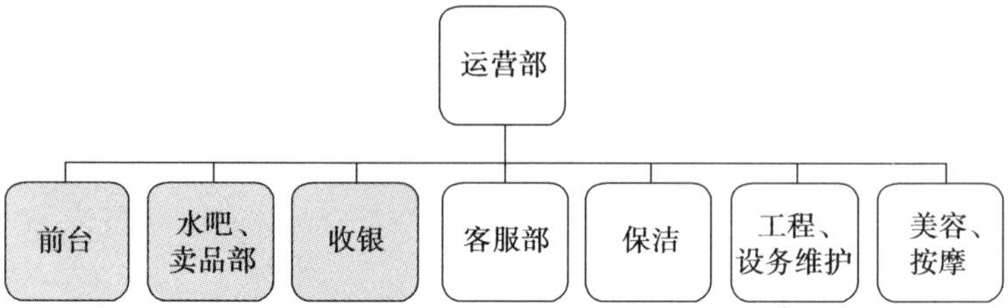

图 2—1　运营部的组成

需要说明的是，有些健身俱乐部把运营部称为客服部或营运部，把运营部经理称为客服经理或营运经理，其工作内容基本相同，也有些健身俱乐部设立专门的客服部，处理客户投诉，组织会员活动和对会员进行电话跟踪服务等工作。本章将重点介绍前台，水吧、卖品部，保洁三个部门的重点工作和部分设备维护的知识。

运营部经理作为整个部门的负责人，组织并督促部门各岗位员工全面完成其职责范围内的各项工作，并对部门员工的表现进行评估及考核；同时为了让会员获得完善的健身服务，运营部应保证健身俱乐部设备设施的正常运作，保证健身俱乐部的环境整洁，保证会员用品的充足供应。作为健身俱乐部基层管理者，运营部经理还需要负责制定详细的能源控制方案，完成水吧卖品的销售指标，监督前台的服务标准等。

前台员工作为健身俱乐部与客户沟通最直接和最频繁的部门人员，是企业形象的代言人。前台员工的职业感和较强的沟通能力、应变能力显得尤为重要，同时前台员工必须熟练掌握健身俱乐部标准接待流程，了解健身俱乐部各方面信息，并具有与其他部门高度合作的意识和能力。

收银人员必须熟练掌握健身俱乐部财务系统操作流程及收费系统软件，按照公司价格标准收取会籍费用，迅速准确地将客户资料录入计算机，打印会员合同，按照健身俱乐部规定管理会员卡的发放，全面协助会籍部门进行会员入会、转会、退会的处理工作，为客户提供热情周到的优质服务。有的健身俱乐部收银人员与前台人员合并组成一个部门，会员合同由会籍部录入资料，再由收银收款后确认信息。

水吧、卖品部是为方便健身俱乐部会员而设立的附属服务部门，也是健身俱乐部为会员提供服务的一个窗口。水吧、卖品部人员有义务为会员、顾客、员工创造一个温馨、友好的休闲环境和氛围，他们的一举一动同样影响着健身俱乐部的形象。大多数健身俱乐部将水吧员工与前台员工合并组成一个部门。

健身俱乐部的保洁工作一般采取由专业保洁公司承包或自己招聘保洁人员两种方式管理。无论采用哪种方式管理，清洁幽雅的健身俱乐部环境对会员是至关重要的。保洁人员的工作质量直接影响着健身俱乐部的卫生状况，影响着顾客对健身俱乐部的感观，因此健身俱乐部应要求保洁人员了解并严格执行卫生清洁标准，熟练掌握清洁用具使用方法及清洁流程，同时保洁人员的工作热情和精神面貌也同样影响着健身俱乐部的整体服务质量。

2.1 前台服务与管理

2.1.1 前台员工的重要性及八大服务标准

1. 前台员工的重要性

前台是进入健身俱乐部的必经之路，也是会员每天进入、离开俱乐部时接触最多的部门，考察健身俱乐部的管理水平和服务档次往往从前台开始，前台就像人的眼睛，在判断人的美丑中起着至关重要的作用。因此前台的服务质量是运营部管理的重点。

优秀的前台服务可以为会员、参观者和内部员工营造一种热情、友好、温暖的、家一般的感觉，使人们感到亲切和愉快。招聘前台员工相对教练和会籍顾问似乎容易些，培训也似乎很简单，殊不知前台其实是整个健身俱乐部的信息中心和情感交流的窗口，其服务质量的好坏同样需要不断地提高、改善和不断地跟进培训，其员工也必须具备丰富的行业经验和职业技能。只有性格开朗、乐于助人、声音甜美、积极向上和愿意学习的人才能担此重任。然而，许多健身俱乐部管理者并没有足够重视，至少没有经常关注这个部门，所以会员满意度不高就也再正常不过了。

前台是健身俱乐部的窗口，是健身企业的服务标准和品牌形象的具体体现，工作的重要性决定了，前台员工的工作压力较大，主要体现在以下几个方面：

（1）最早到岗，最晚离开，每天工作时间较长。

（2）工作活动范围小，站立时间较长。

（3）前台为主要接受会员投诉的部门，需要非常好的耐心，并善于控制自己的情绪。

因此，健身俱乐部每一个员工，特别是健身俱乐部管理者应该像爱护自己的眼睛一样爱护前台员工。相信如果能做到这一点，健身俱乐部达到优秀甚至是卓越的客户服务才是有可能实现的。

2. 前台的八大服务标准

前台人员在自觉遵守健身俱乐部员工行为规范的同时，更要注意以下几点：

（1）以热情和职业的方式问候会员、访客和员工，随时与会员说“您好！欢迎光临”“再见，欢迎再次光临”。

（2）接待会员时，要随时随地保持微笑和目光接触，要称呼他们的姓氏，例如：张先生、李小姐等。

（3）用双手接递客户的物品、会员卡。

（4）主动询问会员的锻炼情况，经常赞美、尊重、关心会员。

（5）无论是在会员面前还是在电话中，应该始终保持礼貌、友好、热情。

（6）前台禁止使用手机或拨打私人电话，不可使用话机免提功能。

（7）对待会员应有耐心，语气应温和、亲切，在任何情况下都不得与会员争吵，会员抱怨时，应先请会员到较安静的地方，先聆听会员意见，再委婉解释原因，共同找到解决方案。

（8）主动询问会员是否有困难，是否需要帮助，如有未解决的事情应立即转告值班经理，请其协助处理。

2.1.2　前台员工的主要工作职责及岗位描述

前台员工的主要工作职责为：监控健身俱乐部的入口，接听电话，为会员、顾客和员工提供咨询，处理会员投诉，负责广播、更衣柜等管理，并协助其他部门开展工作。

一般健身俱乐部将前台负责人称为主管，但鉴于前台在健身俱乐部的特殊地位和重要性，越来越多的健身俱乐部把负责管理前台工作的人员叫做前台经理，一方面体现了健身俱乐部对这一岗位的重视，因其名称和薪酬上都有区别于普通的主管，级别与会籍经理和教练经理相同；另一方面，也便于在处理客户投诉时，满足会员要求见到负责经理的心态。健身俱乐部应依据劳动法有关规定，根据每天营业时间、客人流量大小和运营部整体人员架构分工等几个方面，确定若干数量的前台工作人员。前台和前台经理的岗位描述见表2—1和表2—2。

表 2—1　　　　前台职位说明书

<table>
<tr><td rowspan="2">基本信息</td><td>职位名称：前台</td><td>所属部门：健身俱乐部运营部</td></tr>
<tr><td>责任上级：前台经理</td><td>责任下属：无</td></tr>
<tr><td>工作关系</td><td colspan="2">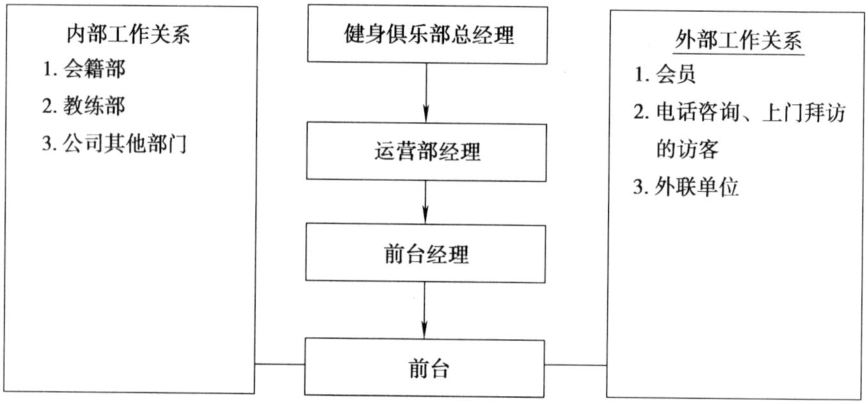
</td></tr>
<tr><td>工作概要</td><td colspan="2">接听电话，控制入口，形成健身俱乐部的信息中心，为健身俱乐部创造一种热情、友好的氛围</td></tr>
<tr><td>工作职责</td><td colspan="2">1. 熟悉前台各项操作流程，熟知各种会员卡的类型，以及各类卖品的销售价格
2. 负责保管部门内部相关物品，做好部门内仓库盘点工作，严格遵守公司各项规章制度
3. 按规定依次打开前台电源开关及电器设备，准备营业所需的接待物品，查看上一班次的工作留言本
4. 双手递接会员物品，认真核对会员卡，做好会员卡和手牌号的登记，计算机输入时应快速正确
5. 统计每日客流情况和毛巾的日耗量，统计水、电等日常开销，准确记录，确保手牌、毛巾等物品的用量充足，做好与次日工作人员的交接留言工作
6. 整理归放前台物品，检查各设备是否完好，依次关闭电器设备、电源开关及柜门，配合保洁人员做好每日清洁收尾工作
7. 接待会员投诉，主动维护公司形象和声誉，对公司、客户资料必须严格保密
8. 主动积极促销卖品，积极配合、协助其他部门的工作</td></tr>
<tr><td>其他工作</td><td colspan="2">上级布置的其他临时性工作</td></tr>
<tr><td>所受监督</td><td colspan="2">由前台经理直接管理</td></tr>
<tr><td>工作权限</td><td colspan="2">1. 改善前台工作的建议权
2. 禁止非前台员工的进入权
3. 前台计算机的使用权</td></tr>
</table>

续表

	内容	必备条件	期望条件
任职资格	教育水平	完成九年义务教育	高中以上（含高中）
	外表要求	女：1.60 cm以上 男：1.70 cm以上 五官端正，胖瘦适宜	女：1.65 cm以上，外貌清秀身材匀称，气质佳 男：1.75 cm以上，举止潇洒身材匀称，气质佳
	工作经验	热爱服务性工作，良好的倾听能力	有服务性工作经验1年及以上
	技能与能力	良好的语言表达能力，简单的计算机操作能力，简单的英语口语能力	服务性行业知识及技能，电话接听技巧，熟练应用办公自动化软件，较强的英语口语能力
	个性与品质	热情、开朗、有责任心	耐心、思维敏捷，对企业忠诚度高
薪酬待遇	前台工资＝基本工资＋岗位津贴＋工作表现奖＋部门销售提成＋餐费补助		

表2—2　　　　前台经理职位说明书

<table>
<tr><td rowspan="2">基本信息</td><td>职位名称：前台经理</td><td>所属部门：健身俱乐部运营部</td></tr>
<tr><td>责任上级：运营部经理</td><td>责任下属：前台</td></tr>
<tr><td>工作关系</td><td colspan="2">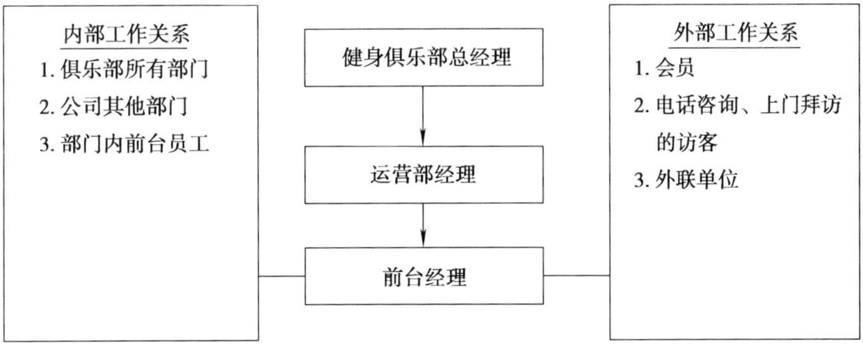
</td></tr>
<tr><td>工作概要</td><td colspan="2">保证前台工作的正常运行，监督、管理部门员工的日常工作，完成健身俱乐部下达的任务</td></tr>
</table>

续表

工作职责	1. 俱乐部营业前准备 (1) 检查客服人员出勤率；检查客服人员着装和仪表是否符合员工行为规范要求；检查俱乐部设施运行情况 (2) 查看交班本内容，组织召开晨会；指出前台人员工作缺失和注意点，安排当天工作内容，安排调整前台人员的班次和作息时间 (3) 检查前台、保洁、工程岗位的营业前准备情况；按营业时间段打开营业区电源和设备，确保工作用品、客用品、日耗品的充足，以及良好的卫生条件 2. 俱乐部营业中工作 (1) 查看各岗位的工作情况，保持联系，督察指正工作中发现的问题；检查俱乐部卫生情况；热情接待客户，及时上报和处理客户投诉 (2) 管理重要物品。每日毛巾的送洗、签收和交接，核实数量和清洗质量；监督物品领用情况 (3) 签字确认物品领用单是否属实；按规定时间开放桑拿、霓虹灯等设施 (4) 及时跟踪和反馈设备使用和损坏情况，配合工程人员维护和更新 (5) 负责安排部门员工的上班日期 (6) 负责前台管理工作，按时召集前台员工例会，定期给部门员工进行培训（客户服务、消防知识和专业技能） 3. 俱乐部营业结束工作 (1) 每日营业结束后，签字确认当日毛巾盘点，并准确交接 (2) 查看各工作点的物品数目、摆放、会员卡、销售物品的数量等情况 (3) 统计并填写每日营运客流分析表 (4) 确认当日值夜人员 (5) 检查并关闭所有电源及电器设备。消除所有安全隐患
其他工作	上级布置的其他临时性工作
所受监督	由运营部经理直接管理
工作权限	1. 部门办公用品领用权 2. 前台人员的每日工作计划和排班的时间安排权 3. 部门员工假期的安排权 4. 职权范围内投诉事件的处理权 5. 在第三方（人力资源部/营运部/稽核部）监督下对下属员工的评估权 6. 部门监督、考核、奖惩权 7. 部门工作的改善权

续表

<table>
<tr><td rowspan="6">任职资格</td><td>内　容</td><td>必备条件</td><td>期望条件</td></tr>
<tr><td>教育水平</td><td>高中以上学历</td><td>大专及以上，酒店类专业毕业</td></tr>
<tr><td>外表要求</td><td>身体健康，五官端正</td><td>男外表俊朗，女外表甜美，颇具亲和力</td></tr>
<tr><td>工作经验</td><td>从事酒店业或相关服务性行业的客服工作 1 年</td><td>从事酒店业或相关服务性行业的客服管理工作 1 年以上</td></tr>
<tr><td>技能与能力</td><td>较好的中文表达能力和沟通能力</td><td>基础外语能力和处理突发事件的应变能力/服务业知识和技巧</td></tr>
<tr><td>个性与品质</td><td>诚实，责任感强，外向型</td><td>善于学习、热爱本职工作</td></tr>
<tr><td>薪酬待遇</td><td colspan="3">前台工资＝基本工资＋岗位津贴＋工作表现奖＋部门销售提成＋餐费补助</td></tr>
</table>

前台员工具体相关职责可进一步归纳如下：

1. 监控健身俱乐部的入口

（1）通过健身俱乐部的管理软件系统，在会员进入、离开健身俱乐部时，为会员验卡，确认其卡的有效性，并及时发放和收回手牌（某些国外健身俱乐部和国内部分健身俱乐部不提供公共更衣柜的锁，因此可能不用提供手牌）。

（2）对由于某种原因还没有进入健身俱乐部管理系统的卡，前台要进行手工登记。

（3）如果发生健身俱乐部的管理系统限制会员进入的情形，应礼貌、适当地进行处理。

（4）熟悉访客接待流程，热心地问候来访顾客，并且请求他们完成访客登记表，请其于等候区就座，并根据当时具体情况主动与访客进行交流，直到他们约见的会籍顾问或其他同事接待他们为止。

（5）熟悉试训练者的接待流程。

（6）熟悉员工锻炼流程。

2. 接听电话

（1）热情和职业地接听电话。

（2）准备回答关于健身俱乐部的任何问题（例如：健身俱乐部的开放时间，课程的安排，健身俱乐部的位置，其连锁健身俱乐部的电话号码）。

（3）按流程认真处理咨询电话。

（4）为其他员工传递消息，并有责任确保他们收到。

3. 为会员、顾客和员工提供服务

前台为会员提供的服务包括以下几个方面：

• 负责会员卡的存卡、停卡等业务。

• 负责执行健身俱乐部的设施、设备和计算机系统的报修流程。

• 负责预约场地和团体课程。

• 负责更衣柜的清理。

• 负责保持前台的整洁。

• 负责会员受伤或会员物品丢失时执行应急程序。

部分会员、访客和同事遇到问题时，要找的第一个人就是前台。前台处理问题的能力和服务水平将直接影响健身俱乐部的形象和问题的解决。为此，前台应该熟悉以下信息，并对其变化了如指掌。

（1）前台各种接待流程、会员卡类型以及享有的特权。

（2）会籍顾问、私人教练，需要预约的集体课程的预约程序和规定。

（3）健身俱乐部开设的集体课程及相关知识。

（4）集体课程的课表，员工的排班表，健身俱乐部的开放时间。

（5）健身俱乐部周边环境和交通。

（6）健身俱乐部内部的设施和设备，如游泳池、儿童房、美容或桑拿浴，以及它们的开放时间。

（7）健身日卡、周卡、月卡的使用程序。

（8）本健身俱乐部各个分机电话及使用人，以及员工和管理者的电话号码。

（9）俱乐部中消防用具的摆放位置、使用方法、消防疏散通道的分布情况。

（10）突发事件处理流程和应急电话。

（11）公司旗下其他健身俱乐部的地址、电话和传真号码。

（12）公司服务中心的电话、地址、传真号码，公司网址和人事招聘电话。

许多健身俱乐部管理者把前台作为信息中心，为了能充分发挥信息中心的作用，除了解和掌握以上各方面信息之外，前台员工必须确保在前台触手可及地得到的物品包括：笔，用以记录信息的便笺簿，团操课表，员工工作时间表以及各种记录本（电话登记本、停车卡登记表、免费卡登记表、异地刷卡登记表、媒体登记表、员工签到本、会员管理系统登记表、失物领取登记本、公共更衣柜处理情况登记本、会员投诉登记表）。

4. 处理会员投诉

前台还承担会员投诉及意见的初步接待工作，而处理会员投诉的能力将直接影响事情的处理结果。前台要主动帮助投诉的会员解决问题，如遇到不能解决问题，请立即通知前台经理或者是值班经理；同时，前台应负责完成会员遗失物品的登记和认领工作，并协助健身俱乐部其他部门的工作。

5. 协助其他部门工作

（1）协助市场部负责统计来访客人和咨询电话信息来源。

（2）协助会籍部负责每日来健身俱乐部参观顾客的分类登记及资料登记工作。

（3）协助完成新进员工的培训工作。

（4）协助开展健身俱乐部的会员活动。

2.1.3　前台的主要工作流程

健身俱乐部前台工作涉及方面较多，以下介绍主要 9 个工作流程作为参考。

1. 咨询电话接待流程（见图 2—2）
2. 访客接待流程（见图 2—3）
3. 试训练者入场接待流程（见图 2—4）
4. 会员入场接待流程（见图 2—5）
5. 会员、试锻炼退场接待流程（见图 2—6）
6. 员工锻炼接待流程（见图 2—7）

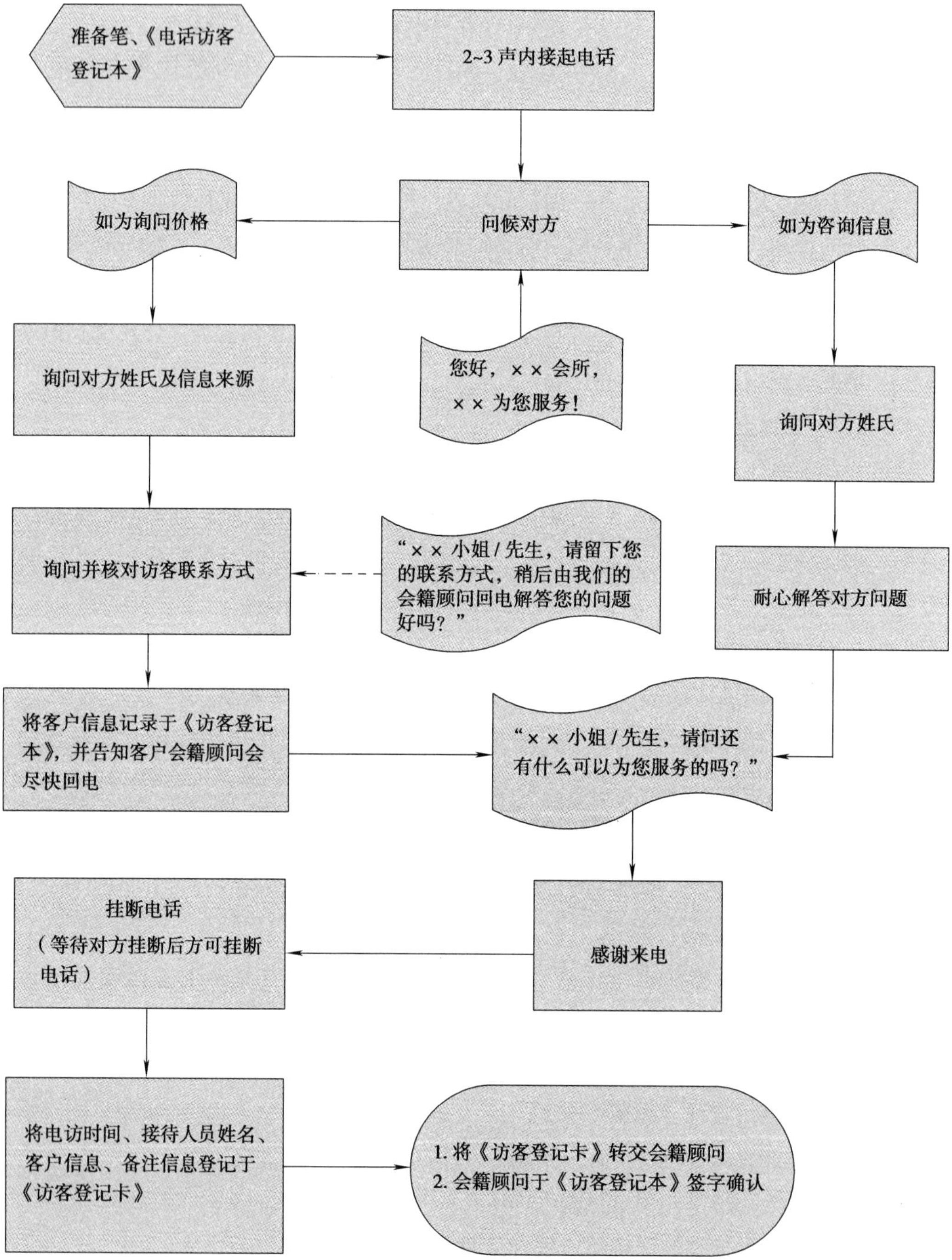

图 2—2　咨询电话接待流程图

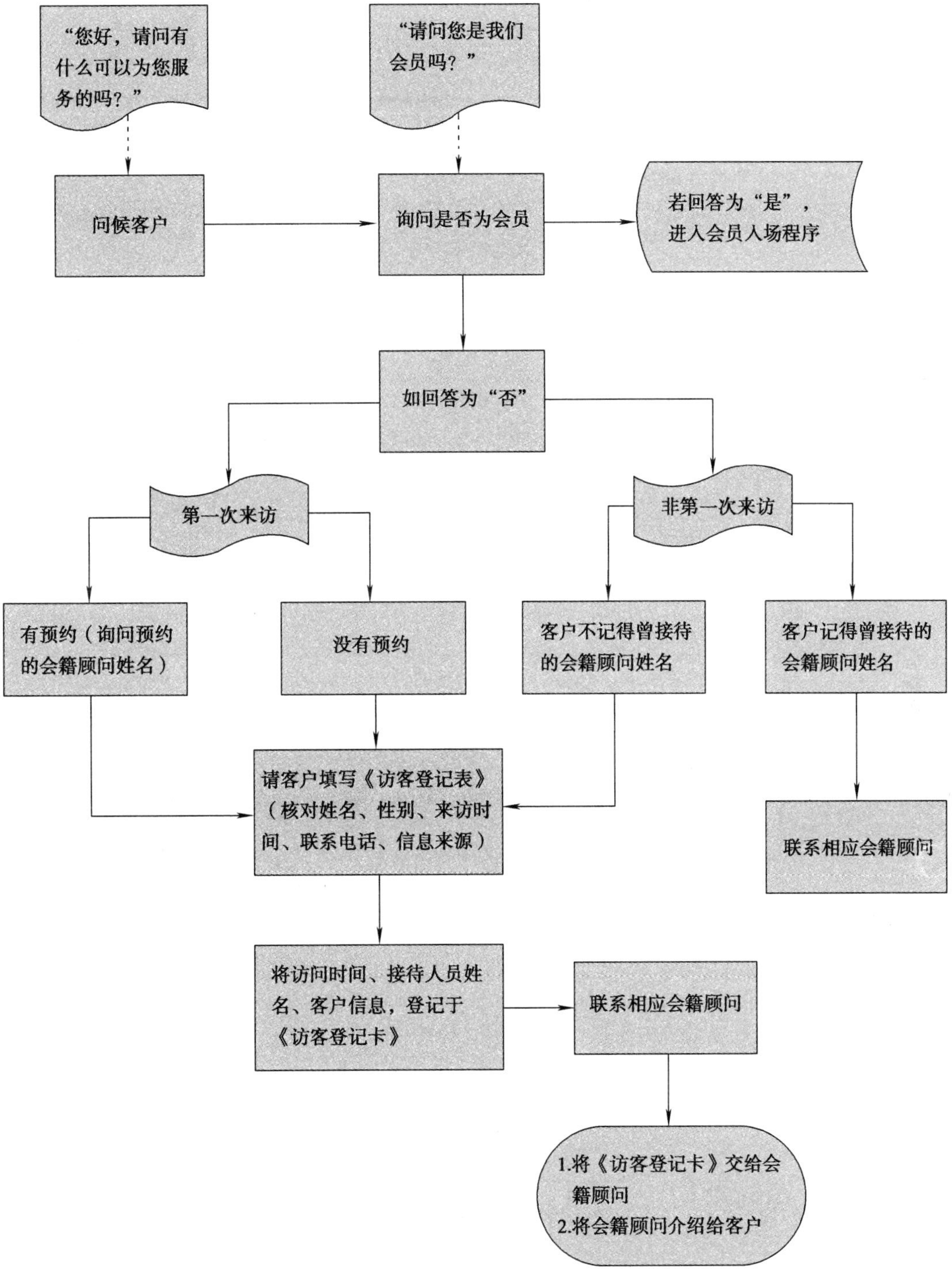
“您好，请问有什么可以为您服务的吗？”
“请问您是我们会员吗？”
问候客户
询问是否为会员
若回答为“是”，进入会员入场程序
如回答为“否”
第一次来访
非第一次来访
有预约（询问预约的会籍顾问姓名）
没有预约
客户不记得曾接待的会籍顾问姓名
客户记得曾接待的会籍顾问姓名
请客户填写《访客登记表》（核对姓名、性别、来访时间、联系电话、信息来源）
联系相应会籍顾问
将访问时间、接待人员姓名、客户信息，登记于《访客登记卡》
联系相应会籍顾问
1.将《访客登记卡》交给会籍顾问
2.将会籍顾问介绍给客户

图 2—3　访客接待流程图

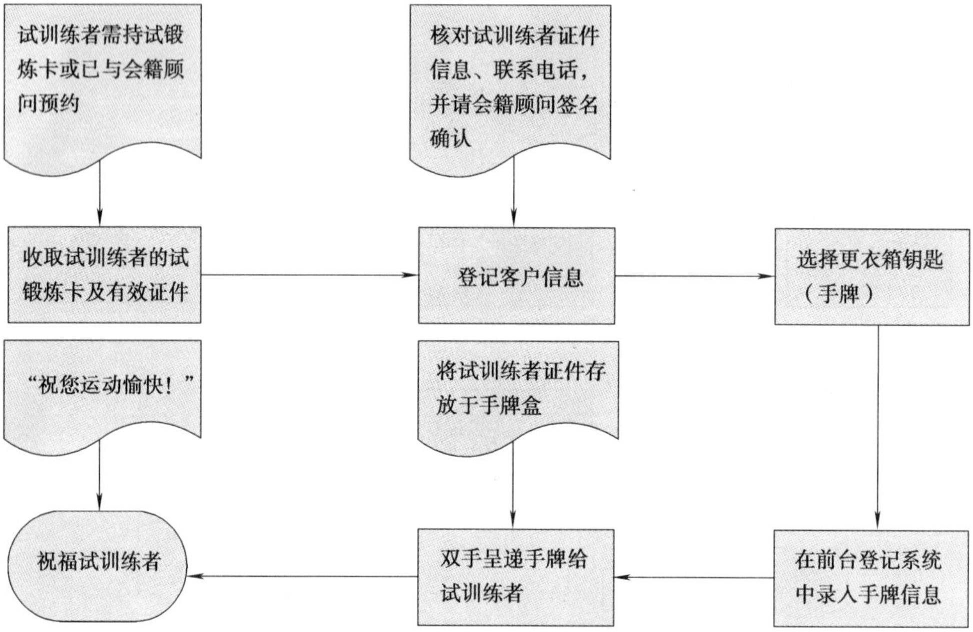

图 2—4　试训练入场接待流程图

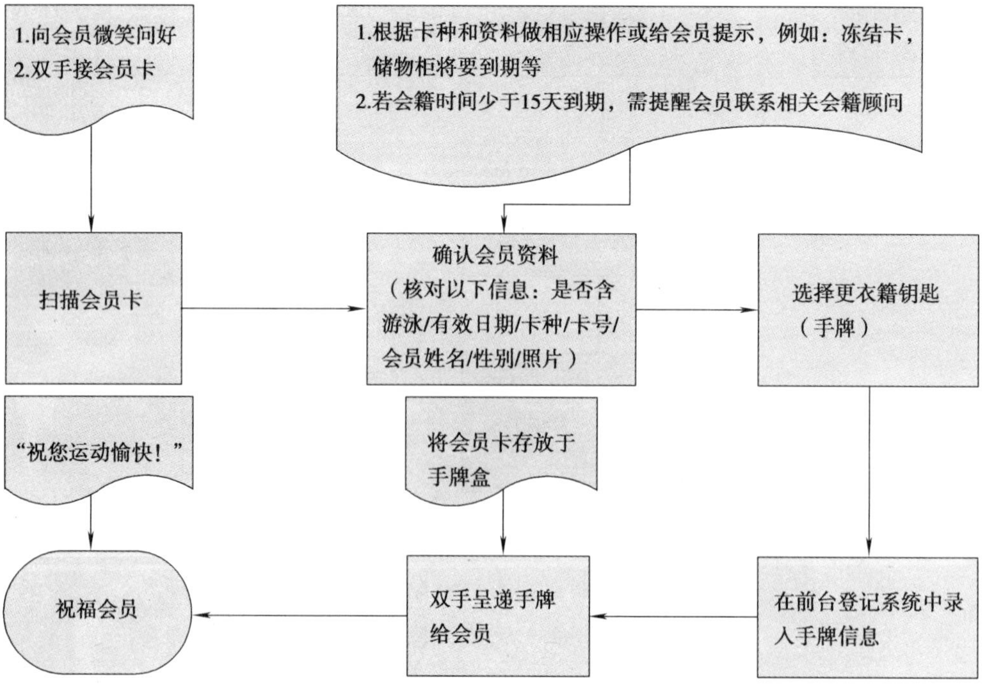

图 2—5　会员入场接待流程图

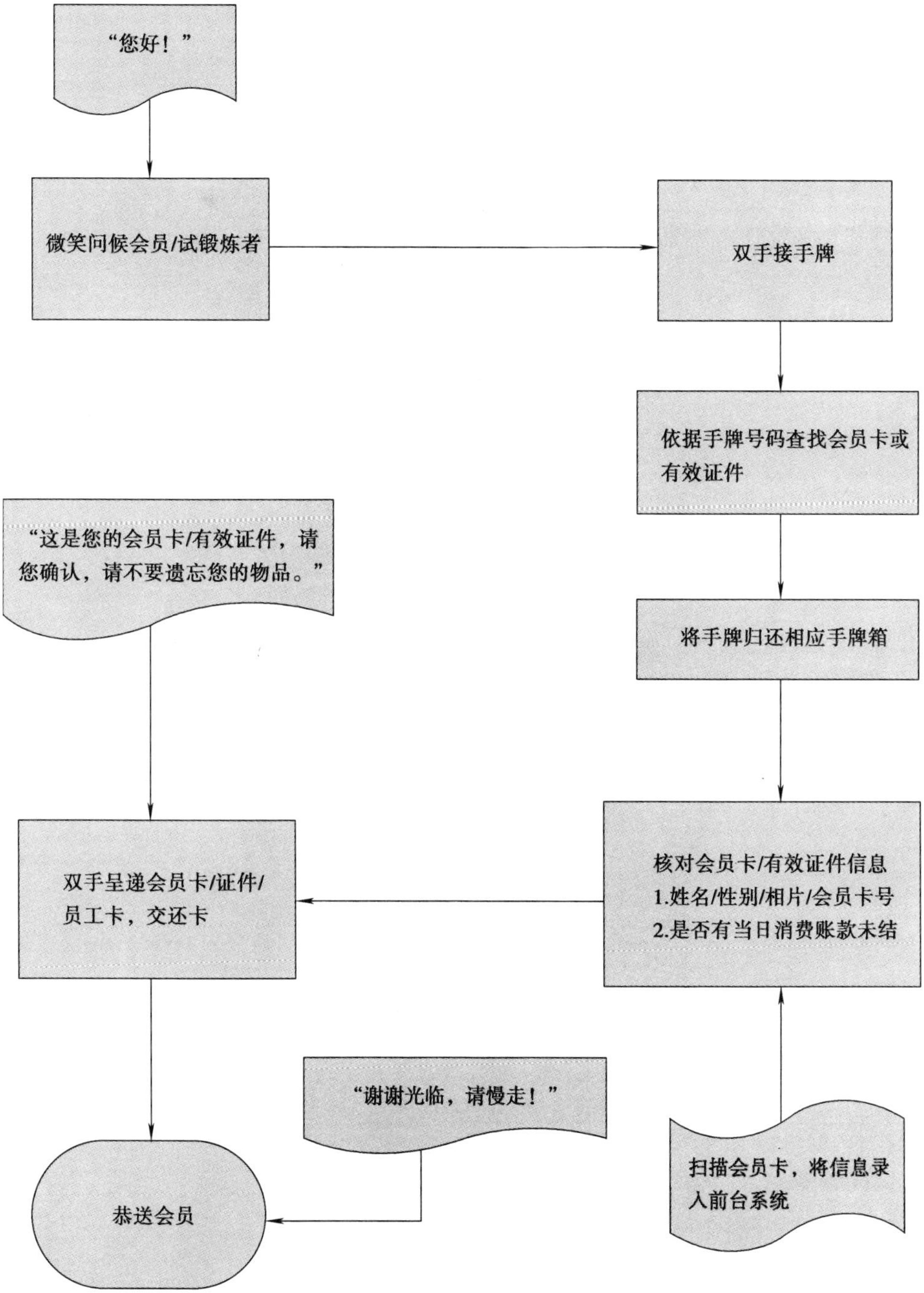

图2—6　会员试训练者退场接待流程图

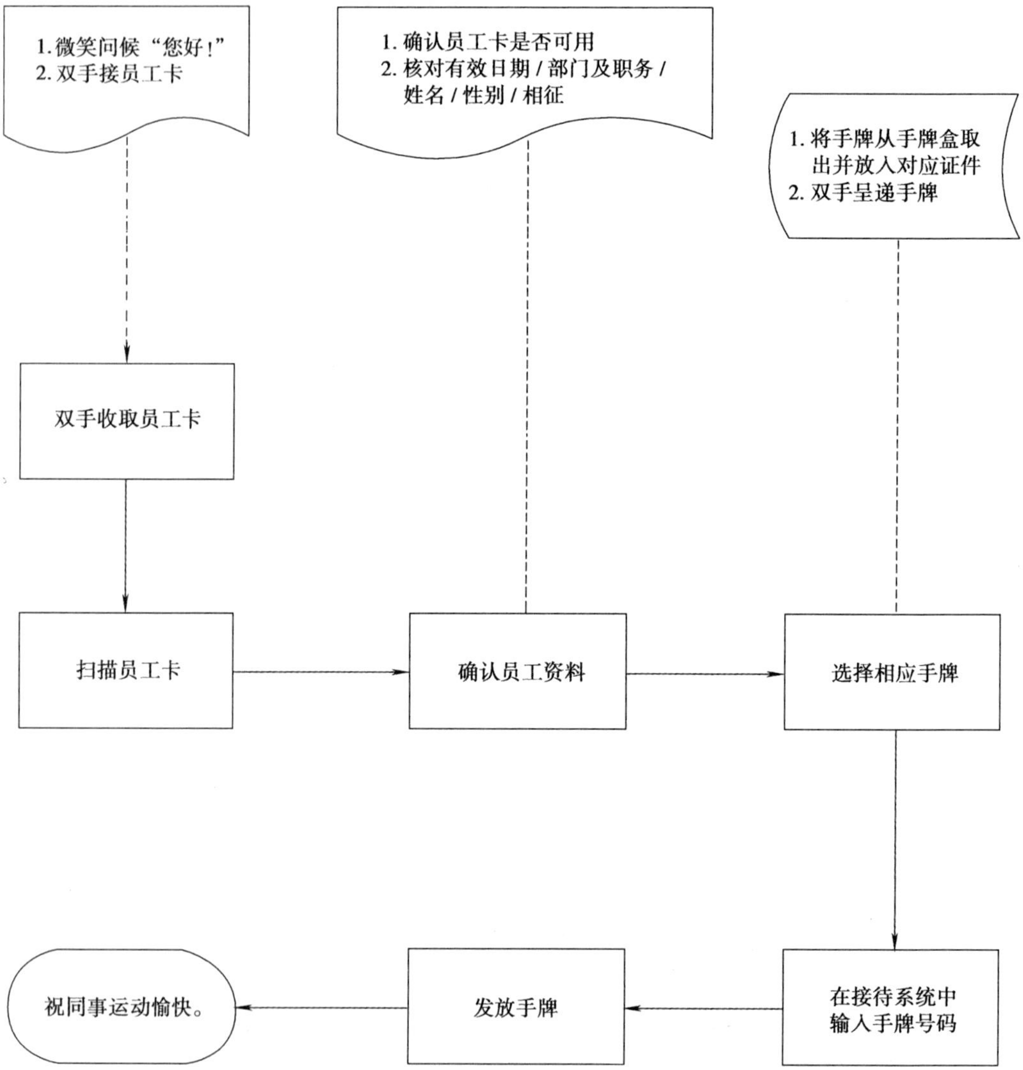

图 2—7　员工训练接待流程图

7. 电话找人接待流程（见图 2—8）

8. 租赁柜租赁办理流程（见图 2—9）

9. 租赁柜续租流程（见图 2—10）

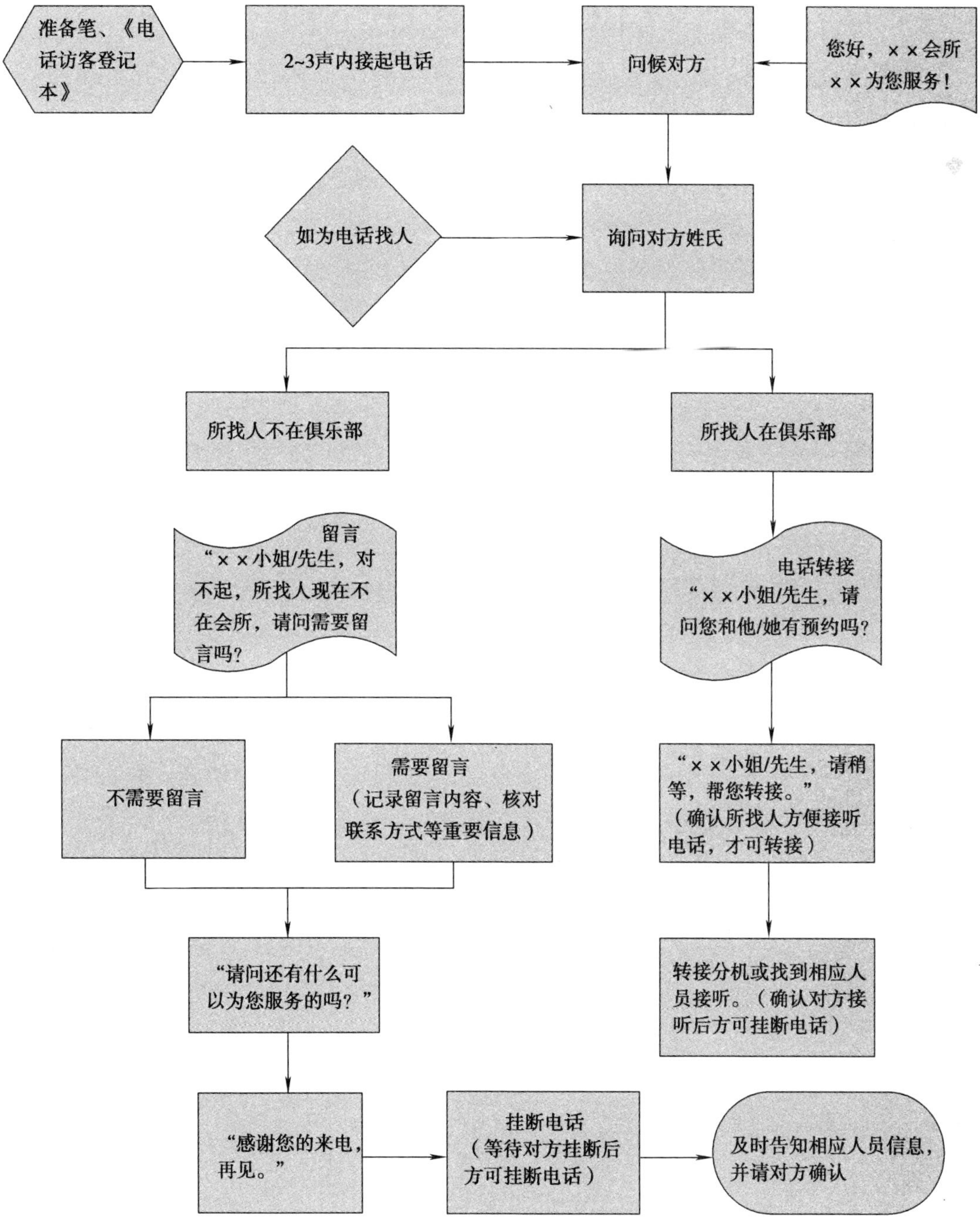

图 2—8　电话找人接待流程图

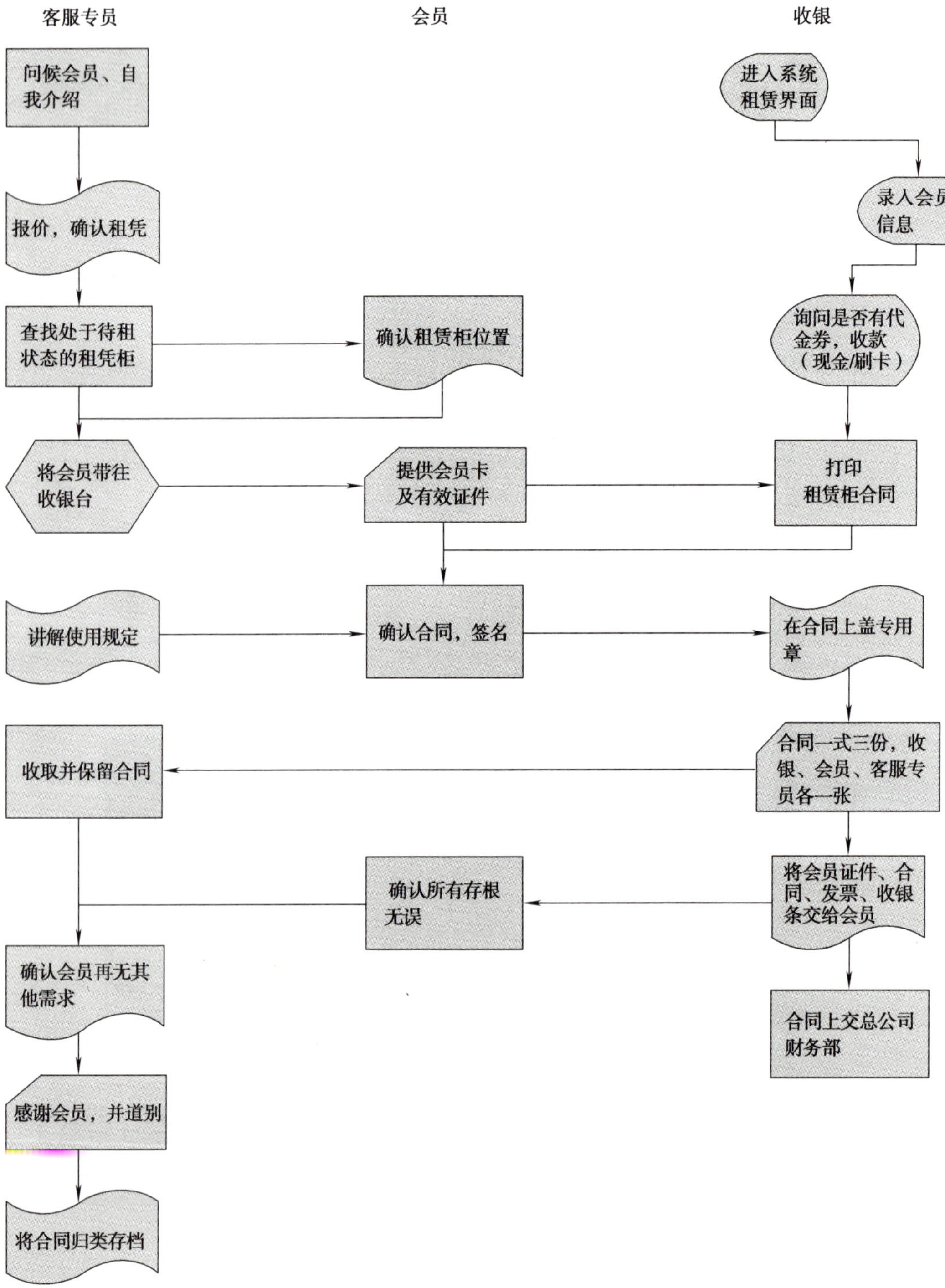

图 2—9　租赁柜租赁办理流程图

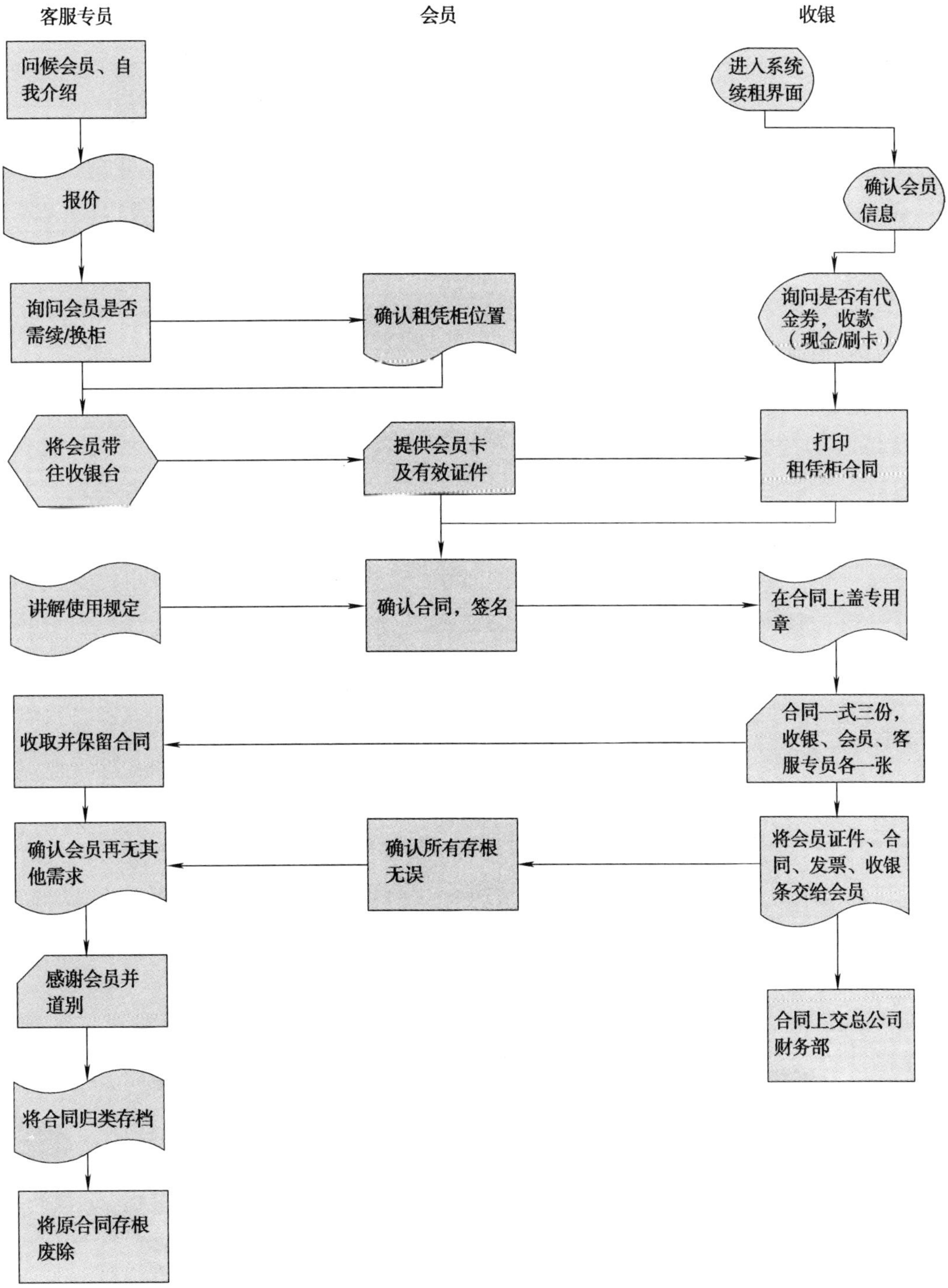

图 2—10　租赁柜续租流程图

2.1.4 前台电话转接的注意事项

前台工作的重要性已经不言而喻，其中前台员工的电话转接看似简单，但往往又是非常重要和容易被忽视的部分，因此，此处做特别介绍。

当电话无人接听时，顾客会感到愤怒；当顾客拿着电话等待时，会感到受挫；当顾客的电话被遗忘或找不到想要寻找的人时会感到焦虑。因此，接听电话时，前台人员应注意以下几点：

1. 在要求来电者等待之前，先给来电者一个提出问题或陈述的机会。避免在来电者谈论之前说“请稍等”。
2. 如果想把来电者的电话转接给其他部门同事时，先询问来电者是否同意，并对来电者表示感谢后，再转接电话。如果遇到来电者不希望转接电话时，应委婉地告诉对方将为其转接一个能够提供专业信息，并可以给他满意答复的人或部门。如果前台人员始终以友好、礼貌的态度和来电者进行沟通，即使他挂断电话或未答复前台人员的问题，仍然可以给他们留下愉快的印象。
3. 如果是咨询电话，需请对方留下联系方式，并在《来访电话记录本》上登记客户的基本资料。通常情况下，大部分来电者会配合留下联系方式，但少数客户会因为种种原因不愿意留下电话，并试图坚持询问会员卡价格，这时可以明确地告诉对方自己对于不同类型的会籍资格不是十分了解，并告诉他健身俱乐部的会籍顾问可以尽快给其满意答复，同时可以委婉地询问他有何顾虑，例如不方便接听、担心隐私曝光等。在通话过程中要始终保持给来电者以诚信感，为其消除顾虑，告诉来电者健身俱乐部的其他同事会在其方便的时候致电回复，如果有特殊活动不需要担心其资料的外泄等，注意要在努力要求来电者留下必要信息的同时，也给其留下专业的印象。
4. 在转接电话的时候，一定要知道转接的电话是否被接听，如果在几秒之内无人接听，服务人员需告诉来电者电话暂时无人接听，同时要询问来电者是否愿意继续等待，或者需要留言。如果来电者说：“不，我不愿意等”，则可回答：“没关系，可以知道您的电话、名字和您想了解的问题吗？稍后，我会让我们负责这方面的同事给您回电话的。”如果来电者仍然拒绝，同样要感谢他们给健身俱乐部打电话并道别。
5. 如果需要来电者拿着电话等待，则必须先征得来电者的同意，在做之前要等待来电者的反应。让来电者知道当他们拿着电话等待时，前台人员准备做什么。例如："我要核对一下时间表，您介意等一下吗？"

6. 对大多数来电者来说，30 s的等待是非常长的。前台人员需要每隔20～30 s核实一下来电者是否还在线上，给来电者一个选择，是继续等待，还是选择放弃。

2.1.5　投诉处理流程及重大顾客投诉处理

会员投诉一般指会员至前台投诉（现场投诉）、电话投诉或会员来信、意见单处理。前台（有的健身俱乐部由客服部负责）要以最快的速度反馈会员投诉，所有投诉处理过程不可超过1周。每天健身俱乐部专人（前台经理或客服领班）回收意见单及来信，审阅后将其分类，参照会员电话投诉处理流程解决。同时注意，如果会员是来电投诉，则有可能会直拨到其他部门，需提醒同事注意的是接完电话，如不能当场处理的，请他们把相关资讯交由客服部统一处理，以免无人追踪，引起第二次客诉。健身俱乐部要不断培训和检查以确保健身俱乐部按照标准化作业流程有效处理顾客投诉，从而提升会员满意度。

1. 现场投诉处理流程（见图2—11）

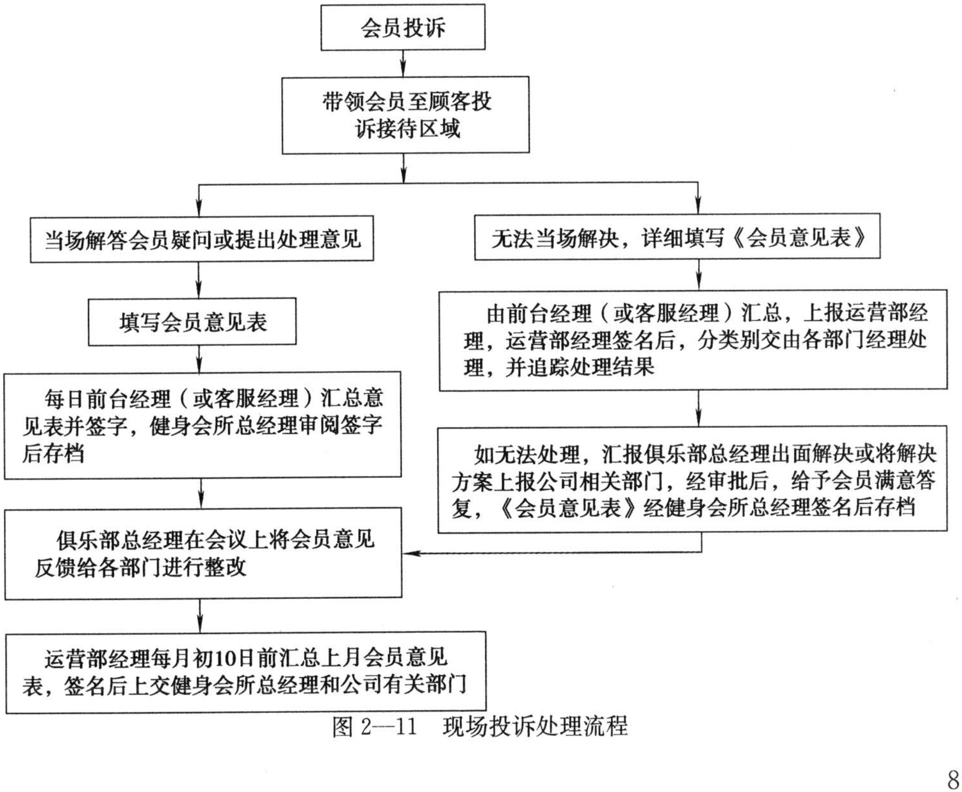

图2—11　现场投诉处理流程

2. 电话投诉处理流程（见图 2—12）

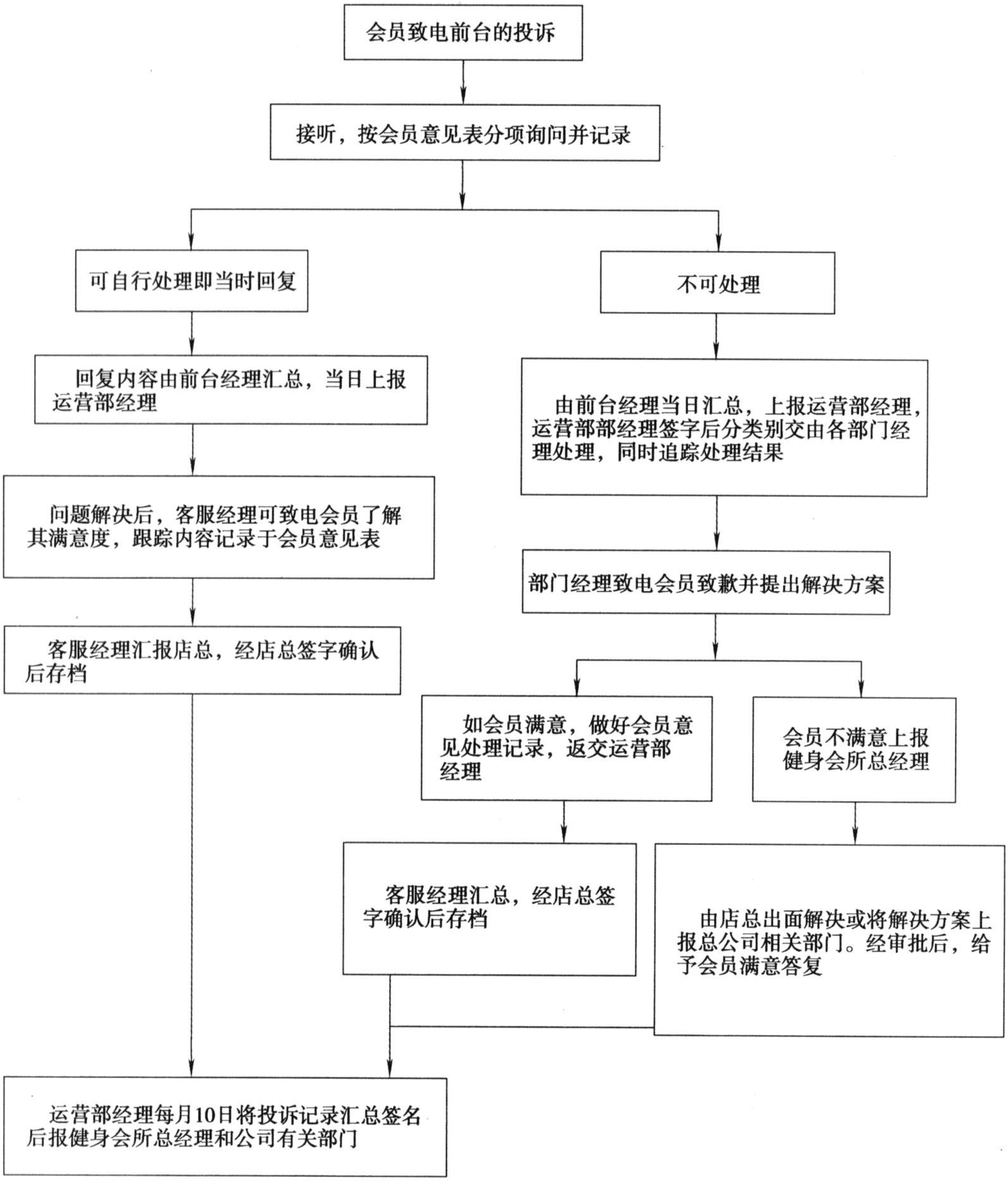

图 2—12　电话投诉处理流程

3. 重大顾客投诉处理

重大顾客投诉一般分为以下几类：受伤、物品遗失、媒体曝光。重大顾客投诉一旦发生，应第一时间报告值班经理和店总，由俱乐部客服经理经店总授意后代表予以协调、解决。若涉及法律问题，由俱乐部客服经理汇报总公司相关职能部门，咨询法律顾问后，再予协调解决。

（1）会员投诉由于俱乐部设备、设施问题受伤。当班人员通知前台经理，同时汇报值班经理及健身俱乐部总经理，在教练协助下，前台经理（或客服经理）对伤势较轻的会员进行简单医疗处理。核实会员受伤原因，确定为俱乐部设备设施故障造成后，拨打报险电话，回答保险公司工作人员相关问题，如会员无需就医，须留下会员联系方式，立即汇报给运营部经理和健身俱乐部总经理。运营部经理于 3 日内联系会员，询问会员伤势是否好转，做好跟踪记录，并汇报给健身俱乐部总经理和公司负责部门（营运部）。如伤势严重，前台经理（或客服经理）在征得值班经理及健身俱乐部总经理同意后，拨打 120 或派遣俱乐部工作人员陪同会员就医，进行报险并做好突发事件记录，及时通报公司负责部门（营运部）。陪同就医人员需保留医药单据及会员联系方式，以便向保险公司提供索保凭证。

（2）会员存入更衣柜的贵重物品遗失。当班人员应立即通知值班经理，同时报告运营部经理、健身俱乐部总经理。在征得运营部经理的同意后，立即报警。

（3）新闻单位、政府部门要求反映顾客投诉解决情况。如媒体要求摄像、报道时，前台人员须热情接待的同时，婉拒采访，留下对方联系方式，立即汇报运营部经理，并告知对方意图及反映情况。

（4）会员与俱乐部工作人员发生冲突。当班人员应立即汇报运营部经理，由运营部经理在健身俱乐部总经理授权下进行处理。

（5）恶意索赔。当班前台人员或客服人员向会员解释情况，如无法解决应立即汇报运营部经理，由运营部经理汇报健身俱乐部总经理，在取得法律依据后，代表健身俱乐部在合法、合理的原则下，力求以健身俱乐部最小的损失获得顾客最大的满意为原则进行处理。

2.1.6 前台的有关管理规定

为保证健身俱乐部的正常运营和为会员创造良好的健身环境，健身俱乐部根据其不同情况和管理系统，制定出各项不同的健身俱乐部管理规定。为了便于更多地了解健身俱乐部的整体运营和前台工作，以下特别列举5项常用规定作为参考。

1. 会员卡管理制度

（1）未带会员卡或会员卡遗失者不予入场。如有特殊情况，无卡会员需经值班经理或部门经理以上同意（任何员工无权私自让会员入场），前台核实会员身份无误后，将有效证件放于前台方可入场。会员卡遗失者需至收银台办理补卡手续。

（2）16岁以下儿童在未经健身俱乐部允许和家长带领下不得进入健身俱乐部。

（3）会员本人实际情况与电脑显示会员资料不相符者禁止入场。

（4）持单次试练券入场者须按软件管理系统登记并将身份证或有效证件放于前台，退场时再归还。

（5）试锻炼者需与会籍顾问提前预约，并由会籍顾问带领至前台填写资料，办理试锻炼手续，并将身份证或有效证件放于前台方可入场。

（6）前台不负责保管任何会员卡，如发现遗失会员卡，应尽快联系会员，通知其取卡。

2. 广播呼叫的规定

（1）只有前台人员才能进行广播呼叫的操作，同时必须使用普通话，发音要准确，吐字清晰。

（2）广播呼叫的服务范围是紧急通知、课程通知、呼叫员工、结束营业或配合俱乐部活动。

（3）为维护会员隐私，俱乐部不对会员进行找人呼叫服务。无特殊情况找人服务只针对员工进行，只有在员工状态表上显示该员工在健身俱乐部内，同时不在“正在工作，暂示能接待”位置上时，才可呼叫。

（4）广播呼叫前必须有提示音，并为单轮呼叫，每轮最多可重复两次。

（5）高峰期（17：30—21：00）除团操课程通知外，尽量不做广播呼叫，以避免打扰会员。

（6）前台每日早班要在无顾客时（或顾客较少时）调试话筒，禁止在高峰期随便打开话筒调整音量，严禁不广播时随意开关话筒，同时需检查每日播放的广播稿是否齐全，确定每个时段的广播内容及广播次数。

相关链接

广播稿范例

1. 30 分钟的礼貌规则

亲爱的会员晚上好，6 点至 9 点是本健身俱乐部的运营高峰时间，会员较多，可能会出现跑台被占满现象，请您见谅！为能合理地调整好您的训练方式和训练时间，更科学有效地增肌、减脂，建议您每次使用跑台的时间不要超过 30 分钟。多谢您的合作！

Dear members，

We hope you understand that during the Club’ s peak activity period (17：00～21：00，daily) the treadmills and other cardio equipment may occasionally be full. Please keep this in mind when planning your schedule and exercise routine. Therefore we recommend that you limit your time on the treadmills to 30 minutes out of courtesy to the other members，in order to achieve safer physical training. Thank you for your cooperation and understand.

2. 团体课程通知（课程开始前 10 分钟）

各位会员晚上好，本俱乐部今晚的×××课程开始时间为××点××分，现在的时间是××点××分，请您到操房做好课前准备。祝您运动愉快！

Dear members，

Our club course start at ________ for now is ________ . please come to GX room before course start，thanks.

3. 营业结束提醒通知（营业结束前 20 分钟）

亲爱的会员晚上好，本俱乐部今天的营业时间至××点××分，现在的时间是××点××分，请合理安排好您的时间，离场前请仔细检查您随身携带的物品，不要遗忘在更衣柜或其他区域内，感谢您的配合！

Good evening dear members，

Our club close at ________ for now is ________ .

Please arrange your time and don't forget your belongings before leaving, thank you.

4. 照明关闭提醒（营业结束时）

各位亲爱会员/员工您好，现在是××点××分，我们的营业时间已经结束，特别提醒您照明系统将在20分钟后自行关闭，请您在离场前请仔细检查您的物品，不要遗忘在俱乐部内，感谢大家的配合，祝您晚安！

Dear members,

Time for now is ________, Our club is closed. Please don' t forget your belongings before leaving, thanks for coming, good night!

5. 找人通知

私教/会籍顾问/客服××请速至前台。

PT/MC/CSR + 英文名，please go to reception.

私教/会籍顾问/客服××请速至收银台。

PT/MC/CSR + 英文名，please go to cashier desk.

3. 音乐及广告片播放的规定

(1) 要选择播放热烈、快节奏、英文版的背景音乐，声音高低适合。不得与健美操音乐雷同，背景音乐不得随意中断（俱乐部经营者应开始考虑音乐播放版权的问题）。

(2) 前台有显示器的健身俱乐部需每天滚动播放健身俱乐部广告宣传片。

(3) 跑步机在能够播放有线电视的同时，必须能够播放DVD（统一播放公司宣传广告），会员有权利选择收看自己喜欢的频道，一般情况下由巡场人员或前台人员将跑步机频道调节在统一位置上。

4. 健身俱乐部照明的管理规定

(1) 健身俱乐部的灯光、灯箱、广告牌在开关面板上必须以统一的标签贴注明开关时间。

(2) 当客户参观及健身俱乐部举行活动时，须全部开启或部分开启健身俱乐部照明设施（包括喷泉、水池）。

(3) 广告灯箱及招牌开启的时间应视当地季节情况而定。

(4) 操房的灯光要能够随课程的要求来开关明暗度，如瑜伽房应该可以调暗灯光。课程结束后即关闭操房灯光照明。

(5) 器械区要能够保证自然光线与通风，在非高峰时间可部分开启照明，根据实际情况，以能看清训练计划为准。晚上高峰期 17：30—21：00，照明应全部开放。

(6) 单车房的照明按课程要求来开关。配备声控灯的一定要按规定使用，每次连续使用不超过 60 min。非课程时间严禁打开声控灯。

(7) 棋牌室、托幼房、球类运动场所的照明，应该做到顾客随来随开，离场后及时关闭。所有人员都应注意店内的各个灯光、招牌是否正常运作，发现问题后立即报修，维护俱乐部的整体形象。

(8) 下班前，值班人员需负责将各个照明、电源、灯箱关闭。

5. 停车卡发放的相关规定（部分俱乐部适用）

(1) 发放停车卡是给会员的一种服务。员工不能利用职务之便领取停车卡，员工也不能替会员领取停车卡。

(2) 除俱乐部总经理签字确认外，任何到健身俱乐部办业务的客户、员工均不能领取停车卡。

(3) 如果有大型活动需要给高层领导停车卡，要提前打入预算并以书面形式通知前台，前台会到收银处领取停车卡并做特殊登记。

(4) 发放停车卡时必须登记领卡的时间、日期，并请会员出示会员卡。

(5) 一个会员只能领取一张停车卡，只有锻炼的人才能领取。

(6) 每张卡要确保盖上当日的日期章。

2.2 水吧、卖品部及收银的服务与管理

水吧、卖品部员工的一举一动将同前台客服专员一样影响着健身俱乐部的形象，其主要负责商品售卖、陈列柜管理，给会员提供优质的饮（食）品及客户服务，保持吧台、食品操作间、卖品区的整洁卫生，保持水吧、卖品部休息区域的整洁，保持报刊架上的杂志整齐充足，管理库房，定期盘点物品，随时申购补充，向客服经理汇报卖品销售情况，协助其他部门的工作等。

某些健身俱乐部考虑人力成本问题，将健身俱乐部的收银员和卖品部水吧人员合并。

2.2.1 水吧、卖品部员工应掌握的知识、技能和八大工作标准

1. 水吧、卖品部员工应掌握的知识技能

水吧、卖品部员工首先应具备优秀的服务意识，学习掌握产品制作、保管的岗位技能，特别是开设营养吧、果汁吧或运动配餐的健身俱乐部。在此基础上，水吧、卖品部员工要了解水吧、卖品部所提供的全部产品的品质特点，具备良好的沟通能力和销售能力，并具备处理客户投诉和处理突发事件的能力。为此，水吧、卖品部人员需要掌握如下的信息知识：

（1）营养吧卖品的价格及相关知识和信息。

（2）用具的清洁及消毒程序。

（3）水吧、卖品部现加工食品、饮品的制作流程。

（4）俱乐部的区域分布情况，消防疏散通道的分布情况，消防用具的摆放位置和使用方法。

（5）营养吧员工与上级的联系电话、应急电话。

2. 水吧、卖品部员工的八大工作标准

（1）掌握商品有关知识，以便为顾客进行商品说明。

（2）通过对商品展示、整理、更换商品等身体语言动作，吸引顾客注意，使他们关注商品。

（3）配合理货、收银、防损，在顾客易于寻找的位置，给予顾客导购指导及服务。

（4）保持微笑及正确的站立姿势，留心会员目光、动作和询问，使用礼貌语

言，及时提供帮助。

（5）依据会员的需要，观察会员的喜好，推荐和说明商品，促成交易。

（6）会员询问购买某种商品时，应直接带会员找到该商品。

（7）如会员需要的商品暂时缺货或健身俱乐部没有出售，应尽量介绍其他替代品。

（8）认真、热情地发放会员礼品，随时注意用双手接递会员的物品。

2.2.2　水吧、卖品部及收银人员的主要工作职责及岗位描述（见表 2—3 和表 2—4）

水吧、卖品部及收银人员较少（一般 2～3 人），工作看似简单，但却能反映出健身俱乐部的管理水平，是关系到财务、物品和会员合同等的重要工作部门，其服务质量和效率会给会员带来很深的印象。

表 2—3　　水吧、卖品部人员职位说明书

基本信息	职位名称：水吧、卖品部	所属部门：健身俱乐部运营部
	责任上级：运营部经理	责任下属：无
工作关系	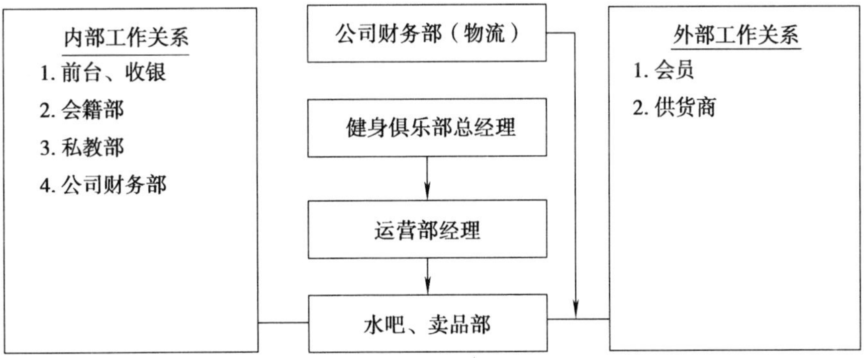	
工作概要	保证水吧、卖品部所属区域整洁有序，销售水吧、卖品部范围内的商品，负责店内库存管理，为会员提供优质服务	
工作职责	1. 产品销售 （1）熟知水吧、卖品部范围内各种商品名称、价格、产品特征和保质期 （2）主动热情向会员问好，主动向会员推荐商品 （3）对水吧、卖品部所销售的物品，如有残、缺的情况，需要进行及时有效的处理，并向上级汇报 （4）早晚清点库房物品，认真填写库存表单 （5）每日交接班时，认真填写工作交接单 （6）协助联系水吧、卖品部商品的供货商及订货，安排商品的促销，更换货品 （7）负责货品展架的摆放及物品的陈列，按照促销调整物品的位置，保证物品的齐全 2. 发放会员礼品 3. 产品保管 （1）负责月底对水吧、卖品部商品进行结款	

续表

<table>
<tr><td></td><td colspan="3">（2）严格执行物品出入库流程
（3）保证健身俱乐部内各种日常单据的使用量
（4）保证商品的有效期，定期对商品进行检查，保证库房安全通道的畅通
（5）协助公司负责健身俱乐部内固定资产的保管
4. 保持水吧、卖品部、食品操作间、会员休息区的整洁
（1）随时保持水吧、卖品部台面整洁，遵守一清、二洗、三消毒的程序
（2）负责水吧、卖品部休息区展架的摆放，报刊的位置，桌椅的摆放和地面的清洁
（3）对水吧、卖品部商品要分类摆放，遵守物品先进先出原则</td></tr>
<tr><td>其他工作</td><td colspan="3">上级布置的其他临时性工作</td></tr>
<tr><td>所受监督</td><td colspan="3">运营部经理</td></tr>
<tr><td>工作权限</td><td colspan="3">改善水吧、卖品部工作的建议权</td></tr>
<tr><td rowspan="6">任职资格</td><td>内　容</td><td>必备条件</td><td>期望条件</td></tr>
<tr><td>教育水平</td><td>完成九年义务教育，有基本的财务知识，能熟练操作Office</td><td>高中以上含高中，财务知识丰富，办公软件操作经验丰富</td></tr>
<tr><td>外表要求</td><td>五官端正</td><td>形象良好</td></tr>
<tr><td>工作经验</td><td>1年以上收银工作经验</td><td>有出纳财务工作经验</td></tr>
<tr><td>技能与能力</td><td>能与人沟通，能接受和理解信息</td><td>熟练操作计算机，熟悉专业领域知识</td></tr>
<tr><td>个性与品质</td><td>诚实，细致，集中力强</td><td>对企业忠诚度高</td></tr>
<tr><td>薪酬待遇</td><td colspan="3">水吧、卖品部工资＝基本工资＋岗位津贴＋工作表现奖＋餐费＋水吧、卖品部销售提成</td></tr>
</table>

表2—4　　收银人员职位说明书

<table>
<tr><td rowspan="2">基本信息</td><td>职位名称：收银</td><td>所属部门：健身俱乐部运营部</td></tr>
<tr><td>责任上级：运营部经理</td><td>责任下属：无</td></tr>
<tr><td>工作关系</td><td colspan="2">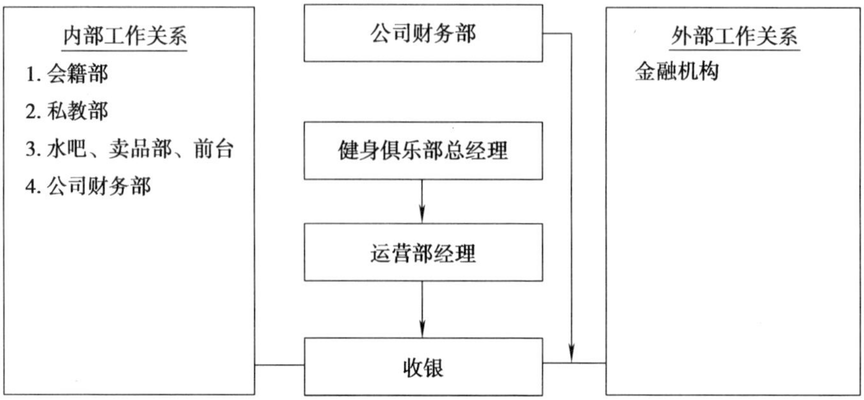</td></tr>
</table>

续表

<table>
<tr><td>工作概要</td><td colspan="3">负责健身俱乐部内的购物和票据管理</td></tr>
<tr><td>工作职责</td><td colspan="3">1. 负责会籍、私教协议的系统录入，收款确认协议，并确认协议双方签字
2. 发放会员卡，并进行登记，填写收银报表，开具发票和收据（部分健身俱乐部由会籍顾问、私人教练录入会员资料，收银确认）
3. 收款后，将合同副联、收据副联双手交到顾客手中，并告知开具发票的日期（开发票时，收回收据）
4. 负责收取营养品、服装、饮料等卖品款，填写卖品日报表
5. 每日营业结束，统计全天的销售情况，并上报至公司财务部（如有软件系统支持，可自动发送）
6. 按流程存放当天 17：00 后的收入，并在规定时间内存入指定的银行账户
7. 在收银时要做到唱收唱付，钱、物要与票据一致，做到准确无误
8. 认真填写收银表格及单据，做到准确无误
9. 保证计算机、收银机、发票机、收据打印机的正常使用，出现问题要及时与计算机部联系
10. 详细记录收银留存的各类备用金的使用及补款过程
11. 完成保险箱内各类现金及其他款项的交接工作
12. 配合会员私教课程次数的登记</td></tr>
<tr><td>其他工作</td><td colspan="3">上级布置的其他临时性工作</td></tr>
<tr><td>所受监督</td><td colspan="3">运营部经理和财务</td></tr>
<tr><td>工作权限</td><td colspan="3">无</td></tr>
<tr><td rowspan="6">任职资格</td><td>内　容</td><td>必备条件</td><td>期望条件</td></tr>
<tr><td>教育水平</td><td>中专/高中以上学历，有基本的财务知识，能熟练操作 Office</td><td>大专及以上学历含高中，财务知识丰富，办公软件操作经验丰富</td></tr>
<tr><td>外表要求</td><td>五官端正</td><td>形象良好</td></tr>
<tr><td>工作经验</td><td>1 年以上收银工作经验</td><td>有出纳财务工作经验</td></tr>
<tr><td>技能与能力</td><td>能与人沟通，能接受和理解信息</td><td>熟练操作计算机，熟悉专业领域知识</td></tr>
<tr><td>个性与品质</td><td>诚实细致集中力强</td><td>对企业忠诚度高</td></tr>
<tr><td>薪酬待遇</td><td colspan="3">收银工资＝基本工资＋岗位津贴＋工作表现奖＋餐费＋俱乐部总体完成任务奖金</td></tr>
</table>

案例 2—1 列举了健身俱乐部水吧、卖品部两班倒的员工的日常工作程序，部分健身俱乐部也采用“作一休一”的工作方式，即工作一天休息一天的工作方式。

【案例 2—1】 健身俱乐部水吧、卖品部两班倒的员工的日常工作程序

【早班】

1. 进入健身俱乐部后，签到并将本人的工作状态牌调整好，换上工服，戴好工作牌。
2. 查看交接本，清点货物，当实际物品数量与库存交接单的数量一致后，在库存交接单上签字确认。
3. 将陈列物品取出，分类摆放整齐。
4. 随时整理水吧、卖品部区域的桌椅和书报架上的杂志。
5. 随时整理吧台，将所需物品备齐，定点摆放整齐。
6. 随时清洁食品操作间。
7. 销售水吧、卖品部商品，发放会员礼品。
8. 下班前填写交接班本，统计早班物品销售和礼品发放的数量，并填写库存交接本，签字确认。
9. 补足台面销售物品的数量。
10. 办完交接后，签退，将工作状态牌调整好，换下工服后离开。

【晚班】

1. 进入健身俱乐部后，签到并将本人的工作状态牌调整好，换上工服，戴好工作牌。
2. 查看交接本，清点货物，当实际物品数量与库存交接单的数量一致后，在库存交接单上签字确认。
3. 随时整理水吧、卖品部区域的桌椅和书报架上的杂志。
4. 随时整理吧台，将所需物品备齐，定点摆放整齐。
5. 随时清洁食品操作间。
6. 销售水吧、卖品部商品，发放会员礼品。
7. 下班前填写交接班本，统计晚班物品销售和礼品发放的数量，并填写库存交接本，签字确认。
8. 在水吧、卖品部计算机软件上核实电子报表，确认电子报表和库存交接单上物品数量一致后保存并关机。
9. 将水吧、卖品部台面陈列物品收回到水吧、卖品部库房，锁好冰柜和所有抽屉、房门。
10. 签退，调整好工作状态牌，换下工服，离开健身俱乐部。

2.2.3 水吧、卖品部管理制度

1. 吧台管理制度

（1）各种工作用品分类摆放整齐，不得摆放私人物品。

（2）随时清洁水吧、卖品部的台面，保持干净、整洁、卫生。

（3）保持吧台货架上物品的充足和整齐。

（4）保证销售票据、库存交接单的充足和完整。

（5）不得私自携带水吧、卖品部资料等俱乐部公共物品离开俱乐部。

（6）不得将俱乐部的物品私自借与他人。

（7）发生特殊情况，必须通知本部门的上级领导，不得擅自处理。

2. 食品操作间管理制度

（1）不得摆放私人物品。

（2）不得利用工作之便加工制作私人食品。

（3）不得在食品操作间进食。

（4）每天必须对食品操作间进行消毒。

（5）随时清洗和保持操作台、清洗池、消毒池的清洁卫生。

（6）操作中严格执行“一清、二洗、三消毒”的操作规定。

（7）没有需要，不得随便进入食品操作间。

（8）非水吧、卖品部人员不得进入食品操作间。

（9）所有食品及消耗品必须遵守“先进先出”的原则。

3. 库房管理制度

（1）非当班水吧、卖品部员工不得进出库房。

（2）保持库房的清洁，物品分类摆放整齐。

（3）合理摆放货物，保证库房通道的畅通和利于货物的进出。

（4）残破物品必须用标签注明。

4. 耗品管理制度

耗品主要是健身俱乐部经常使用且无法重复利用的物品，如洗涤剂等。

（1）耗品出库。每天由仓管（水吧、卖品部员工担当）按日常使用量领取日用品及清洁物品，并填具出库单，必须有仓管及运营部经理签字。在仓库台账及计算机上做好登记，健身俱乐部物品不得作为私人物品使用，经

理/仓管需严格把关，如因特殊原因领取数量偏多，需于备注栏写明情况。

（2）耗品入库。仓管必须收货、验货，送货单、入库单确认必须要由运营部经理签字。实收的物品必须和申购单要求的数量和质量相符。计算机入库信息和收到的实物应100%相符。入库单及明细有索引编号，需要联号。

（3）汇总。仓管每月月底汇总日用品的上月库存数、本月入库数、本月消耗量，制作月度耗品使用盘存表（台账），由运营部经理备案并于每月固定日上报健身俱乐部相关部门。

2.2.4 商品售卖引起顾客投诉的处理

1. 顾客投诉的类型（见图2—13）

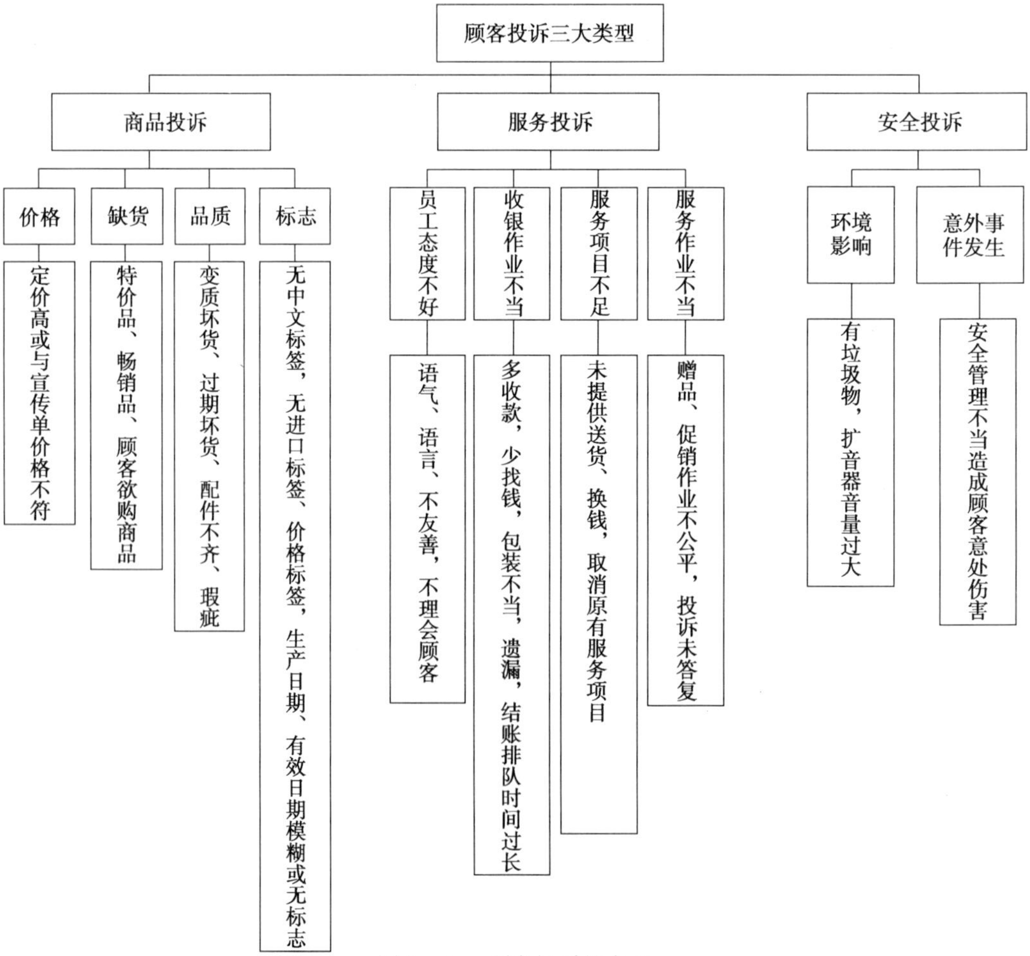

图2—13 顾客投诉的类型

2. 投诉处理流程

（1）做好心理准备。

（2）认真听取会员的叙述。

（3）对会员表示同情和理解。

（4）共同探讨解决方案。

（5）投诉跟进处理。

（6）如果顾客对某位员工非常愤怒，在事情的后续处理中，应设法让其他人代为处理，同时最好换一个空间，并注意处理时间的控制。

2.3 保洁服务与管理

保洁人员的工作质量直接影响着健身俱乐部的卫生状况，影响着会员对俱乐部的感观，因此，清洁幽雅的健身俱乐部环境对健身俱乐部服务质量的评价是至关重要的。

保洁人员主要负责打扫和清理本区域的工作，确保自己所负责区域的卫生清洁，需按标准正确使用各类清洁剂及清洁工具，定时对各种器械进行清理，保质保量完成上级布置的清洁工作。同时，保洁人员工作时应热情主动，积极配合协助好其他部门的工作，注意自身行为规范，自觉维护俱乐部形象和名誉，爱护节约俱乐部财产物品，遵守健身俱乐部的各项规章制度，给会员以礼貌周到、标准化的服务。

保洁人员的负责人是保洁主管，主要负责巡检区域内的保洁质量，督导保洁人员的工作情况，确保他们都能按要求完成健身俱乐部布置的各项任务，确保自己负责的区域的清洁情况符合标准，确保各类清洁剂及清洁工具的正确使用，确保各种保洁机械设备的正常使用及日常保养，带领保洁人员根据公司制定的清洁标准，严格认真、一丝不苟地搞好清洁工作，及时跟进区域内整改的情况，并在检查中提醒保洁人员不要损坏健身俱乐部内的任何健身器械及相关物品，服从健身俱乐部运营部经理的管理，对布置的工作及时安排、落实，每周对保洁人员进行技能培训与素质培训。

2.3.1 保洁人员服务标准

1. 仪容仪表规范

(1) 头发：保洁人员的头发及头皮要清洁。

1) 男员工：前不遮眉，后不盖领，两边不过耳朵，不可剪奇异发型，不可染黑色以外的其他颜色。

2) 女员工：短发需打理整齐，长发需盘起，前发不过眉，不可散乱。

(2) 面部：干净，不可油光满面，保持口气清新，牙齿清洁，鼻毛不外露。男员工不可留胡须，胡须必须剃净，女员工需化淡妆。

(3) 身体：每天至少洗一次澡，身体无异味；统一着工服，佩戴工作牌，工服干净平整，大小适当，无破损，无掉扣，无脱线，无异味等；不可将衣服敞开或衣领竖起，不可将衣袖或裤脚卷起（工作特殊需要时除外），外套拉链（或纽扣）拉至胸口以上；衣袋不能放大串钥匙及其他物品，保持平整。

(4) 双手：不可留长指甲（长度不超过2厘米），保持双手干净卫生，不可涂指甲油。

(5) 鞋子：统一式样工鞋，表面干净，勤清洁，无异味，无破损，不能穿皮鞋、凉鞋，最好穿布鞋。浴室保洁人员在清理淋浴区时可以更换拖鞋或雨靴以方便工作，一旦离开淋浴区，必须立即换回工鞋。

(6) 袜子：干净，无破损，无异味，统一着黑色袜子。

(7) 饰物：只可戴一枚结婚戒指，不可佩戴其他首饰。

2. 行为规范

(1) 使用礼貌用语，例如："早上好""晚上好""您好""再见""请""谢谢""对不起""抱歉""打扰了""请您再说一遍""有什么可以帮您的吗?"称呼有"小姐""先生""太太"等。

(2) 见到会员时主动问候，无论何时何地都应始终保持微笑，若在工作中遇到会员应主动停止手中的工作，站立问候，表示敬意；若遇到会员对俱乐部环境不熟悉时，有引领和指路的义务；若遇会员询问时，不得回答"不知道"或"不清楚"，确实不知道时应回复会员说："请稍等，我去帮您确认一下。"

(3) 与会员或同事相遇，应点头微笑并主动问候，在通道、走廊遇到上司或是会员时要礼让，不能抢行。

(4) 工作时应该正确使用保洁工具，不得违规操作或损坏，每人必须拿两块抹布（一干一湿），且必须擦到位。

(5) 对待会员询问应有耐心，语气应温和，亲切，并主动帮助会员解决问题，如不能自行解决，应及时和俱乐部值班经理或客服领班/经理联系。

(6) 在俱乐部内，应保持优雅的姿势和动作。具体要求为：站姿自然挺胸，颈脖伸直，目光平视，使人能看清自己的面孔；两臂自然下垂，不耸肩，身体重心在两脚中间。保洁人员于工作区域巡视时，需保持良好的精神状态，步态平稳，双手自然摆动，禁止双手放在背后行走等不良姿势出现。

(7) 给会员物品时须双手递物放于会员手里。

(8) 如发现设备设施不能正常运作、会员受伤或其他异常状况，应立即汇报值班经理及客服领班/经理。

(9) 工作时应做到节约用水用电，看到有浪费水电的情况主动上前制止。若看到有会员在更衣室内吸烟应及时制止。若看到会员拿衣物在浴室内清洗需制止，不听劝说的，上报客服经理或值班经理。

(10) 进入办公室之前必须先敲门，得到同意后方可进入。

(11) 不得直接批评会员的错误，在任何情况下不得与会员争吵。

(12) 严禁代管会员的任何物品，拾到会员的财物应主动上交前台并在《遗拾物品登记本》上签字。

(13) 不得在工作区域吃东西、喝水，应于休息时间在休息区域用餐或喝水。

(14) 不可因私事而打扰在接待顾客中的同事或健身中的会员，不可在工作时间内接待亲友、接打私人电话或随意带朋友进入健身俱乐部。

(15) 保洁人员不能使用会员更衣室、卫生间，只可在下班时间使用浴室(具体时间根据健身俱乐部有关规定)，如在使用时见到会员，应主动让会员优先使用。

(16) 与会员相处时应保持适当的距离，切勿虚言妄行、任意承诺或是举止过于随便。

(17) 走通道、走廊时要放轻脚步，在通道不能一边走一边大声说话，更不得唱歌或是吹口哨等；员工之间谈话不能嗓音过大影响到别人；不准群聚聊天或在工作时间看书报。

(18) 严禁有欺骗会员的言行，严禁有任何盗窃、向会员索要或未经会员同意拿走其物品的行为。

(19) 不得在健身俱乐部内无精打采，无表情或冷漠，不得随意打扰会员或是表露轻视之意，不可有不耐烦的表情。

(20) 遵守健身俱乐部规章制度，服从上级管理，与同事团结协作、和睦相处。

2.3.2　清洁工具的使用及保养

扫把

【操作要领】

1）扫把的握法：用一只手的大拇指按在扫把端上，并用其他四指握住，另一只手则在下方 30～40 厘米处握住。这种握法便于用力，又可防止扫把碰撞别人。

2）姿势：上身向前微倾，但不可太弯曲，要用不易疲劳的姿势。

3）扫法：扫把不离地面，扫动扫把时，手要用力往下压，既要把灰尘、垃圾扫干净，又要防止灰尘腾起。地面灰尘较多时，每扫一下，应在地面上墩一墩，以消除粘在扫把上的灰尘及垃圾。

【使用流程】

1）为了不踩踏垃圾，应不断向前方清扫。

2）从狭窄处向宽广处清扫，从边角向中央清扫。

3）室内清扫时，原则上从里面开始向门口清扫。

4）将桌下的垃圾向宽广的地方清扫。

5）清扫楼梯时，站在下一级，从左右两端往中央集中，然后再往下扫，要注意防止垃圾灰尘从楼梯旁掉下去。

6）若垃圾、灰尘较多时，要随时将其扫入垃圾铲，不要总是推着垃圾、灰尘往前走。

【注意事项及保养方法】

1）要求清扫干净，不可留下垃圾和灰尘，不可在地面上留下扫把痕迹，特别是将垃圾扫入垃圾铲时，不可留下未扫进去的垃圾和灰尘。

2）扫把容易黏附棉状尘，应经常用毛刷子或毛梳子等工具将其除去。

3）经常清洗扫把，及时清除黏附物、污垢，理顺扫把头，清洁扫把杆，使用完毕后悬挂摆放于空气流通处风干使扫把保持干爽、平直。

4）地面上黏附着香口胶等污垢时，不能用扫把清扫，要及时用小铲刀除去，并用地拖拖净。

5）保管：悬挂在清洁间墙壁挂钩上。

抹布

【操作要领】

1）干抹：有些表面，如不锈钢、器械等不宜经常湿抹，可用干抹擦拭。操作时要轻擦，以去除微细灰尘。如果用力干擦，反而会产生静电黏附灰尘。

2）半干擦：对于不宜经常湿擦，但干擦又比较难干净的表面，可用半湿半干抹布擦拭。

3）油处理抹布法：用少许油类浸湿抹布后擦拭。这种抹布黏灰尘效果好。

4）湿抹：去除建筑表面及家具表面的灰尘、污垢时，广泛用湿抹布可将污垢溶于水中，去污除尘效果好。使用时要经常清洗脏了的抹布，保持抹布洁净。另外，抹布不可渍水过多。

5）加清洁剂擦拭：对于含有油脂的污垢，可用抹布喷上清洁剂后擦拭。擦拭后，再用清洗干净的抹布抹去残留的清洁剂。

【使用流程】

1）擦拭时应从左到右（或从右到左）、先上后下，将被擦拭物全部均匀地擦一遍，不要落下边角，不要漏擦。

2）有些污垢用一般抹布擦不掉，可用百洁布或刷子去除。

【注意事项及保养方法】

1）按区域分颜色使用

①白色——器械、更衣柜。

②黄色——营养吧。

③蓝色——卫生间、清具。

④粉色——台面。

各区域需严格分类使用，不可混用。

2）抹布宜选用柔软、吸水力强、较厚的棉制毛巾。使用时将毛巾折 3 次叠成 8 层，正反 16 面，正好比手掌稍大一点。

3）折好的毛巾用脏一面后再用另一面，直到 16 面全部用脏后，洗净拧干再用。注意不可用脏布反复擦拭。

4）擦拭一般家具的抹布、擦拭饮食用具的抹布和擦拭洗手间的抹布等，必须严格分开专用。

5）及时清洗、消毒、风干。

6）保管：悬挂在清洁间内的晾杆上，在不同区域使用的需分类、分区摆放。

地拖

【操作要领】

1）干拖：用干地拖擦拭地面，主要用于擦亮地面或抹去地面的水迹。

2）半干拖：用半湿半干的地拖擦拭地面，既可以去除地上的灰尘、污垢，又可不使地面留下水迹，使地面失去光泽。如拖打蜡地面，要用半干拖。

3）推尘：推尘可使用尘推，尘推是一种特殊地拖，由尘推幕和尘推架组成。使用时为增强附尘能力，减少灰尘浮动，常在尘推幕上加上尘推油（一种石油类物质）。使用尘推简单省力，除尘干净，又可以保持地面光亮。但推尘时要注意尘推不要离地。

4）水拖：将地拖浸湿后拖抹地面，主要用于清除地面上的泥和污垢。水拖是通过水浸泡将泥和污垢溶于水中，然后再拖擦干净，但水分过多，反而有可能弄脏地面，因此要适度掌握。拖擦后地面如留有水迹，应将之拖干并放置“小心地滑”的警示牌。

5）加清洁剂拖擦：为了除去不被水溶解或含有油脂的污垢，需用地拖沾上清洁剂拖擦，拖擦后再用清水过一遍，除去残留清洁剂。

【使用流程】

1）地拖握法与扫把相同，即用一只手的大拇指放在地拖顶端并握住，另一只手握住下方 30～40 cm 处。

2）原则上应左右挥动，使擦痕呈一字形。在角落处可用直拖擦一次，要翻动一下，尽量使地拖干净面都用到。使用扁形地拖时，先用一面，用脏后再翻面使用，两面都脏了后，用清水洗净拧干后再用。

3）将地拖头全部放入桶中，上下抖动、左右来回转动，洗净后挤干地拖头脏水。

4）用脚按住把柄或用臂夹住把柄，把地拖头分成两半，左右手各持一半，向外拧转，也可以先拧一半，拧干后再拧一半。用拖布压干器挤干更好。

【注意事项及保养方法】

1）拖头必须经常清洗，不可用脏地拖拖擦。已经用旧的拖头容易碎落，要及时更换。新拖头应浸湿后再使用。

2）在移动地拖时，不可扛在肩上或在地面上拖着走，以免碰到他人或墙壁玻璃等。为避免地拖头脏水滴在地面上，应放在地拖桶中与桶一起移动。

3）办公室、卫生间等各处使用的地拖，应严格区分，不可混用。

4）地拖头暂不使用时，应放在指定地点，不可随意摆放，影响整体美观。

5）作业结束后，必须将地拖头清洗干净、理顺，吊起或倒立于架子上晾干备用，否则地拖头容易腐烂。

6）保管：悬挂在清洗间内的挂钩上。

榨水车

【使用流程】

1）将榨水车的车头与水桶固定好。

2）将地拖放到水桶内清洁干净，放入榨水车车头部分。

3）用手按下榨水车的手柄将地拖的水分充分挤干净。

【注意事项及保养方法】

1）在使用榨水车时不要使用太大的力量，以免将弹簧弄断。

2）榨水车要及时清洗，保持车身清洁，颜色鲜明。

3）保管：保管于清洁间内的清洗池内。

尘推

【操作要领】

将尘推的棉套装好，根据个人的身高调整尘推的把手。

【注意事项及保养方法】

1）尘推的棉套要及时清洁、清洗。

2）定位。悬挂于清洁间墙壁上。

鸡毛掸

【操作要领】

1）天花板：手持鸡毛掸水平掸拭天花板，将灰尘掸拭干净。

2）花瓶：手持鸡毛掸掸拭花瓶表面的灰尘。

3）装饰物：手持鸡毛掸掸拭装饰物表面的灰尘。

4）高空尘网：手持鸡毛掸水平、垂直掸拭高空尘网表面。

掸拭结束后，去除鸡毛掸上的粘连物，抖去鸡毛掸上的灰尘。

【注意事项及保养方法】

1）鸡毛掸上的灰尘及粘连物要及时清洁干净。

2）保管：放于清洁间内横档上。

洗地机

【使用流程】

1）解开电源线，检查电源线有无破损易漏电地方，若完好，则可以装上针盘、洗地垫或洗地刷，然后将手柄调节到便于自己操作的角度。

2）检查确认开关处于关闭状态后，插上电源。

3）将电源线放在背后，双手握住把柄，然后打开开关。此时洗地刷或针盘与地面保持水平，刷盘开始移动，确认无故障后，即可开始作业。

4）工作时应使毛刷盘或针盘的擦痕呈横向一字形，并一点点后退往复，第二行擦痕与上行擦痕有几厘米的重叠。

5）靠近墙壁的地方，可以先沿着墙壁擦洗，然后再擦洗中间，以防止操作不当弄脏或损坏墙壁，安装落地玻璃的地方要特别注意。

6）工作完毕或中止时，关上开关，机器停止转动。

【注意事项及保养方法】

1）将插头插入插座前，必须先检查开关是否关闭，以防机器突然转动引起事故。

2）作业过程中机器中断或遇到停电暂不能作业时，必须关闭开关。

3）作业时必须避免洗地刷接触电源线，以免电源线卷入洗地刷内。

4）使用清洁剂时，注意不要让水弄湿马达。

5）移动时，要注意接线的位置，不要使接线绕在脚上或室内的设施上。

6）工作时，不要靠自己手臂强使机器前后左右移动，而是通过按压把手，使机器本身移动，人体则自然地随着机器移动。将把手柄向下按，机器向左右移动；反之，将把手向上抬，机器则向右方移动（注意不要按压过分）。按下左手把手，机器重心向左时，机器向前；反之，按下右手，机器重心向右时，机器后退（注意不要按压过分）。

7）使用完毕时注意安全，不要随便离开手柄，待机器完全停止后再切断电源，卸下洗地刷或针盘。

8）使用完毕后，将机盘及毛刷、针盘洗干净。清洁机器、电线，并将电线绕回机挂钩上。

9）保管：存放于保洁仓库内。

吸尘机

【使用流程】

1）解开电源线，把软管接在机身上，并接上吸尘器吸嘴，接通电源。

2）开动吸尘机顶上的按钮。

3）握好吸尘把柄，将吸尘器吸嘴自然放在地面上，如果过分用力，可能妨碍吸尘。

4）掌握好吸尘器吸嘴的角度，将吸嘴向前伸，吸嘴稍稍向自己一方抬起，然后向自己一边慢慢拉动。这样空气和灰尘容易进入，吸得干净，操作也方便。

【注意事项及保养方法】

1）视不同的吸尘环境，选用不同的吸尘嘴，如清洁窄缝、铝合金道轨等，则要用扁吸嘴。
2）工作时，不要让吸尘器吸嘴碰到墙壁或其他物件，不要让电源线绕在物件上，以防损坏物件。
3）作业时，一般从里面的角落开始，一边作业，一边往后退，向入口方向进行。这样操作，可不留下作业人员的踏痕。
4）吸尘时，一般应由前向后，横向移动。两个吸尘部位应有几厘米左右的重叠部分。
5）吸尘机的主体和配件等，尽可能放在入口处，以便吸尘工作完成后撤出。
6）移动机身时，不能拉着吸尘管行走。
7）不能用吸尘机吸水，以免烧坏电动机。
8）不能用吸尘机吸铁钉、玻璃片、小石块等尖锐物体，防止损坏尘袋。
9）要经常将机内尘袋、马达所聚集的杂物清洁干净，否则影响吸尘效果。
10）吸尘完毕，必须除去内部积存的垃圾和灰尘，清洁尘袋，整理电源线和接管等配件，最后用抹布擦净外表。
11）保管：存放于保洁仓库内。

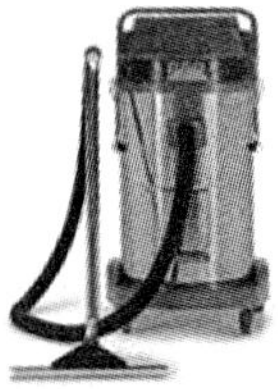

吸水机

【使用流程】

1）安装好软管、吸嘴及过滤袋和保护球，解开电源线，插上电源。
2）把握吸水管，将吸嘴放于地面，来回推动吸嘴吸水。吸地毯时要稍用力。吸嘴痕迹要有几厘米重叠，防止漏吸。

【注意事项及保养方法】

1）吸水时，要注意储水桶的水位，及时倾倒。
2）不可用吸水机吸灰尘、大块的石块、钉子等。
3）作业时，遇上带泡药剂，如起蜡水、全能清洁剂等，需要添加化泡剂，否则泡沫会掩盖马达。

4）保管：存放于保洁仓库内。

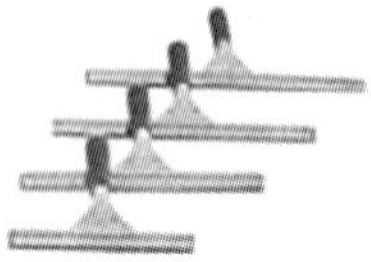

玻璃刮

【使用流程】

1）将玻璃清洁剂或全能水按比例稀释。

2）将羊毛套浸入清洁剂溶液中，待充分吸入后，用手轻轻扭一下，以不滴水为宜，均匀涂抹在玻璃上。

3）涂抹时，应由上往下抹，横向移动，每次涂抹抹痕要交叉相压，以防漏抹。

4）用玻璃刮将涂抹在玻璃上的清洁剂刮净，操作时应稍用力，将玻璃刮均匀按压在玻璃上，由上到下慢慢刮动。一次刮净一行，用湿毛巾抹净玻璃刮后，再横向移动刮另一行。

5）整个玻璃刮净后，用毛巾将窗框擦净。

【注意事项及保养方法】

1）刮玻璃时，注意防止脏水滴在窗台上。

2）使用时若有脏水滴下，要用毛巾抹净。

3）使用后清洗干净，擦干。

2.3.3 各种设施、设备的清洁标准

1. 健身、体测设备清洁步骤及标准

力量器械

【清洁步骤】

①拿取湿抹布，并将其对折，再次对折拿于手掌中，与干抹布的握法相同。

②先将器械拿到地面后用湿抹布擦拭器械架子，风干。

③拿取湿抹布将其拧干，然后对折，再擦拭器械，要求顺序为：上→下，左→右，内→外。

④擦拭完后再采用以上相同的步骤，用消毒过并拧干的抹布再次擦拭一遍。

最后用干抹布擦拭一遍。

⑤将擦拭干净的器械按正确的位置摆放在器械架上。

特别提示：对于不宜经常湿擦，但干擦又难擦净的表面，可用半湿半干抹布擦拭。

【清洁标准】

所有器械无污渍、无汗渍、无锈斑，器械架无灰尘、无污渍、无异味。

有氧器械

【清洁步骤】

①在擦拭有氧器械时要将有氧器械电源断开。

②拿取湿抹布将其拧干，然后对折，再用擦拭器械，要求顺序为：上→下，左→右，内→外。

③在清洁跑步机跑带时需要清洗跑带的整个周长。

④有氧器械的显示屏应拿取干净棉布浸入酒精，挤干，再擦拭显示屏正面。不可用浸水的湿抹布擦拭显示屏。

【清洁标准】

①所有有氧器械表面及正反面无灰尘、无污渍、无汗渍、无异味。

②显示屏表面无灰尘、无污渍、无汗渍。

瑜伽垫、瑜伽球

【清洁步骤】

①选择一块干净的地面，放好要清洁的瑜伽垫和瑜伽球。

②用拧干的湿抹布将其表面的污迹擦拭干净。

③使用稀释后医用消毒水擦拭瑜伽垫、瑜伽球表面，消毒之后放于通风处风干。

【清洁标准】

所有瑜伽垫、瑜伽球表面及正反面无灰尘、无污渍、无汗渍、无异味。

踏板

【清洁步骤】

①将踏板放于稀释后的清洁液中浸泡，用软毛刷子刷洗踏板表面、侧面、底面，去除灰尘、污迹、汗渍。

②清洗干净后，用抹布浸取稀释后的医用消毒水，拧干（以不滴水为宜），擦拭踏板的表面、侧面、底面，然后再用干的洁净抹布擦净水迹。

【清洁标准】

踏板表面、侧面、底面无灰尘、无汗渍。

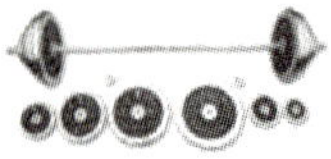
杠铃

【清洁步骤】

①用干净的半干抹布擦拭杠铃的表面、侧面，去除灰尘、污迹、汗迹。

②清洁干净后，用抹布浸取稀释后的医用消毒水，拧干（以不滴水为宜），擦拭杠铃的表面及侧面。

【清洁标准】

杠铃表面、侧面无灰尘、无汗渍、无异味。

哑铃

【清洁步骤】

①用干净的半干抹布擦拭哑铃的表面，去除灰尘、污迹、汗迹。

②清洁干净后，用抹布浸取稀释后的医用消毒水，拧干（以不滴水为宜），擦拭哑铃的表面。

【清洁标准】

哑铃表面无灰尘、无汗渍、无异味。

动感单车

【清洁步骤】

①用干的抹布擦拭单车，要求顺序为：上→下，左→右，内→外。

②将单车的头及螺钉松开，清洁完成后复位。

如遇污渍不易去除，可使用半干抹法。

【清洁标准】

单车从上到下无灰尘、无污渍、无汗渍。

体测仪器

【清洁步骤】

①拿取消毒后拧干的抹布（半干抹布）擦拭仪器表面。

②将擦拭过的仪器归位。

【清洁标准】

仪器表面无灰尘、无污渍、无汗渍。

2. 其他设备、设施类清洁步骤及标准（见表2—5）

表2—5　　其他设备、设施类清洁步骤及标准

设施	清洁步骤	检查位置及要求
空调	1. 空调表面 拿取消毒过的抹布并拧干，将空调表面擦拭干净 2. 空调排风口 拿取湿抹布并拧干，擦拭出风口，将出风口擦拭干净 3. 空调滤网 将空调滤网拆下，先用软毛刷将滤网上的灰尘刷干净，再用清水冲洗，清洗干净后风干，将滤网安装还原	检查位置：表面、出风口、滤网 要求： 空调表面无灰尘、无污渍，表面光亮、有光泽 空调出风口无灰尘、无污渍，表面光亮 空调滤网无灰尘、无污渍，滤网空隙明显
桌椅	拿取消毒后拧干的抹布将桌椅按照从上到下、从左到右的顺序擦拭，包括桌、椅角落。定期进行保养 如有污渍，加清洁剂擦拭	检查位置：桌椅表面、脚、角落 桌椅表面、上下以及角落都干净、无灰尘、无污渍
沙发	用干净的抹布将沙发按照从上到下、从左到右、从里到外的顺序擦拭（包括沙发角落）。定期进行保养	检查位置：沙发表面 沙发表面无灰尘、无污渍、有光泽
灯饰	用半干的抹布擦拭灯饰表面及开关表面	检查位置：灯饰表面 灯饰表面无灰尘、无污渍、明亮

续表

设施	清洁步骤	检查位置及要求
更衣柜	所需要的工具：两块干净的毛巾，一瓶普通清洁剂，一桶热水，一个板刷。 1. 准备一桶热水提到更衣柜的房间 2. 打开要清理的更衣柜 3. 洗净毛巾，拧干，擦拭衣架，并让其自动晾干 4. 拧干毛巾，放一些清洁剂在毛巾上，然后擦拭更衣柜里部 5. 擦拭、衣钩，尤其是上面容易沾染尘土污垢的地方 6. 洗净、拧干毛巾，放清洁剂在上面，继续清洁更衣柜的背面和两边，从上面开始清洁 7. 如果有顽固的污迹或者斑点很难除去，要持续清洗直到污迹、斑点都清洗干净 8. 洗干净毛巾，拧干，放一些清洁剂在毛巾上，然后仔细擦拭更衣柜的门 9. 用一块干的毛巾擦拭刚刚擦过的更衣柜，包括衣钩 10. 关闭更衣柜柜门，洗净毛巾放清洁剂上面，彻底地清洁更衣柜门的前面，尤其是顾客会看得到的地方 11. 清洁后用干的毛巾擦干表面 12. 检查更衣柜是否可以正常使用 13. 退后几步仔细检查是否有漏掉的地方没有清理干净。任何可以看得到的灰尘是不允许的，要把任何遗漏的地方都清洗干净 14. 把干的衣架放回原处，使更衣柜处于备用状态 15. 清洗毛巾和水桶，并放回原处	检查位置：更衣柜表面及内部、衣架、更衣柜内横档 更衣柜无灰尘、无污渍、无异味、能够正常使用 衣架表面无灰尘、无污渍、无锈迹 更衣柜里面无灰尘、无污渍 更衣柜门无灰尘、无污渍 横档表面无灰尘、无污渍
梳妆台	1. 梳子 用软刷蘸上清洁剂顺梳子的纹理刷洗，将梳子用清水冲干净，再用干净的干抹布擦净水迹 2. 吹风机 用消毒后的半干抹布擦拭吹风机表面、电线表面（清洁时需断开电源） 3. 镜面 用玻璃洁具（刮玻璃器、玻璃清洁剂）清洁镜子，清洁镜柜 4. 台面 拿取洗净的半干抹布擦拭梳妆台表面、侧面、底面 5. 抽纸盒 用干净消毒过的抹布擦拭抽纸盒表面	检查位置：梳子、吹风机、镜面、台面、抽纸盒 梳子表面无灰尘、无污迹、无水渍、无头发 吹风机、电线表面无灰尘、无污迹 镜子、镜柜表面无灰尘、无污迹、无锈斑 台面无灰尘、无水迹、无头发 抽纸盒表面无灰尘、无污迹

续表

设施	清洁步骤	检查位置及要求
浴帘	将浴帘拆下，在稀释后的清洁液中浸泡5分钟，用软毛刷刷洗浴帘，用清水冲洗，用消毒后的抹布将浴帘擦拭干净。放于通风处风干，将风干后的浴帘正确悬挂	检查位置：浴帘 浴帘无灰尘、无污渍、无锈渍、无黏附物
淋浴区	所需要的工具：一个板刷，一桶水，一块干净的毛巾，一瓶清洁剂（淋浴或者浴室专用） 1. 关闭淋浴，出示“清洁中”标志 2. 检查沐浴液、洗发水是否需要添加 3. 喷洒清洁剂，清洗淋浴墙、隔板墙的顶部、水管、淋浴头 4. 把排水道上面的挡水板拿出，彻底地刷洗 5. 往排水槽喷洒清洁剂，等候5 min，此期间在其他的淋浴间喷洒清洁剂，同时准备一桶热水 6. 用一块湿的毛巾清洁窗帘的横杆 7. 检查窗帘是否有污点或者损坏。如果窗帘不够干净，马上换一块干净的窗帘 8. 检查窗帘挂钩是否在正确的位置，是否正确地悬挂窗帘 9. 用一个湿的板刷刷洗所有的墙砖，工作的次序要从上往下。要特别注意角落、墙砖的边缘和缝隙、隔板的顶部，因为这些位置很容易沾染灰尘。刷洗时要不断地用热水清洗板刷 10. 彻底地刷洗排水道，尤其是角落等容易积尘土的地方，然后洗净板刷 11. 用一块干净的湿毛巾把墙砖擦干净，在此期间要不断地用热水洗干净毛巾 12. 用湿毛巾擦干净放洗手液的盒子，然后把毛巾洗干净 13. 用湿的毛巾把喷头和管子彻底擦干净 14. 用热水冲洗排水道 15. 把排水道的挡水板放回 16. 退后几步检查是否有遗漏的地方，可以看到的污点是不允许的，要立即处理掉 17. 把漏掉的地方擦拭一遍 18. 清洗板刷、毛巾、水桶 19. 保证所有的工具清洁，然后放回原处	检查位置：淋浴墙、窗帘表面、墙砖、排水道、喷头及管子、挡水板 淋浴墙、隔板墙表面无水垢、无锈迹 窗帘表面无灰尘、无水垢、无锈斑 墙砖表面无水垢、无任何杂物，摸上去无黏滑感，顶部无灰尘 排水道内部及角落无杂物、无黏滑物、无水垢、无锈斑 喷头及管子表面光亮，无水垢、无锈斑 挡水板表面光亮、无污垢、无污迹、无锈斑
淋浴设备	淋浴设备包括淋浴头、把手、皂液盒、出水管。先将淋浴头取下并浸泡在稀释后的清洁剂中。使用浸过稀释后清洁液的抹布按照从上到下、从左到右的顺序涂抹；然后用清水冲洗；最后用消毒后的抹布擦拭	检查位置：淋浴头、把手、皂液盒、淋浴间 淋浴头无锈斑 把手干净、光亮 皂液盒光亮、无锈渍 淋浴间内无异味

续表

设施	清洁步骤	检查位置及要求
卫生间	所需要的工具：一个簸箕，一把扫把，一个水桶，一个板刷，一块“小心地湿（滑）”的标志，一个桶刷，一瓶清洁剂，一双橡胶手套，两块干净的毛巾，榨水车和垃圾袋 1. 将所有的清洁工具带到卫生间，把暂时不用的放在一边 2. 戴上手套 3. 先用簸箕和扫把打扫整个卫生间地板 4. 清空垃圾桶的垃圾，彻底用热水和清洁剂清洗垃圾桶里面和外面，装上垃圾袋 5. 用清洁剂喷洒墙壁和隔板，等候几分钟 6. 出示“小心地湿（滑）”的标志 7. 准备半桶热水 8. 用板刷刷洗刚才喷洒过清洁剂的地方，不断把板刷用热水清洗 9. 特别注意容易沾染灰尘的角落和墙砖的缝隙 10. 用同样的方法清洗卫生间门的背后 11. 用一块干净的湿毛巾擦拭干净的地方 12. 再用干布擦拭刚刚擦过的地方 13. 用拖把抹干地板上的水迹和清洁剂 14. 清理卫生间内所有瓷砖墙壁，小心喷洒清洁剂，注意不要喷到纸巾处 15. 用马桶刷彻底地清洗马桶，包括男卫生间的小便池 16. 用清洁剂喷洒马桶外部和整个卫生间，包括男卫生间的小便池，先用湿布擦拭，然后用干布擦拭 17. 准备一桶热水（记得换水）清洗门的外面，然后用干布擦干 18. 把毛巾拧干，然后擦拭厕所外面的纸巾桶 19. 用拖把清理地面 20. 退后几步检查地板是不是已经干净了，是否有遗漏的地方没擦 21. 检查如卫生纸没了，要及时放纸 22. 清洗所有的工具，并放回原处	检查位置：垃圾桶、墙壁和隔板、地板、马桶、小便池、门、卫生纸筒 垃圾桶表面无灰尘、无污迹、无污垢 墙壁和隔板表面无灰尘、无污垢 地板表面无杂物、无水垢 马桶表面光滑、光亮，无灰尘、无污垢 小便池表面光滑、光亮，小便池喷水处无水垢、无锈斑 门、卫生纸筒表面无灰尘、光亮
卫生洁具	1. 马桶 （1）用浸泡过洁厕剂的马桶刷将马桶内部刷洗干净，用浸泡过洁瓷精的刷子将马桶外部刷洗干净 （2）用清水冲洗马桶 （3）用浸过消毒液的抹布擦拭马桶 2. 水箱 （1）使用浸过稀释消毒液的抹布按照从上到下、从内到外的顺序涂抹，浸泡 5 分钟 （2）用清水冲洗水箱外表面 （3）用消毒后的抹布擦拭水箱	检查位置：马桶、水箱 马桶无灰尘、无污渍、无水渍、无异味 水箱无灰尘、无污渍、无污垢、无异味

续表

设施	清洁步骤	检查位置及要求
卷纸架	先用钥匙打开卷纸架，再用消毒后的抹布按照从上到下、从里到外顺序擦拭	检查位置：卷纸架 卷纸架内外无灰尘、无污渍
洗手盒、洗手台	先用洁瓷精擦拭洗手盆，再擦拭洗手台，浸 2 min 后，用水冲去，洗手台用干净的湿抹布擦拭干净	检查位置：洗手盆、洗手台 表面无水渍、无污渍
洗手液瓶	用干净的湿抹布擦拭表面，然后用干的抹布擦净水渍，保证表面无洗手液，并及时补充洗手液	检查位置：洗手液瓶 表面无洗手液、无灰尘、无水迹、无污渍
烘手机	用干净的湿抹布按照从上至下、从左至右的顺序擦拭，再用干的抹布擦净水渍	检查位置：烘手机 表面无灰尘、无污渍
装饰物	1. 用鸡毛掸掸掉装饰物表面的灰尘 2. 用半干的抹布擦拭 3. 将装饰物归位	检查位置：装饰物表面 表面无灰尘、无污渍，表面颜色鲜明，定位摆放
蒸房	所需要工具：一个软的板刷，一个水桶，一瓶清洁剂，一块毛巾 1. 关闭蒸房 2. 出示“清洁中”标志 3. 拿出塑料地面的栅栏 4. 彻底刷洗栅栏 5. 准备一桶热水 6. 用一块干净的毛巾把蒸房顶部的板擦干净，用一个软的板刷除去污点，但清洁时要十分注意不要留下划痕 7. 清洁蒸房顶部时要特别注意连接处缝隙是否干净，必要时使用板刷 8. 顶部清理结束后，用同样的方法清理墙面和座位。清理工作要按照从顶部开始到地面的顺序进行 9. 因为墙面和座位的连接缝隙处很容易弄脏，所以请特别注意 10. 清理座位下面 11. 塑料板清洁完毕后，彻底地刷洗地面瓷砖 12. 彻底地清理排水道，尤其是污物和头发 13. 退后几步检查是否有遗漏之处。整个蒸房都要干净，任何能看到的灰尘都是不允许的，要把任何遗漏的都清理干净 14. 换上干净的地垫 15. 打开蒸房 16. 拿走“清理中”的标志	检查位置：蒸房墙面、座位、地面、顶部、塑料板 蒸房墙面和座位无头发、无死皮，表面无划痕 地面无灰尘、无污渍、无头发、无污物 顶部无污渍、无灰尘 墙面和座位连接缝隙处无异物 塑料板表面无污迹、无异物

续表

设施	清洁步骤	检查位置及要求
干蒸房	所需要工具：一个扫地刷，一个簸箕，一个板刷，一个水桶，一个拖把，一块毛巾，一瓶清洁剂 1. 关闭电源，出示“清洁中”标志 2. 把可以移动的木地板和所有的木制的东西取出，拿到一个方便清洁的地方 3. 准备一桶热水，并放入些清洁剂 4. 用板刷彻底清洁所有的木地板，放一旁晾干 5. 准备一桶热水用拧过的湿布小心清理干蒸房的天花板，清洗时不断清洁毛巾，拧干 6. 擦拭完顶部后擦拭墙壁，从上往下 7. 擦拭门的里面 8. 擦拭里面的窗户 9. 用板刷擦拭座位，保证所有的角落和连接处是完全干净的 10. 经常换水，保证水是温的 11. 擦拭桑拿炉的外面，但首先要保证它已降温 12. 用一个有把柄的拖把或者刷子尽可能地擦拭座位下的墙壁 13. 把垃圾扫到簸箕里，然后倒掉 14. 拖地 15. 把移动的木地板和其他所有木制的东西放回去，整齐地放在合适的位置 16. 退后几步检查是否有遗漏的地方，任何可以看到的灰尘是不允许的，把任何遗漏的地方清洗干净 17. 清洁并刷洗干蒸房的外面和整个桑拿房 18. 擦拭玻璃窗户的外面 19. 拿走“清洗中”的标志 20. 打开开关 21. 10 min 后再确认一下干蒸房是否正常工作	检查位置：干蒸房墙壁、地板、房门、桑拿炉、木地板 干蒸房墙壁表面无灰尘、无污迹 干蒸房地板表面无灰尘、无污迹 干蒸房门表面无手印、无灰尘 干蒸房玻璃表面清洁 桑拿炉运行正常 可移动的木地板无灰尘、无杂物
地板	所需要的工具：一个扫把，一个簸箕，一个拖把，一个榨水车，一瓶清洁剂 1. 在拖地之前，先用扫把扫一下要拖的地方。如果不先清扫，灰尘都会留在拖把上 2. 把垃圾扫到簸箕里面，然后倒掉 3. 用热水清洗拖把，水车里要装足够多的热水 4. 把一定量清洁剂放入水车中 5. 把拖把放入水车中扭转清洗，要注意不要流出水滴 6. 出示“小心地湿”的标志 7. 把拖把拧干，然后拖地	

续表

设施	清洁步骤	检查位置及要求
	8. 重复此过程直到地面干净，要勤换掉脏水 9. 把拖把洗干净、拧干，把抹过的地方用几乎干的拖把再抹一遍，这样就可以把留在地板上的水迹抹干 10. 退后几步检查是否有遗漏的地方 11. 把工具清洗干净，放回原处 12. 地面晾干之后，拿走“小心地湿”的标志	检查位置：各处地板表面及角落 地板表面及角落无杂物、无水迹
化纤地毯	所需要的工具：吸尘机，地毯刷，喷雾器，吸水机，清洗机，清洗剂 1. 用吸尘机全面吸尘 2. 稀释清洗剂，也可注入水箱 3. 在地毯上全面喷洒清洗剂 4. 作用10～15 min后，污渍脱离纤维 5. 用清洗机抽洗，操作向后行走并使每操作行有一部分重叠，最少经过两次抽洗 6. 地毯在清洗的同时，用吸水机吸净已清洗完的地毯 7. 让地毯完全干透。为加快地毯干透，可使用地毯吹干机	检查位置：地毯表面 直视表面色彩一致、无污迹、无霉斑 直视无毛感、无绒面倒顺现象 手摸地毯感觉干燥、绒面蓬松、有弹性、舒适
纯毛地毯	所需要的工具：带地毯刷和打泡机的单盘擦地机，地毯梳或耙，吸尘机，地毯高泡清洗剂 1. 用吸尘机全面吸尘 2. 局部处理。用专用的清洗剂将地毯上的油渍、果渍、咖啡渍单独进行处理 3. 稀释地毯泡沫清洗剂，注入打泡箱 4. 用手刷处理地毯边缘、角落和机器推不到之处 5. 用装有打泡机、地毯刷的单盘擦地机刷洗地毯 6. 用地毯梳或耙梳起地毯纤毛。这对地毯外观非常重要，尤其是纤维较长的棉绒地毯，而且有加快地毯干燥作用 7. 让地毯毛完全干透 8. 用吸尘机吸去污垢和干泡结晶体	检验位置：地毯表面 直视表面色彩一致、无污迹、无霉斑 直视无毛感、无绒面倒顺现象 手摸地毯感觉干燥、绒面蓬松、有弹性、舒适

3. 各区域清洁标准（见表 2—6）

表 2—6　　各区域清洁标准

区域	具体内容	清洁标准
前台 	台面	表面、侧面、台脚无灰尘、无污迹、无污垢、无杂物
	陈列物	陈列物表面无灰尘、无污垢，陈列整齐
	地面	无灰尘、无杂物、无水迹
	垃圾桶	表面无灰尘、无污垢，垃圾不超过 1/3，无异味，定位摆放
运动区域（有氧区、力量区、球室、操房、单车房）	地砖 PVC 地板	直视地面表面平滑，无灰尘、无垃圾杂物、无水迹，光泽柔和，质感凝重，表面无划痕
	地毯	直视表面色彩一致，无污迹、无垃圾、无霉斑、无毛感、无绒面倒顺或破损现象
	天花板、栏杆、墙面、柱面	直视表面无灰尘、无污垢、无污迹、无水迹、无手印，用棉布擦拭表面无灰尘，用棉布擦拭缝隙无污垢，侧视表面光泽均匀，光亮一致
	玻璃及金属框架、镜面	直视玻璃表面、镜面无折光现象，无灰尘、无污垢、无污迹、无水迹、无手印；直视玻璃间周围的金属框架，光泽明亮，表面无灰尘、无污迹、无污垢、无水迹、无手印；用棉布擦拭玻璃及金属框架的接缝，无灰尘、无污垢；手摸玻璃及金属框架的接缝，无溢缝、无残留硅胶
	有氧操房、瑜伽房	地板清洁无垃圾杂物，地面光滑、无污渍、无汗渍；音响设备表面光洁无尘；杠铃、踏板、踏板垫、瑜伽球、瑜伽垫等物品表面清洁无尘，定时消毒，无异味；镜面、栏杆表面光亮无尘、无水渍污渍、无手印
	健身器械、设备	按照健身设备清洁步骤进行清洁

续表

区域	具体内容	清洁标准
办公区 	地面	无垃圾、无杂物、无污垢、无水迹
	墙面	无浮灰、无尘网，清洁无污迹
	桌椅	摆放整齐，桌面椅面清洁无灰尘、无水渍、无污迹
	办公设备	用棉布擦拭表面无灰尘、无污渍
浴区（淋浴间、更衣间）  	空间、洗脸盆、水龙头、化妆镜、更衣箱	内部空间无灰尘飞扬、无异味，直视化妆镜无污迹、无污垢、无水迹；用棉布擦拭化妆镜、台表面及四周外围，无灰尘、无污垢；用干净抹布擦拭洗脸盆、溢水孔，无污垢；洗脸盆、水龙头上下水通畅、无障碍；洗脸盆釉面光泽均匀，金属水龙头明亮、无水渍、无污垢；各纸架内卷筒纸有存量；更衣箱内及顶部无灰尘、无杂物、无异味
	地面	无杂物、无积水
	排水沟	无杂物、无满溢、无异味、无堵塞
	过滤挡板和防滑地毯	清洁无污垢
	给皂器	表面无皂液、无灰尘、无污垢，内装皂液不少于容积的1/3
休闲区（营养吧、接待室、休息室） 	营养吧、接待室、休息室	空气清新、无异味，无灰尘飞扬；地面清洁无垃圾、杂物、无污渍水渍；墙面清洁无污渍，用棉布擦拭缝隙，无灰尘、无污垢；物品摆放整齐；卖品及展台用棉布擦拭表面无灰尘、无污渍
卫生间 	空间、洗脸盆、水龙头、化妆镜	内部空间无灰尘飞扬、无异味；直视化妆镜无污迹、无污垢、无水迹；用棉布擦拭化妆镜、台表面及四周外围，无灰尘、无污垢；用干净抹布擦拭洗脸盆、溢水孔，无污垢；洗脸盆、水龙头上下水通畅、无障碍；洗脸盆釉面光泽均匀，金属水龙头明亮、无水迹、无污垢；各纸架内卷筒纸有存量

续表

区域	具体内容	清洁标准
公共区域 	马桶、小便池	外部表面无污垢，用棉布擦拭边角无灰尘、无污垢；直视马桶、小便池内部无污垢、无污迹、无锈迹，上下水通畅
	走道、楼梯	空气清新，无异味、无尘土飞扬；地面清洁无垃圾杂物，地面光滑、无污渍、无水渍；大理石地面需定期护理保持光洁度；墙面无灰尘、无污渍，用棉布擦拭缝隙，无污垢；楼梯扶手无灰尘、无污渍，用棉布擦拭缝隙，无污垢；楼梯扶手玻璃无灰尘、无污渍、无水迹，用棉布擦拭缝隙，无污垢
	通风口、网架、天花板、管道	天花板表面、通风口百叶窗、灯饰、网格等无灰尘；直视表面无污垢，尘网无上次作业遗留的手印；仔细观察表面无缺损、无色差；仔细观察金属饰物表面有光泽感；通风口、管道等通畅
	垃圾桶	内置垃圾袋，垃圾不超过容积 1/3，无强烈异味，表面无污迹、无污渍
	灯具、饰物	棉布擦拭表面无灰尘，直视无手印、无破损
游泳池 	地面	无垃圾杂物、无积水
	墙面	清洁无污渍
	躺椅及桌子	摆放整齐，桌面椅面清洁无水渍、无污渍
	救生用具	摆放整齐，无灰尘、无污渍
绿化带 	绿化	各区域均有绿化植物，并保持绿叶表面光亮，无灰尘，盆内无烟灰杂物，盆外四周洁净，盆底无积水

2.3.4　清洁物料使用方法及规范（见表 2—7）

表 2—7　　清洁物料使用方法及规范

清洁物料名称	使用方法及规范	注意事项
地板清洁剂	根据地板清洁剂的使用说明进行稀释使用	妥善存放，不可误食。严禁儿童接触
洁瓷剂	水湿被洗物表面，洒本品少许或直接蘸取本品刷洗，然后用水冲净。切勿溶于水中使用	妥善存放，不可误食。严禁儿童接触
玻璃清洁剂	距玻璃 20～30 cm 处适量喷洒，喷洒均匀，用干净布擦拭即可	忌食。勿让儿童接触。清洁家电时需拔掉电源。若不慎溅入眼中，立即用清水冲洗，然后找医生咨询诊治
地毯清洁剂	用喷雾器将稀释后的清洁剂喷洒于地毯上	妥善存放，不可误食。严禁儿童接触
静电除尘剂	用喷雾器将除尘剂均匀喷洒在尘推底部，晾干后即可使用，用后不用水洗	妥善存放，不可误食。严禁儿童接触
不锈钢清洁剂	将本品喷洒于物体表面，然后用软布擦拭或加压喷洗	妥善存放，不可误食。严禁儿童接触
84 消毒液	按说明书配制使用 本液体为外用消毒液。高浓度对皮肤、金属器械和带色物有腐蚀和脱色作用	妥善存放，不可误食。严禁儿童接触
面蜡	使用干净蜡拖涂于地面，并用抛光机抛光	妥善存放，不可误食。严禁儿童接触
洁厕剂	对于一般污迹，用拖布浸透洁厕剂，然后涂于待清洗表面，保留数分钟后用清水冲洗	禁止与漂白剂、含氯物质混用。禁止与大理石接触。远离儿童
全能水	使用时请保持空气流通，如用于油漆表面，要用稀释溶液 1. 将本品原液或稀释液洒在物件表面，稍待片刻用刷子轻刷后过水即可（若清洗门窗或玻璃墙则无须稀释） 2. 将本品原液或稀释液倒进洗地机的水箱，边洗边刷，然后过水即可 3. 直接用浸有本品的软布擦拭物件表面	妥善存放，不可误食。严禁儿童接触

2.3.5 清洁工具及营运器具的消毒流程

1. 清洁工具的消毒流程（见表2—8）

表2—8 清洁工具的消毒流程

工具名称	消毒流程
抹布	将已清洗干净的抹布，按不同颜色（使用区域不同）分别放入不同的消毒桶中浸泡消毒（浸泡时间参照消毒液使用说明）。用手搓洗每一块抹布，拧干后放在指定通风处风干，标准定位，以备使用
拖把	将拖把头拆下，浸泡于消毒桶中进行（浸泡时间参照消毒液使用说明），拧干后放在指定通风处风干，标准定位，以备使用
水桶	用配比后的消毒液喷洒水桶内外，用抹布擦拭干净
垃圾桶	用配比后的消毒液浸泡或喷洒于垃圾桶内外
注意事项：在消毒之前所有的物品必须是清洁干净的	

2. 营运器具的消毒流程（见表2—9）

表2—9 营运器具的消毒流程

工具名称	消毒流程
瑜伽垫	用配比后的专用医用消毒液喷洒
瑜伽球	用配比后的专用医用消毒液喷洒
踏板	用配比后的专用医用消毒液喷洒
杠铃	用配比后的专用医用消毒液喷洒、浸泡、风干
哑铃	用配比后的专用医用消毒液喷洒、浸泡、风干
注意事项：在消毒之前所有的物品必须清洁干净。有氧器械必须使用专用的医用消毒液进行消毒	

2.3.6 日清流程

1. 开业前保洁流程（见表2—10）

表2—10 开业前保洁流程

区域	工作内容	清洁要求
前台	台面	擦拭台面及陈列物表面
	地面	认真拖拭前台地面

续表

区域	工作内容	清洁要求
运动区域	教练岛、体测室	整理教练岛、体测室，将所有物件摆放整齐；擦拭教练岛桌面
	健身器械	用干抹布将健身器械表面从上至下、从左至右擦拭干净
	垃圾收集	将垃圾袋装好，定位摆放
	地面	用尘推拖拭地面
卫生区	卫生间	将洗手区洗手液、垃圾桶、手纸摆放整齐，并补足物料
	地面	清扫、拖拭地面
	垃圾桶	将垃圾袋装好，定位摆放
浴区	更衣柜	用消毒抹布擦拭更衣柜内部
	所有物料	检查、补充所有不足物料
	镜面、玻璃	用玻璃清洁剂清洁镜面、玻璃表面
	更衣室	拖拭地面
办公区	地面、墙面	拖拭使地面无灰尘、无污迹，墙面无污迹
	桌椅	用抹布擦拭、使其明亮洁净、无污迹
	镜面、玻璃	用玻璃清洁剂清洁镜面、玻璃表面
	办公用品	用抹布擦拭，使其表面无灰尘，摆放整齐
操房	瑜伽房	将安排有瑜伽课程的瑜伽房内地板拖拭干净

2. 正常营业时保洁流程（见表2—11）

表2—11　　正常营业时保洁流程

区域	工作内容	清洁标准	清洁方式	清洁、检查频次	清洁时间
前台	陈列物	前台陈列物摆放整齐，表面无灰尘	擦拭摆放	多次	每1小时巡视1次，并做清洁
	地面	保持前台区域无杂物、无灰尘、无水迹	清扫拖拭	多次	
	垃圾桶	保持垃圾无满溢、无异味，垃圾不超过2/3	清洗	多次	

续表

区域	工作内容	清洁标准	清洁方式	清洁、检查频次	清洁时间
运动区域	PVC 地面	用尘推拖拭，保持无灰尘	清扫拖拭	多次	每1小时清洁1次（高峰时不进入运动区域进行清洁，除遇必须清洁的突发事件）
	楼梯、扶手	保持表面无灰尘、无污迹	拖拭	多次	
	天花板、栏杆	保持目视干净、无尘灰、无蜘蛛网	擦拭	多次	
	玻璃、镜面	保持无尘灰，无明显手印，无汗迹	擦拭	多次	
	健身器材	保持器材无汗迹	擦拭	2次	高峰前、结业后
	垃圾桶	保持桶无满溢、无异味，垃圾不超过2/3	清理	2次	高峰前、结业后
	绿化	保持叶子表面光亮、无污迹	擦拭	多次	每1小时清洁1次
卫生间	门、门框	保持门、门框无灰尘、无污垢、无水	擦拭	多次	每1小时清洁1次
	开关表面	保持表面无灰尘、无污迹、无污垢	擦拭	多次	
	洁具	保持洁具表面无水迹、无异味、无堵塞	清洗擦拭	多次	
	洗手台	表面光亮，无水迹、无杂物、无积水、各物品摆放正确	擦拭	多次	
	镜面	保持表面无灰尘、无水迹、无水印	擦拭	多次	
	垃圾桶	桶内无满溢、无异味，垃圾不超过2/3	清理	多次	
	地面	保持地面干净，无水迹、无杂物	清理	多次	
	清洁工具	定位摆放，保持工具清洁	清洗	多次	

续表

区域	工作内容	清洁标准	清洁方式	清洁、检查频次	清洁时间
浴室	地面	保持无杂物、无积水	清洗	多次	每1小时清洁1次
	垃圾桶	垃圾桶内无满溢、无异味，垃圾不超过2/3	刷洗	多次	
	更衣柜	保持更衣柜无异味、无灰尘	擦拭	多次	
	浴具	表面光亮、无水垢	擦拭	多次	
	镜面、玻璃	保持表面光亮、无污迹、无水迹	擦拭	多次	
	排水沟	保持无满溢、无异味、无堵塞、无头发	清洗 刷洗	多次	
办公室、休闲区	地面、走道、楼梯	无灰尘、无杂物、无污迹	清扫拖拭	2次	开业后清洁1次 结业后清洁1次
	桌椅	明亮清洁、无污迹	擦拭	2次	开业后清洁1次 结业后清洁1次
	玻璃、镜面	目视洁净、光亮，无灰尘、无污垢	擦拭	1次	开业后清洁1次
	办公用品	摆放整齐，表面无灰尘、无污迹	擦拭	1次	开业后清洁1次
游泳池	地面	无破损、无污迹、无垃圾、无积水	清理	多次	每1小时1次
	门窗	干净、整洁，无破损、无水迹	擦拭	多次	
	照明灯	灯具洁净，灯罩明亮无灰尘	清理	多次	
	消毒池	消毒水不少于消毒池容积2/3	补充	多次	
	墙面	无灰尘、无污迹	擦拭	2次	开业后清洁1次 结业后清洁1次

3. 结业时保洁流程（见表2—12）

表2—12　　结业时保洁流程

区域	工作内容	清洁要求
前台	台面	用消毒后的半干抹布进行擦拭、消毒前台台面
	陈列物、装饰物	用消毒后的半干抹布擦拭陈列物表面，并将前台陈列物归位摆放
	地面	先清扫地面，将地面拖拭干净，保持无杂物、无灰尘
	垃圾桶	收集垃圾，并清洗、消毒垃圾桶，将其归位风干
运动区域	运动区域门、门框	用湿抹布擦拭门及门框表面
	教练岛	用半干消毒后的抹布擦拭教练岛表面、侧面
	体测室地面	先清扫地面杂物，再拖拭地面
	健身器材	用半干消毒后的抹布擦拭健身器材，顺序为从内到外、从左到右，再用干的抹布擦净水迹
	镜面、镜框	用玻璃清洁剂清洁镜面，并用半干的抹布擦拭镜框
	营养品展示柜	用半干的抹布擦拭表面
	PVC地面	用尘推拖拭地面（包括器械底下、玻璃窗下地面）
	绿化	叶子表面光亮、无污迹，花盆表面无泥垢，拖盘中无积水、无泥垢
	垃圾桶	更换垃圾袋，并清洗、消毒垃圾桶，将其归位风干
公共区域	楼梯、扶手、侧面	用消毒后的抹布擦拭表面
	走道	先清扫表面，用拖把拖拭走道
卫生间	门、门框、把手	用消毒过的抹布擦拭表面
	隔板	先清洗隔板表面，再用消毒后的抹布擦拭干净
	洁具	先用洁瓷精清洁，再用消毒后的抹布擦拭（包括马桶、小便池）
	洗手台、水龙头	用洁瓷精清洁洗手台、水龙头表面
	垃圾桶	更换垃圾袋，并清洗、消毒垃圾桶，将其归位风干
	排风口	清洁排风口
	地面	先清扫地面杂物，再用消毒过的拖把拖拭地面，保持地面无积水

续表

区域	工作内容	清洁要求
浴区	梳妆台、吹风机、梳子	用消毒后拧干的抹布擦拭梳妆台、吹风机表面，刷洗梳子
	更衣柜	用消毒后拧干的抹布擦拭表面、内部，并打开通风
	更衣间长凳	用消毒后抹布擦拭表面、长凳腿
	浴帘	用洗洁精清洗、消毒浴帘，并归位风干
	隔间	用洗洁精清洗隔间墙面
	浴具	用洁瓷精清洁浴具表面，将淋浴头拧下来浸泡在稀释过的醋精中去除水垢
	排水沟	清洗排水沟挡板，刷洗排水沟
	垃圾桶	更换垃圾袋，并清洗、消毒垃圾桶，将其归位风干
	地面	先清扫地面，再用清洗液清洁地面
办公室、接待室	地面	先清扫地面，再用清洗液清洁地面
	桌椅	用消毒后的抹布擦拭桌椅表面、腿
	办公用品	用消毒后的抹布擦拭，并摆放整齐
	垃圾桶	更换垃圾袋，并清洗、消毒垃圾桶，将其归位风干
游泳池	门、窗	用消毒过的抹布擦拭表面
	消毒池	用刷子刷洗消毒池，并用消毒抹布进行消毒
	地面	先清扫地面，再用清洗液清洁地面
	垃圾桶	更换垃圾袋，并清洗、消毒垃圾桶，将其归位风干

4. 操房的清洁安排（见表2—13）

表2—13　　操房的清洁安排

时间安排	清洁要求
操课开始前30 min	1. 整理操房，将有氧器械摆放整齐
	2. 清洁、拖拭木地板
	3. 用浸过消毒水的抹布擦拭操房的不锈钢扶手
下一堂操课开始前15 min	1. 将上一堂课的有氧器械整理干净
	2. 快速用干的尘推将地板上的汗水拖干净

续表

时间安排	清洁要求
全部操课结束	1. 将所有的有氧器械进行清洁、消毒、风干处理
	2. 擦拭操房的所有镜子
	3. 擦拭操房不锈钢扶手
	4. 快速用尘推清理、拖拭地面
	5. 将风干后的有氧器械按照摆放标准摆放整齐

备注：以上的清洁是指所有的操房。所有操房都是按照这 3 个时间点来进行的。

5. 单车房的清洁安排（见表 2—14）

表 2—14　　单车房的清洁安排

时间安排	清洁要求
课程开始之前 30 min	1. 将单车房的单车摆放整齐（包括教练台）
	2. 用拖把将单车房内的地面拖拭干净（包括教练台）
下一堂课程开始前 15 min	1. 将单车房内杂物整理干净，单车摆放整齐
	2. 用干的抹布将每个单车上的汗渍擦拭干净
	3. 快速用干的拖把将地板上的汗水擦干净
课程结束后	1. 用浸过消毒水的抹布擦拭所有的单车，再用干的干净抹布擦拭所有单（包括教练的单车），将每个单车螺钉松开
	2. 快速用拖把将地面清理、拖拭干净

2.3.7　其他规定

1. 周清表（见表 2—15）

表 2—15　　周清表

安排日期	清洁位置
星期一	更衣柜、拖鞋
星期二	浴室浴帘、下水沟
星期三	卫生间墙面及隔间
星期四	办公室、休闲区墙面
星期五	单车房玻璃及地毯
星期六	休息
星期日	空调排风口、空调滤网

2. 月清执行计划及标准流程（见表2—16）

表2—16 **月清执行计划及标准流程**

安排日期	清洁位置	清洁流程	清洁要求
每月7日	配电间	1. 清理配电间 2. 用鸡毛掸掸掉墙面上的灰尘 3. 用湿的抹布擦拭配电箱及防火箱的表面 4. 清扫配电间地面 5. 擦拭配电间地面 6. 擦拭配电间的门	1. 配电间内无任何杂物 2. 墙面上无灰尘、无蜘蛛网 3. 配电箱表面无灰尘、无污迹 4. 地面上无灰尘、无水迹、无污迹 5. 配电间门上无灰尘、无污迹，表面有光泽、颜色鲜明
	配电柜	1. 清理配电柜 2. 擦拭配电柜表面及内部灰尘 3. 擦拭配电柜玻璃	配电柜内保持无任何杂物，配电柜表面无灰尘、无污迹，配电柜玻璃明亮、无灰尘
每月17日	营养吧、展示柜及卖品展示柜	1. 打开展示柜将展示品或卖品取出 2. 整理展示柜、卖品柜 3. 用干净的湿抹布擦拭展示柜、卖品柜表面及内部 4. 用干净的干抹布擦拭展示的营养品或卖品 5. 将干净的展示品或营养品放回展示柜并摆放整齐	1. 展示柜表面及内部表面无灰尘、无污迹，表面玻璃明亮、透明 2. 营养品表面及卖品表面无灰尘、无污迹 3. 营养品及展示品摆放整齐
每月27日	营养吧储物室及卖品冰箱	1. 整理储物室及卖品冰箱 2. 将冰箱关掉电源 3. 将储物柜和冰箱内的物品拿出 4. 用干净的湿抹布擦拭储物柜及卖品冰箱表面及内部 5. 用蘸有消毒水的抹布再次擦拭储物柜及冰箱的内部及表面 6. 清洗储物室的洗手槽	1. 储物室及冰箱内物品摆放整齐 2. 储物室、储物柜、冰箱无异味 3. 储物柜、冰箱表面无灰尘、无污迹，内部无灰尘、无水迹、无污迹 4. 储物室内洗手池干净、光亮

3. 保洁专项安排及检验标准（见表 2—17）

表 2—17　　保洁专项安排及检验标准

专项内容	保养方式	频率	专项所需工具	检验标准
外墙玻璃	清洗	1 年 2 次	刮玻璃器、梯子、玻璃清洁剂、抹布、百洁布、水桶、拖把	1. 玻璃上无灰尘、无手印、无水迹、无污迹，表面光亮、透明 2. 玻璃外框上无灰尘、无污迹 3. 玻璃内框上无灰尘、无污迹 4. 玻璃上的装饰物无灰尘、无污迹
外墙	清洗	1 年 2 次	抹布、百洁布、水桶、配比后的清洁剂	外墙表面无灰尘、无污迹
木质墙面	上光清洁	1 年 2 次	抹布、百洁布、水桶、配比后的清洁剂、面蜡、蜡推、尘推油	1. 木质墙面无灰尘、无水迹、无污迹，表面光亮，有光泽，光泽度饱满 2. 地面无灰尘、无水迹、无污迹
石质地面、墙面	清洁、打蜡/补蜡/抛光	1 年 2 次	扫把、簸箕、拖把、水桶、尘推、尘推油、面蜡、高速抛光机、自动洗地机	石质地面无灰尘、无水迹、无污迹，表面光亮，有光泽
木地板	清洁、打蜡/补蜡/抛光	1 年 2 次	尘推、尘推油、清洁剂、面蜡、蜡推	木地板面无灰尘、无水迹、无污迹，表面光亮，有光泽，光泽度饱满
PVC 地面	清洁/打蜡	3 个月 1 次	扫帚、簸箕、拖把、水桶、尘推、面蜡、蜡推	PVC 地面无灰尘、无水迹、无污迹
地毯（化纤地毯）	清洗/保养	半年 1 次	地毯刷、喷雾器、吸水机、清洗机、清洗剂	1. 直视表面色彩一致，无污迹、无霉斑 2. 直视无毛感、无绒面倒顺现象 3. 手摸地毯感觉干燥，绒面蓬松、有弹性、舒适
地毯（纯毛地毯）	清洗/保养	3 个月 1 次	带地毯刷和打泡机的单盘擦地机、地毯梳或耙、吸尘机、地毯高泡清洗剂	1. 直视表面色彩一致、无污迹、无霉斑 2. 直视无毛感、无绒面倒顺现象 3. 手摸地毯感觉干燥，绒面蓬松、有弹性

续表

专项内容	保养方式	频率	专项所需工具	检验标准
沙发（布艺沙发、真皮沙发）	清洗/保养	1年2次	沙发刷、喷雾器、吸水机、桑拿机、高温清洁机、高泡除渍剂	1. 直视布艺沙发表面色彩一致、无灰尘、无污迹、无霉斑 2. 直视布艺沙发无粘连物、无水迹 3. 沙发腿表面无灰尘、无污迹、无污垢 4. 手摸沙发表面柔软、光滑 5. 布艺沙发交接处内部无灰尘、无异物

4. 节能规范（见表2—18）

表2—18　节能规范

节能物品	节能规范要求
耗品	1. 耗品工具按照标准方法操作（具体见清洁工具的使用方法、标准和保养） 2. 清洁物料按照具体用途的标准配比，不可随意更改比例，造成不达标或浪费
电	1. 尽量不在营运高峰时使用用电设备 2. 设备使用完成后及时关闭电源，不让设备处于待机状态
水	1. 清洁所有设备或设施时要严格按照清洗步骤来进行操作 2. 在接水时要有人在旁边，接好后应及时关闭水龙头（不要将水龙头一直开着或是人不在水却在流） 3. 必须将水资源循环利用

2.4 健身俱乐部运营环境和设施的维护及管理

2.4.1 工程维修人员的主要工作职责及岗位描述（见表 2—19）

表 2—19　　工程维修人员职位说明书

基本信息	职位名称：工程维修人员	所属部门：健身俱乐部运营部
	责任上级：运营部经理	责任下属：无
工作关系	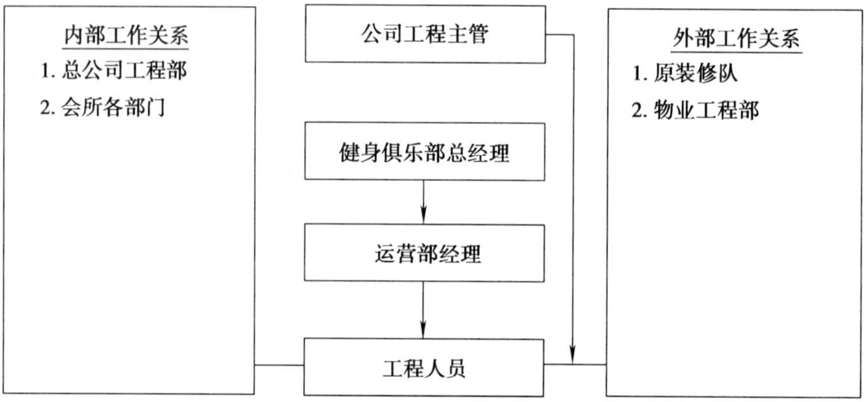 	
工作概要	负责健身俱乐部硬件设施的维护，水电工程方面的维修，以及运营部经理交办的其他事情。各俱乐部日常工程维护、维修	
主要职责	1. 负责健身俱乐部器械的维护及修理 （1）每日上班进行所有器材的巡查，保障水、电及硬件设施设备的正常运行 （2）及时解决器械故障问题 （3）如需器材厂商修理，要及时联系并在损坏的器材上加挂“维修暂停用”指示牌 （4）定期保养器材 2. 定期检查音响设备，并对其进行维护，如有损坏要及时修理 3. 对健身俱乐部内照明设施进行维护和更换 4. 更衣室及卫生间等设施的维护 （1）更衣室内吹风机的维护及维修 （2）饮水机的维护 （3）更衣室内面盆的维护及维修 （4）卫生间设施的维护及维修 （5）更衣柜的维护及维修 （6）水龙头的维护及维修，如出现漏水现象及时修理	

续表

	(7) 桑拿房的维护及维修 5. 墙面、地板、地面的维护及维修 6. 对突发事件的及时处理 (1) 停水、停电时及时处理问题，保障健身俱乐部的正常运行 (2) 出现漏水情况要及时解决，避免出现更严重的问题 (3) 健身俱乐部内电视信号中断时要及时进行处理 7. 协助健身俱乐部内装修工作，进行监督和管理 8. 配合其他部门的活动		
其他工作	上级布置的其他临时性工作		
权限	无		
任职资格	内容	必备条件	期望条件
	教育水平	初中以上学历	—
	外表要求	身体健康	能适应登高工作（5 m 以下）
	工作经验	从事酒店业或相关服务性行业的工程维护工作 1 年	从事酒店业或相关服务性行业的工程维护工作 1 年以上
	技能与能力	初级电工证书	中级电工证书，司炉工证书
	个性与品质	诚实	有耐心，肯动脑，对本职工作有兴趣
薪酬待遇	工资＝基本工资＋岗位津贴＋工作表现奖＋餐费		

2.4.2　健身设备的保养

健身俱乐部的健身设备的日常简单保养大多由健身俱乐部的教练部负责，并确保健身设备在正常运营条件下工作。工程维修人员按规定定期检查和重点保养健身设备。

1. 跑步机保养

在不加以保养的情况下，跑带和跑板通常在使用两年后就已经基本接近报废的程度，同时也会影响跑台的整个驱动系统。在保养的情况下，跑带和跑板的寿命可延长一倍。因此，定期保养可为马达和驱动器提供安全可靠的工作环境，以降低故障率，减少维修费用的支出。

健身俱乐部一般规定跑步机保养由教练部经理负责，全体教练具体实施。保养所需的物品包括：内六角、十字和一字旋具，活扳，吸尘机，毛刷，硅油。具体的保养要求为：每日检查跑带最佳张力和偏移量，进行调整，每周清洁一次马达及前后滚轮，每月一次为跑带加油 20 mL。

教练部经理必须确保保养跑步机的教练掌握调整跑带的最佳张力和偏移量以及正确为跑步机加油的方法。

（1）跑步机保养的安全注意事项

1）跑带下的跑板只能用干的清洁用具清洁。

2）不能用清洁剂清洁跑板。

3）机台和仪表不能有液体进入。

4）拆机台的马达护盖前，必须先关闭跑步机电源（有必要拔掉电源线）。

5）靠近跑带或滚轮等传动部位时需把长发和衣服束好，确保安全。

（2）调整跑带的最佳张力和偏移量的方法。当运动者在跑步机上跑时，脚底有打滑的感觉时，便需要调节跑带。把跑带调节器放入跑步机后端两侧的螺钉孔内，各顺时针调节 1/4 圈，直到打滑现象消失。特别注意的是每次调节量不能超 1/4 圈。

当跑带有不居中现象时，即有一侧较近贴近跑步机边部，便需要调整跑步带位置。将跑步机加速到中速（8 km/h 左右），将跑带调节器放入跑带较贴近跑步机边部一侧的后端螺钉孔，顺时针调节 1/4 圈，此时跑带有一个自动复位的过程，等待约 1 分钟后，如自动复位不够，再顺时针调节 1/4 圈，直到跑带完全居中为止。特别注意的是每次调节量不能超 1/4 圈。在调节跑带时一个自动复位的过程，要有一个等候的过程（约 50 s）。注意不要把跑带调得过紧，只要将其调整到在上面跑步时不打滑即可。调得过紧会影响跑带、滚轮及传动部件的寿命。

（3）为跑带加润滑油的方法。用跑带调节器调节跑带，把跑带松开，先用略湿的毛巾清洁跑带，再清洁跑板；然后把跑步润滑油打 S 形在跑板上面。使用一个月加一次油，每次加 15～20 mL 左右。加油后调好跑带张力，然后在跑步机上漫步 5 min，使之充分润滑。

（4）正确使用和维护跑台触摸屏。跑台的触摸屏为四线电阻式，触摸屏表面有一层几微米的特殊涂层，一旦该涂层被刮伤，触摸屏的功能便失效。故其使用寿命与正确的使用和维护有直接关系。当发现显示屏上有汗迹或水迹时应立即清洁，具体流程为：先关机或将界面切换至电视状态，然后用干净的棉质抹布沾有少量中性电脑清洁剂/医用酒精/纯净水擦洗，严禁用手指甲或其他尖锐物触碰或覆盖显示屏。

2. 动感单车保养

在不加以保养的情况下，车架极易被汗迹腐蚀，调节旋钮咬死，刹车失灵。而在正确保养的情况下，将大大减缓单车的老化。

健身俱乐部一般规定动感单车保养由教练部经理负责，全体教练具体实施。保养所需的物品包括：内六角、十字和一字旋具，活扳，毛刷，黄油，单车曲柄拔腿器。具体的保养要求为：每日用半干抹布擦洗单车表面支架，检查中轴螺钉是否松动，脚踏与曲柄转动是否顺畅无异音；每周检查、调整刹车片与刹车线灵敏度，并为单车活动件处加油；每月检查、调整链条松紧度、飞轮偏摆度，为链条加黄油或机油润滑剂，在刹车片、飞轮和套筒上加硅润滑剂来进行维护。

每位实施保养的教练必须掌握正确的拆卸左右曲柄，拆卸和安装脚踏，调整链条的松紧度和调整飞轮的偏摆度的技能。

如动感单车的链条松动，可按以下步骤调整：

（1）先把单车固定飞轮两侧的固定螺钉放松。

（2）找到前车架两个拉伸螺钉，同时顺时针调整半圈。

（3）上车骑行感觉是否还有间隙的感觉，如有，按第二步调整链条，直到松动的现象消失。

（4）将先前飞轮两侧放松的螺钉旋紧。

保养时还应刹紧惯性飞轮，检查脚蹬曲柄在两个方向上是否有运动，如果运动，意味着链条存在着伸长问题，应及时调整或更换。当单车有噪声时，应该拆下链条、隔离脚蹬曲柄和惯性飞轮来最终确定噪声的产生原因，并加以调整。

3. 力量重训保养

具体的保养方法为：

（1）哑铃螺钉松紧——每日检查。

（2）杠铃螺钉松紧——每日检查。

（3）力量单功能坐垫与支架螺栓——每日检查。

（4）力量单功能传动皮带（钢丝）松紧调整——每月检查。

（5）力量单功能滑动导杆润滑——每周一次。

2.5 运营部经理的基本工作

运营部经理的工作比较繁杂，需要具备多方面的才能。优秀的运营部经理是保证健身俱乐部正常运营和提供优质客户服务，从而建立健身俱乐部品质的重要岗位之一。因此，以下简单地对其工作内容和应掌握的技能进行介绍，从中也能让全体健身俱乐部员工更好地了解运营部的整体工作内容和重要性，并尽可能地给予最大的配合和支持。

2.5.1 运营部经理的主要工作职责及岗位描述（见表 2—20）

表 2—20　　运营部经理职位说明书

基本信息	职位名称：运营部经理	所属部门：健身俱乐部运营部
	责任上级：健身俱乐部总经理	责任下属：运营部员工
工作关系	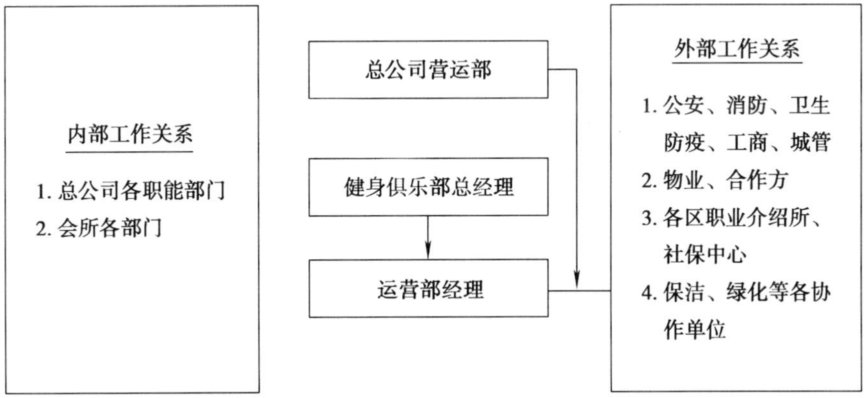	
工作概要	督导运营部的服务质量，进行客户关系维护，保证俱乐部的正常营运	
工作职责	1. 负责健身俱乐部所有员工的考勤 2. 负责控制健身俱乐部的能源消耗和易耗品管理 3. 熟悉掌握运营部内各岗位的工作流程及要求，并对每日工作进行合理分配 4. 监督、审核下属按照公司有关操作流程进行会员卡制作、发放，会员礼品发放，更衣柜管理等工作 5. 负责水吧、卖品部销售及管理，并努力达成部门业绩指标 6. 每月按时盘点仓库及卖品区物品，保证账实相符 7. 每天检查公共更衣柜的使用、清理情况，负责对员工休息室、员工更衣室、公共更衣柜的管理 8. 按公司规定的流程处理会员投诉 9. 召开部门例会，及时发现工作中的问题并且予以解决 10. 负责本健身俱乐部会员活动的策划、执行和总部各项活动的配合执行	

续表

工作职责	11. 负责管理文件及档案分类，上传下达公司文件 12. 负责监督健身俱乐部内工程、设施设备的报修和日常维护 13. 按时上交总公司要求的各项报表 14. 协助面试、培训及考核新进员工，掌握相关的消防、卫生知识		
其他工作	上级布置的其他临时性工作		
权限	1. 对健身俱乐部内部管理有建议权 2. 对健身俱乐部突发事件的处理有决定权 3. 对部门员工有奖惩处理权 4. 对部门员工的招聘、录用、辞退有建议权 5. 对部门工作内容、流程有建议和监督权 6. 对客服系统的成本预算有知情权、建议权与参与权		
所受监督	由健身俱乐部总经理直接管理		
任职资格	内容	必备条件	期望条件
	教育水平	大专以上学历	酒店、旅游等服务专业教育背景
	工作经验	两年以上酒店管理工作经验，熟练掌握客户服务理论知识	四星级以上酒店、大型连锁超市管理经验，有外企工作经验
	技能与能力	良好的组织能力和人员管理能力 强烈的服务意识和良好的沟通协调能力 熟练运用计算机	良好的英语口语能力 具备一定的财务和人事管理知识
	个性与品质	性格外向，善于沟通，遇事冷静，乐观，好学向上。对工作认真负责，勇敢，理智，敏锐	热爱公司，严于律己，职业目标明确，强烈学习欲望和创新意识，能承受工作压力
薪酬待遇	运营部经理工资＝基本工资＋岗位津贴＋工作表现奖＋部门提成＋餐费补助		

2.5.2 运营部经理的对外工作

1. 与公安、消防、卫生防疫、工商、城管、物业、合作方、各区职业介绍所、社保中心、保洁、绿化等各协作单位保持良好的沟通和联络。
2. 参加以上部门组织的会议和学习，及时将具体的要求和内容转达给健身俱乐部总经理。
3. 完成这些部门交办的工作并随时向健身俱乐部总经理汇报。
4. 配合这些部门的检查并随时向健身俱乐部总经理汇报。

5. 搞好与以上部门的感情联络工作。

6. 不定期和部门的工作人员进行联谊活动。

2.5.3 运营部经理的对内工作

运营部经理对内的日常工作流程主要有三个阶段，分别为：

1. 第一阶段——接管岗位阶段

(1) 按公司规定着制服提前 5 min 到岗签到。

(2) 注意个人仪容、仪表、仪态，保持良好的精神状态，面带微笑。

(3) 岗位准备工作（20 min）

1) 查看部门工作交接本及值班经理留言。

2) 进行巡店检查，查看上一班次的各项工作完成情况，确保营业中本部门各岗的正常运行，防止隐患的发生。

3) 准备当日的例会内容：仪容、仪表的检查，前一班次的工作总结，本日各岗位工作的安排。各注意事项及特别说明。

2. 第二阶段——在岗负责阶段

(1) 召开部门每日例会（10 min 左右），对本班次的工作进行安排。

(2) 检查各区域的设备设施是否可以正常使用，对异常现象解决处理。

(3) 督导运营部员工工作。

(4) 检查各类客用品的补充情况，确保客用品的充足。

(5) 确保各区域具备良好的清洁卫生状况。

(6) 巡视查看部门内各岗位员工的工作情况，对其行为举止、服务质量加以督察，并及时指正问题。

(7) 协调配合好其他部门的工作。

(8) 负责与供应商厂家订货沟通。

(9) 妥善处理各项投诉问题。

(10) 核查各岗位是否按照规范程序领用物品。

(11) 不断发现本部门营运中的问题，并合理解决，做好各事项的反馈与跟踪。

(12) 检查外包单位员工工作，并与外包单位负责人及时就发现的问题进行沟通。

3. 第三阶段——交班阶段（下班前 60 min）

（1）统计每日客流分析表。

（2）查看各区域的清洁卫生收尾工作。

（3）查看并确保本部门内各岗位物品都整理归放于指定地点。

（4）做好次日的工作留言和交接。

（5）检查关闭各电源开关、各电器设备、柜子和门窗。

（6）查看健身俱乐部各处，防止安全隐患发生。

（7）交、接班时的内容还包括商讨部门内的留言交接本上的内容、上一班次未完成的工作事项和安排下一班次工作事宜。

2.6 健身俱乐部突发事件处理办法及预防措施

2.6.1 各类突发事件的处理

1. 停电

(1) 第一时间汇报上级。

(2) 联系物业或电力局，了解停电原因，如果是设备故障，应询问维修何时可以完成。

(3) 安抚会员，通知会员可以正常营运的时间，并安排会员的疏散工作。

(4) 平时应做好防范措施，定期检查应急照明是否能正常使用，并准备多个应急灯及蜡烛，以保证各个区域的可视度。

(5) 如果短期内不能来电，需以电话或短信的方式告知所有会员，请其更改健身计划。

2. 停水

(1) 第一时间汇报上级。

(2) 联系物业或水利局，了解停水原因，如果是设备故障，应询问维修何时可以完成。

(3) 了解浴室中正在沐浴的会员有多少，从附近其他区域借水使会员完成沐浴（水温适宜）。

(4) 安抚会员，通知会员水可以正常供应的时间。

(5) 在前台贴出告示，并口头告知每一个进入俱乐部锻炼的会员，询问其是否需要锻炼。

(6) 如果短期内不能来水，需以电话或短信的方式告知所有会员，请其更改健身计划。

3. 火灾

为加强健身俱乐部的消防工作，落实“预防为主、防消结合”的方针，确保人员生命财产的安全，需要制定消防安全制度。

(1) 各健身俱乐部总经理为防火安全第一责任人，所属各部门负责人为消防安全责任人。

(2) 各健身俱乐部必须按照国家有关规定配置消防设施和器材，设置消防安全标志，要定期组织检验、维修，确保消防设施和器材完好有效。

(3) 健身俱乐部运营部经理及工程维修人员定期进行防火巡查、防火检查，及时发现、消除火灾隐患以及给予合理建议。

(4) 健身俱乐部每季度要对重点部位管理人员进行一次消防安全知识培训。定期组织对重点部位管理人员进行消防演练。针对各部门的特点，采取不同的防火措施。

(5) 健身俱乐部须建立防火档案，确定部门消防安全重点部位，并设置防火标志，实行专人严格管理。

(6) 健身俱乐部各公共区域要确保疏散通道、安全出口畅通，并在各楼梯口设置符合国家规定的消防安全疏散标志；要制定重点部位灭火和应急疏散预案，并报健身俱乐部总经理存档。

(7) 值班经理要实行每日防火巡查，并建立巡查记录。

遇到俱乐部内部起火，根据实际情况，处理步骤如下：

• 维护现场秩序，判明火灾形势。工作人员要保持镇静，要稳定顾客情绪，维持现场秩序，避免顾客因慌乱而发生踩伤、挤伤的事故。迅速判明起火位置和火势，准备备用照明用具。

• 根据火情采取相应处理措施。如火势不大，工作人员应就近使用灭火设备扑灭火灾；如火势较大，工作人员应在外围维持秩序，阻止无关人员闯进火场。

• 报警。如火势较大无法控制，则迅速拨打 119 报警，并通知物业、总机等，报告起火时间、地点、火情、燃烧物质及报警人等情况。

• 疏散顾客。工作人员应立即组织顾客安全有序地撤离火场，确保顾客生命安全。

• 编写火灾报告。值班经理将起火过程和火灾处理过程作详细记录，并呈报健身俱乐部总经理及营运部。

4. 失窃

如会员存入更衣柜的贵重物品遗失，解决办法如下：

(1) 保护现场，通知值班经理，同时报告运营部经理、健身俱乐部总经理。

(2) 征得会员同意后立即拨打 110 报警。

(3) 配合公安人员调查案情，查看监控纪录。

(4) 运营部经理报告健身俱乐部总经理，并在咨询法律顾问后，代表健身俱乐部进行协调处理。

5. 斗殴事件

(1) 如果是公司内部员工发生打架斗殴事件，要及时制止并汇报值班经理，注意防止伤及会员，当事人由相关部门酌情处罚。如情况严重，应及时拨打110报警，并保护好现场，交执法人员处理。

(2) 如果是会员之间发生打架斗殴事件，立即报告值班经理，视情况疏导周围其他会员，将周围会员引导到其他区域锻炼，请其他工作人员同时上前制止，留意会员携带物品，提防遗失。如情况严重，应及时拨打110报警，并保护好现场，交执法人员处理。

6. 食物中毒

(1) 发生会员食物中毒事件投诉，应立即向会员了解就餐时间及消费的品种。

(2) 请会员出示医院诊断书，由运营部经理亲自查看诊断书的内容。

(3) 告知会员公司最短时间内的处理办法，征询并记录会员的意见，如会员提出赔偿要求，须立即告知会员公司将会有满意的答复。

(4) 运营部经理立即组织人员对会员消费时间段的相应品种进行检测，同时将会员医院诊断书拿到该医院了解会员的具体病因。

(5) 在确定造成会员中毒不是因为俱乐部产品时，与会员取得联系，并将检测的结果告诉会员，并提醒会员再次检测食物及到医院进行再次复诊；如是俱乐部产品导致中毒，运营部经理应将情况向健身俱乐部总经理及营运部汇报，联系会员向其致歉并协商解决方案，最终给会员满意的处理结果。

7. 会员伤病

(1) 流鼻血。首先让会员坐到椅子上，使其情绪稳定；其次让会员头部前倾，用嘴喘气；从外面用手指压迫出血侧的鼻翼，用干净纱布轻轻地堵塞出血的鼻孔，进行压迫止血。

(2) 咽喉异物堵塞。若是成年人，可让会员自己压住舌头，连续咳嗽2～3次。会员上半身前倾，请别人从身后用两手合拢围起，把前胸向上提起。侧卧，用手指试钩咽喉部，有时也能钩出异物。若为儿童，则头朝下抱起，用力拍打背部 2～3 次。如异物无法去除时，立即送医院。

(3) 腓肠肌（腿肚）痉挛。腓肠肌痉挛时，应立即把腿伸直，用力向后扳拇趾，然后做肌肉按摩和温湿敷。

(4) 触电。发生触电，应迅速切断电源，此前不能触摸受伤者，否则会造成更多的人触电。如果一时不能切断电源，救助者应穿上胶鞋或站在干的木板凳上，双手戴上厚的塑胶手套，用干的木棍、扁担、竹竿等不导电的物体，挑开受伤者身上的电线，尽快将受伤者与电源隔离。

对触电者的急救应分秒必争，若发现心跳呼吸已停，应立即拨打 120 急救电话，联系把病人送就近医院作进一步治疗，并对其进行口对口人工呼吸和胸外心脏按摩等复苏措施，一般抢救维持时间不得少于 60～90 min。如果抢救者体力不支，可轮换人操作，直到使触电者恢复呼吸心跳。

(5) 中暑。将病人搬到阴凉通风的地方平卧（头部不要垫高），解开衣领，同时用浸湿的冷毛巾敷在头部，并快速扇风。轻者一般经过上述处理会逐渐好转，再服一些人丹等；重者，除上述降温方法外，还可用冰块或冰棒敷其头部、腋下和大腿腹股沟处，同时用凉水反复擦身、扇风进行降温，如仍无效果应立即送医院救治。

(6) 溺水。对泳池溺水者应立即进行“倒水”抢救。救护人员一腿跪地，另一腿屈膝，使溺水者头下垂，俯卧在救护者膝盖上，然后拍打溺水者背部，或按压背部，迫使呼吸道和胃内水排出，勿压迫腹部，以避免水从胃逆流入呼吸道。若倒水效果不好，应立即停止。对呼吸、心跳停止者，应立即进行心肺复苏术，同时呼叫 120 以求得救援。

(7) 洗澡晕倒。工作人员应先呼喊会员，使其苏醒。扶会员到通风较好的地点躺好，最好把会员腿垫高，为其盖上毛巾，并给会员倒杯热水（最好加糖）。

(8) 心脏病。在心脏病患者晕倒后，不要移动晕倒会员。立即拨打 120 急救电话。保证会员周围的空气畅通。如果会员仍有意识，询问其是否身边有急救药品，如果有给其服下药物；如果没有，在急救箱中取出救心丸按说明给会员服下。在医务人员到达后由俱乐部总经理安排工作人员陪同会员至医院就诊。帮助会员通知其家人。

(9) 外伤

1) 闭合性外伤。闭合性外伤由钝力造成，无皮肤、体表黏膜破裂，常见的有挫伤和扭伤。挫伤是钝力打击所致的皮肤和皮下软组织损伤，皮肤无裂口，伤部青紫，皮下淤血、肿胀、压痛。轻者可用伤湿止痛膏外贴受伤区。对胸腹部挫伤及头部挫伤，可能有深部血肿或内脏损伤出血，应立即拨打120急救电话。扭伤常发生在踝部、腰部、颈部及手腕等处。扭伤的一般处理原则是让会员安定情绪，固定受伤部位，用冷湿布敷盖患处。手足扭伤者可抬高患部。颈部、腰部扭伤者在搬运时不可移动患部。扭伤常伴有关节脱位或骨折，如会员疼痛难忍，应立即到医院就诊。

2) 开放性外伤。开放性外伤多数由锐器和火器所造成，少数可由钝力造成，常有皮肤、体表黏膜破裂。浅的伤口用温开水或生理盐水冲洗拭干后，以碘酊或酒精消毒、止血，或以药物喷雾剂喷于伤口，然后包扎，一般都能较快痊愈。对较小伤口外用“创可贴”即可。对较深的伤口，应立即压迫止血，速送会员到医院行清创术，视伤情进行缝合修补等。

对大量出血的患者，宜首先采取止血方法；对切割伤、刺伤等小伤口，若能挤出少量血液反而能排出细菌和尘垢；对伤口宜用清洁的水洗净，对无法彻底清洁的伤口，须用清洁的布覆盖其表面，不可直接用棉花、卫生纸覆盖。

如会员需至医院就诊，必须有一名俱乐部工作人员陪同，提醒会员挂号或就诊时需保留所有费用的单据原件（含车费或急救车费、医药费、观察费等），并通知其家属。

2.6.2 突发事件的情况汇报

突发事件发生后，工作人员应立即通知值班经理，同时汇报运营部经理。运营部经理详细记录事情经过，报备健身俱乐部总经理及营运部。运营部经理应对送医院治疗的会员进行会员医治情况的跟踪工作。

如会员无需就医，也须留下会员联系方式，汇报给运营部经理。运营部经理于3

日内联系会员，询问会员伤势是否好转，做好跟踪记录，并随时汇报给健身俱乐部总经理及总公司相关职能部门。

2.6.3 会员保险及索赔

如会员意外受伤，由值班经理核实会员受伤原因，如为俱乐部设备设施故障或本俱乐部营运管理不善造成，则立即拨打保险公司报险电话，说明保单号，简单叙述事件经过，并填写《保险出险通知书》。如受伤者提出误工索赔，则需提供市级以上医院开具的病假单和本人工资收入纳税单，如会员向公司提出其他索赔，则需出具书面索赔函、列举索赔理由和要求，当事会员需签名并留下联系方式，值班经理收集完整资料后立即送至保险公司相关负责人处。

提交保险公司材料清单如下（俱乐部相关负责人应备份提交材料）：

（1）会员姓名、会员卡号、联系方式、身份证和会员卡复印件。

（2）事发经过情况说明（当事人双方各写一份）。

（3）所有费用清单及费用原始凭证。

（4）病历卡原件。

（5）保险出险通知书。

（6）书面索赔函（由会员出示，附签字）（此材料仅在会员提出索赔时提交）。

运营部经理和前台经理必须知道保险公司联系人、电话、传真和地址。

2.6.4 安全措施具体执行方案

1. 健身俱乐部内安全组织机构人员包括健身俱乐部总经理、运营部经理、教练部经理、会籍部经理。
2. 健身俱乐部内应设每日安全负责人，即值班经理。
3. 为加强员工安全防范意识，落实预防为主的指导方针，教育员工必须懂得人人都有维护健身俱乐部内安全、保护安全设施、预防紧急事故并及时报警的义务。

（1）健身俱乐部总经理为安全第一责任人，所属各部门负责人为安全责任人。

（2）健身俱乐部按照国家有关规定设置安全设施、器材、标志，要定期组织检验、维修，确保其完好有效。

（3）工程部门定期进行巡查、检查，及时发现、消除安全隐患以及给予合理建议。

（4）健身俱乐部总经理每季度要对店内管理人员进行一次安全知识培训。定期组织演练。针对各部门的特点，采取不同的措施。

（5）健身俱乐部总经理办公室建立安全档案，确定各部门安全重点部位，实行专人严格管理。

（6）公共场所要确保疏散通道、安全出口畅通，并在各楼梯口设置符合国家规定的安全疏散标志；要制定重点部位应急疏散预案并存档。

（7）要实行每日安全巡查（包括夜间保安人员），并建立巡查记录。

4. 组织员工学习急救基本常识，确保会员及员工生命财产的安全。

5. 组织员工演习紧急疏散流程

（1）报警。一旦发生紧急事故，发现人要将信息以最快速度传到店内值班经理处。

（2）值班经理接到紧急事故信息应立即到达事故现场，了解伤者目前状况，制定应急方案。

（3）确认事故状况后，立即拨打119，并通知店内负责人及相关单位领导（水、电、燃气、事发部门负责人）。

（4）成立急救指挥平台，由现场的最高负责人和其他部门责任人组成救灾指挥部，现场最高负责人为总指挥，迅速向各部门发出指示。

（5）各部门人员工作分配

1）健身俱乐部总经理

①负责确认事故紧急情况及详细信息。根据情况及时拨打119，详细说明事故发生地点、环境及人员情况。指挥店内的人员开始初期急救及人员的安全疏散。

②掌握事故发展情况，及时调整力量，明确布置救人，疏散物资、供水、供电、电梯安排任务，并检查执行情况。

③使用各种水源和通讯、运输工具及其他设备，保证一部电梯为急救人员专用。

④截断电力、可燃气体输送，限制用火、用电，非消防电梯全部禁止使用。

⑤划定警戒区实行局部管制，命令人员转移，维护好外围秩序，迎

接急救车，为急救人员到场创造有利条件，调集供水、供电、燃气、通信、医疗救护、交通运输、环境卫生等有关单位的人员，参加救助。

⑥根据事故情况通报，要说明疏散路线，稳定人员情绪、疏散与救护，防止或减少人员伤亡是关键措施。

⑦明确分工，查清是否还有人员应该疏散，应立即制定救援方案，对伤员护理并及时送往医院救护。

⑧事故现场处理完毕后，在其区域内设立警戒区，保护现场，配合协助公安部门调查原因，如实提供情况，不得擅自清理、破坏或者伪造现场，核定损失，查明事故责任。

2）运营部

①工程人员。截断电力、可燃气体，提供各种水源和通讯运输工具及其他设备，为急救部门到达前做好准备；负责将店内事故设施情况告之调查部门。

②前台人员。负责广播及稳定会员情绪，在必要时有序疏导人员撤离。

③部门其他人员。在场地内和各紧急出口处做正确疏散路线指示。

3）教练部

教练负责场地内会员的安全，在发生紧急情况时正确快速地将会员从器械上撤离到安全区域；利用CPR（心脏复苏）急救知识负责伤者现场急救；准备好医用急救箱，对受伤者做简单治疗处理后优先撤离。

4）会籍部

会籍顾问配合运营部对会员进行安全疏导，安抚会员心情；在疏散完毕后保护事故现场，并禁止闲杂人员进入。

健身俱乐部总经理、运营部经理、工程人员应不定期抽查司炉工实操能力及定期考核其理论知识；定期检查店内通风设施，清洁空气净化系统，锅炉运转状况，干、湿蒸房正常工作情况。

2.7 健身俱乐部的基本规定

作为健身俱乐部的员工，包括各岗位的员工都应该了解并严格遵守健身俱乐部的基本规定。

2.7.1 健身俱乐部会员规定

作为健身俱乐部的员工，必须了解并严格遵守健身俱乐部的有关规定，为会员做出表率，并随时提醒他人遵守有关规定。

1. 入场须知（Customers Instruction）

（1）健身俱乐部内禁止吸烟。

No Smoking is allowed in the club.

（2）未经许可，禁止拍照、摄像。

No video or photo is allowed without permission.

（3）进入本俱乐部必须配合前台工作人员进行身份登记。

All club members or visitors need to make registration on reception when entering the club.

（4）为保障您的财物不受损失，请不要携带贵重物品至俱乐部。

To protect your own belongings, we strongly suggest that please do not take valuables into the club.

（5）请您在锻炼时佩戴手牌，并配合服务人员的核对工作。

Please wear the hand key once entering and show it to our service staff for identification if necessary.

（6）请您不要在未通知前台工作人员或没有办理正常离场手续的情况下将手牌带出会所，如因此造成遗失及其他相关损失，您有责任对此进行赔偿。

Please do not take away hand key without checking out or not inform it to the reception. Otherwise, you would be responsible for any losses bringing.

（7）十六岁以下的儿童请勿进入器械区域。

Considering security factor，children under 16 years old are not allowed to enter the fitness area.

（8）严禁将易燃易爆及可能危害他人的物品带入健身俱乐部。

Flammable，explosive and toxic articles are strictly forbidden to be brought into the club.

（9）运动时请穿着运动服和运动鞋，请勿穿着西装、牛仔裤、皮鞋、拖鞋等有可能给您带来意外风险的服装和鞋类。

Please have sport wear and sport shoes during doing exercises. Injury could be happened if you wear suit，jean，leather shoes，slipper or any other unsuitable wear or shoes.

2. 更衣室使用规定（Locker Room：Rules & Regulations）

（1）更衣室内禁止吸烟。

Smoking is not allowed in the locker room.

（2）请保持更衣箱清洁卫生。

Please keep the locker clean and tidy.

（3）请勿将首饰、手机、现金、信用卡、有价证券及其他贵重物品放在更衣箱内。

Please do not leave your jewelry，mobile phones，cash，credit cards，securities and other valuables in the locker.

（4）请按照手牌上的号码使用对应的更衣箱。

Please use the locker according to the locker number.

（5）请您在更衣时看管好自己的物品，以防丢失。

Please take good care of your belongings，so they will not be misplaced.

（6）俱乐部提供的更衣箱是循环使用的，为方便他人使用及防止您的物品遗失，离开时请带走您的物品。

Please use the day locker to keep all of your personal items and all items should be cleared before you leave.

（7）如果您需要长期存放私人物品，请在前台办理私人储物柜的租用手续。

Please contact the reception for hiring a private locker in case you need it.

(8) 如需帮助请与前台联系。

For any help please contact the reception.

3. 桑拿房使用规定 (Sauna Room: Rules & Regulations)

(1) 俱乐部将按会员需求开启桑拿房。

Sauna is offered according to the guest needs.

(2) 使用桑拿前请先沐浴。

Please take a shower before entering the sauna room.

(3) 进入桑拿房前请先适量饮水。

Please drink plenty of water before using the sauna.

(4) 有皮肤病，心脏病，高（低）血压，哮喘等疾病的患者请勿进入桑拿房。

People with infections skin diseases are prohibited from using the sauna. People suffering from heart problems, high/low blood pressure, asthma should not use the sauna.

(5) 儿童及孕妇禁止使用桑拿房。

Children and pregnant women are prohibited from using the sauna.

(6) 饮酒后请勿进入桑拿房。

Please do not enter the sauna room after having alcohol.

(7) 桑拿房的温度已经设定好，如您需要，请向更衣室工作人员咨询。

The temperature of the sauna has been fixed. If further requirement, please consult the staff on duty.

(8) 在桑拿房内时间不宜超过 15 分钟。

Please do not stay more than 15 minutes inside the sauna room.

(9) 请勿将食品、化妆品等带入桑拿房。

Food and cosmetics are not allowed in the sauna room.

(10) 请不要在桑拿房内洗、晾衣物。

Please do not wash or dry your clothes in the sauna room.

4. 湿蒸房使用规定（Steam Room：Rules & Regulations）

（1）俱乐部将按会员需求开启湿蒸房。

Steamer is offered according to the guest needs.

（2）使用湿蒸前请先沐浴。

Please take a shower before entering the steam room.

（3）进入湿蒸房前请先适量饮水。

Please drink plenty of water before using the steam room.

（4）有皮肤病，心脏病，高（低）血压，哮喘等疾病的患者请勿进入湿蒸房。

People with infections skin diseases are prohibited from using the steam room. People suffering from heart problems，high/low blood pressure，asthma should not use the steam room.

（5）儿童及孕妇禁止使用湿蒸房。

Children and pregnant women are prohibited from using the steam room.

（6）饮酒后请勿进入湿蒸房。

Please do not enter the steam room after having alcohol.

（7）湿蒸房的温度已经设定好，如您需要，请向更衣室工作人员咨询。

The temperature of the steam room has been fixed. If further requirement，please consult the staff on duty.

（8）在湿蒸房内时间不宜超过15分钟。

Please do not stay more than 15 minutes inside the steam room.

（9）请勿将食品、化妆品等带入湿蒸房。

Food and cosmetics are not allowed in the steam room.

5. 有氧操房使用规定（Aerobic & Group Exercise Studio：Rules & Regulations）

（1）有氧操房仅供进行健身锻炼类相关活动（取得俱乐部批准除外）。

Only relevant activities are allowed in the studio. Activities that have been approved by the club management are exception to this rule.

（2）在健身过程中，请您自始至终穿着运动服和运动鞋，禁止穿拖鞋、皮鞋或光脚进入有氧操房（特殊课程除外）。

Workout attire, shirts and sports shoes must be worn at all times, no slippers or bare feet workout are permitted (appointed classes such as yoga and plates are excluded).

(3) 请遵守教练的指导及课程的预约程序。

Please follow all the class instruction and class reservation procedures.

(4) 请准时参加健身课程，并提前5分钟于室外等候，按顺序入场。

Please attending the class on time and please wait outside the studio 5 minutes ahead of class and enter the studio in order.

(5) 在参加健身锻炼时，请您将手机调至震动或暂时关闭。

Please turn your mobile phone into vibration or switch it off during the class.

(6) 请勿在集体课程教室内用餐，如需适量进水，请注意保持环境的清洁。

No eating is allowed in the studio . You are welcome to have your water bottle as long as no water will be spilled over the floor.

6. 游泳池卫生须知 (Notice to Swimming Pool Sanitation)

(1) 凡患有肝炎、心脏病、皮肤病、手足癣、严重沙眼、急性结膜炎、中耳炎、肠道传染病、精神病及饮酒者严禁游泳。

It is forbidden to permit the people suffered from hepatitis, heart disease, skin disease, hands and feet ringworm, serious trachoma, acute conjunctivitis, otitis media, intestines infection, and mental disorder or drinker into the pond.

(2) 游客在入池前和蹲厕后，必须通过裸体淋浴和浸脚消毒池始准入池。

Swimmers are required to take nude shower and put the feet into the disinfection pond after toilet visit or before entry to the pond.

(3) 禁止游客在游泳池边吃零食、吸烟、吐痰和擤鼻涕等，以保持池水清洁。

It is forbidden to eating, smoking, spiting and snot removal near the swimming pool so that the water in the pond could be kept from pollutant.

(4) 严禁携带毛巾、肥皂和穿拖鞋入池。

It is forbidden to carry such articles as towel, soap and slippers into the pond.

(5) 游客在游泳后，勿忘滴眼药水。

The eye drops should be used after swimming.

7. 游泳者须知 (Notice to Swimmers)

(1) 游泳人员必须遵守游泳池的各项规章制度，听从工作人员管理，爱护游泳池内的设施。

Swimmers are required to observe the rules and regulations on swimming pool, follow the management by working personnel and cherish the facilities of swimming pool.

(2) 严禁携带枪支、弹药、易燃易爆物品、有毒有害物品及利器等有碍安全的物品入池。

It is forbidden to carry such articles hazardous to safety as firearms, ammunitions, inflammables & explosives, toxic & harmful articles, and sharp tools into the pond.

(3) 游泳人员必须参加游泳人身平安保险。

Swimmers are required to buy personal safety insurance.

(4) 游泳人员参加游泳应主动出示当年度游泳体格检查合格证和当场有效票依次入池。单位组织游泳的，应设领队或管理人员带队，集体整队入池。体格检查证不得转借或涂改。

Swimmers are required to show valid swimming physical certificates and valid tickets initiatively into the pool in good order. Leader or managerial staff shall be required for group swimming, and physical certificates cannot be lent or altered.

(5) 贵重物品请勿携带入池，一般物品自行保管。

Never carry valuables into the pool, low—value articles are kept by self.

(6) 游泳者应根据自己的身体情况、游泳技术，在规定的区域内游泳。

Swmmers are required to swim within the specified area depending on respective physical health and swimming technologies.

（7）提倡文明游泳、不准在水中喧闹或妨碍他人游泳的活动，严禁花色跳、反跳、潜泳。

Swimming in a good manner is encouraged, it is forbidden to make a noise or hinder others as swimming. Such swimming pose as variety diving, reverse diving, and underwater swimming are also forbidden.

（8）一米二十以下的儿童必须有家长或成年人陪同入池。

Children under 120 cm height are not allowed to swim unless accompanied by their parents or adults.

（9）初学游泳者不得进入深水区，携带救生圈的泳客不得超越浅水区标线。

The beginners should not access the deep end, and the shallow area reticule should not be overstepped by the swimmers with life buoys.

（10）严禁在游泳池内寻衅闹事，打架斗殴。

It is forbidden to create trouble or disturbance within the swimming pool.

2.7.2 健身俱乐部运营规定

1. 健身俱乐部的通知张贴规定

（1）各部门如需在前台摆放通知，必须提前 3 天将有关中英文的内容编写完成，交给运营经理进行校对、确认，并请健身俱乐部总经理签字确认后，交前台经理摆放于前台、男女更衣室、体操房等区域的专用公告栏内。

（2）健身俱乐部的任何通知、张贴物都必须张贴在固定的位置和专用的存放夹中，不得随处张贴，不得摆放在正对功能区域的入口处。

（3）健身俱乐部的任何通知、张贴物必须使用统一的字体，中英文对照，并注意它的截止日期和完整性，如有过期或破损应及时更换。

（4）健身俱乐部内的一切指示牌、装饰物、标牌必须格式统一、简洁明了，指示牌的摆放和悬挂必须保证安全、整洁、有序、醒目、无破损。

2. 健身俱乐部内各区域的温度控制规定

除体操房外，其他区域的室内温度相似。冬季和夏季室内温度的标准是不同的，淋浴的水温也有冬、夏之分。具体明细见表 2—21。

表 2—21　　健身俱乐部内各区域的温度控制规定

项目	季节	区域	标准温度（℃）
室内温度	冬季	体操房	23
		其他区域	25
	夏季	体操房	20
		其他区域	22
淋浴水温	冬季	男女更衣室	46（最高）
	夏季		44（最高）

2.7.3　健身俱乐部员工管理规定

1. 员工使用健身俱乐部更衣室的规定

（1）健身俱乐部内未设独立的员工淋浴、更衣室的，员工在上岗前可以在健身俱乐部更衣室内换衣服，时间不得超过 15 min。

（2）根据健身俱乐部的具体情况，员工可以有条件地淋浴和使用桑拿。一般健身俱乐部规定淋浴时间段为 7:00—17:00 和 21:00 以后，桑拿时间段为 21:00 以后。

（3）员工不得在高峰时间段（17:00—21:00）使用淋浴设备。

（4）员工的私人物品必须摆放在员工更衣柜内，不得在健身俱乐部更衣室内摆放任何私人物品，不得使用公共更衣柜，公共更衣柜仅限于员工在淋浴时临时使用，时间不得超过 15 min。

（5）员工必须使用员工专用卫生间，不得使用在健身俱乐部更衣室内的卫生间。

（6）员工可在健身俱乐部为员工提供的员工休息室内取水、进食。不得在健身俱乐部更衣室内取水、进食、洗手等私人活动。

2. 员工休息室的管理规定

（1）非本健身俱乐部的员工不得进入员工休息室。

（2）不得在员工休息室内抽烟、喝酒，不得随地吐痰、扔垃圾。

（3）不得在员工休息室游戏、大声喧哗、影响他人。

（4）员工休息室不得堆放私人物品，私人物品必须摆放在私人更衣柜内。

（5）不得在工作时间段进入员工休息室。

（6）每位员工必须爱护公司的财物，正确使用电器设备，如有损坏，照价赔偿。

（7）不得将训练用品带入员工休息室。

（8）及时处理自己的变质食品，保持冰箱、桌面整洁。

3. 员工更衣柜的使用规定

（1）入职员工凭健身俱乐部总经理签字到运营经理处领取更衣柜的钥匙。

（2）更衣柜内不得摆放国家明令禁止的物品、危险品、现金、贵重物品等。

（3）员工更衣柜的表面不得有个性化的装饰，必须保持整洁。

（4）每位员工必须爱护健身俱乐部的财物，如有损坏，照价赔偿。

（5）运营经理拥有所有柜子的备用钥匙，以便为遗忘、遗失钥匙的员工服务及安全检查。

（6）有2人以上（包括2人）在场的情况下，健身俱乐部有权对员工更衣柜进行开柜检查。

（7）员工离职、调离健身俱乐部时必须归还更衣柜的钥匙。

4. 员工训练的规定

（1）员工不得在高峰时间段（17:00—21:00）使用淋浴及健身器械，员工训练原则上在下班后并取得经理同意，训练时不得穿工作服训练，必须礼让会员，不得争抢器械。

（2）不得带非本健身俱乐部的人员进入员工休息室。

（3）员工的私人物品必须摆放在员工更衣柜内，不得占用会员公共更衣柜，如健身俱乐部无员工独立淋浴设施而需要使用公共更衣柜时，仅限于员工在淋浴时临时使用，时间不得超过15 min。

第 3 章

成功的会籍顾问

健身俱乐部作为健康服务行业，会员的口碑是非常重要的、甚至是生存和发展的基本保障。这就意味着健身俱乐部的成功将取决于会员的满意度，取决于为会员提供的服务是满意的、优秀的还是卓越的。作为承担会籍推广责任的每一位会籍顾问都必须清醒地认识到，会籍顾问的工作就是在不断寻找、邀约、成功接待的同时，努力提高顾客服务水平，最终成功实现销售的过程。尽管有时候在服务和销售上有所侧重和不同，但是两者之间有着很大的关联性，提供优质的服务是推销健身俱乐部的理念，最终销售健身俱乐部的“产品”（健身运动和俱乐部会籍资格）。因此，不主张仅仅靠会员卡价格给顾客以“价格式”销售方法或单纯地以销售技巧给顾客压力的“高压式”销售方法，虽然上述方法在短期和特定情况下是有效的，但对健身俱乐部的长期稳定发展会是致命的，因此，健身俱乐部更加倡导的是对顾客阐述健身是如何带给他们改变的“益处式”销售方法和服务营销的理念。为此，会籍顾问必须熟练掌握会籍销售技巧、健身理念和方法，必须相信并热爱自己从事的健康产业，必须更具有团队合作精神和帮助会员实现健身目标的强烈愿望和热情，努力遵循韦德健身的六大销售原则：专业、热情、服务、寻找、跟进和秘密武器。本章以会籍顾问的工作流程和会籍推广的过程为主线，详细介绍作为一名合格的会籍顾问，所应具备的素质和所应掌握的基本技能。

3.1 会籍顾问概述

3.1.1 会籍顾问的基本概念

1. 会籍顾问的定义

会籍顾问的工作就是去满足顾客的需求，并艺术性地让顾客认同和接受健身俱乐部的服务产品。要成功地做到这一点，会籍顾问必须充分了解自身的产品和服务，并熟练掌握会籍销售技巧。

服务就是销售，当会籍顾问把销售的观念用为顾客服务、并以帮助顾客解决问题的方式表达出来的时候，顾客会逐步解除戒心，袒露他们的需求和内心的真实意图，这是销售的另一种乐趣，会令会籍顾问找到无心插柳柳成荫的销售信心。这就是近两年很多健身俱乐部把销售人员改称会籍顾问的缘故，调整称谓的同时也是在转换销售的观念。

健身俱乐部的主要业务是会员卡的推广，而其中主要的部门就是销售部，或更准确地称之为“会籍部”。

纵观健身俱乐部的发展，从这一岗位的员工称谓，从销售（Sales）到会籍顾问（MC），再到未来健康代理人（FC）的演变过程即可了解一二。简单地说，销售是把会员卡推荐给潜在顾客，利用销售技巧和职业热情完成。而会籍顾问不仅仅要熟练掌握销售技巧，还要体现更多的会员服务，帮助会员在健身活动中得到优质的服务，当然，接下来会籍顾问将努力成为健康代理人，既以熟练的销售技巧为基础，以优质的会员服务为根本，以专业的健身知识和营养知识为保障，为会员提供卓越的服务。

2. 职位说明书

会籍顾问职位说明书见表 3—1，会籍经理职位说明书见表 3—2。

表 3—1　　会籍顾问职位说明书

<table>
<tr><td rowspan="3">基本信息</td><td>职位名称：会籍顾问</td><td>所属部门：会籍部（销售部）</td></tr>
<tr><td>职位编号：</td><td>岗位等级</td></tr>
<tr><td>责任上级：会籍经理（销售经理）</td><td>责任下属：</td></tr>
<tr><td>工作关系</td><td colspan="2">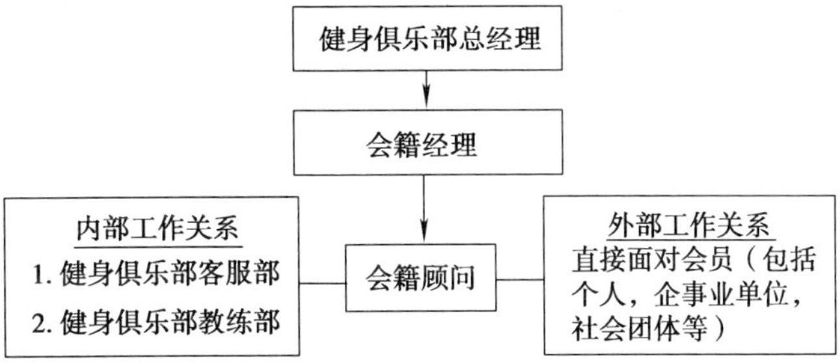
</td></tr>
<tr><td>工作概要</td><td colspan="2">完成每月会员卡的销售任务，并为会员提供优质的顾客服务</td></tr>
<tr><td>工作职责</td><td colspan="2">1）外部市场拓展。包括派单和直接拜访顾客。拓展过程中有良好的形象和礼仪，能向顾客传播健康理念，能推广和维护公司品牌形象
2）邀约顾客和内场维护。能主动收集、整理顾客资料并联系约访，接待来访顾客时能礼貌熟练地介绍俱乐部情况
3）跟进顾客。邀约成功后能做到继续跟进，向顾客传输健身意识、公司品牌、优势等信息，为会员和潜在会员提供优质顾客服务
4）签单。熟悉公司制订的销售制度，熟悉协议书的规范填写
5）顾客维护。定时致电或拜访会员，表达问候的同时能从专业角度帮助顾客解决一些健身问题
6）认真填写每一项工作记录和有关销售报表，遵守本公司销售流程
7）遵守健身俱乐部、本部门有关规章制度，服从管理，努力完成每月和每年的业绩目标
8）对所有员工、顾客都要面带微笑，主动打招呼并保持办公室干净整洁，爱护公司的电脑设备以及其他设备</td></tr>
<tr><td>其他工作</td><td colspan="2">上级布置的其他临时性工作</td></tr>
<tr><td>所受监督</td><td colspan="2">会籍经理</td></tr>
<tr><td>工作权限</td><td colspan="2">1）部门电脑、电话的使用权
2）外销活动物品的保管权
3）部门销售资源分配的告知权</td></tr>
</table>

续表

	内容	必备条件	期望条件
任职资格	教育水平	完成九年义务教育	高中以上（含高中）
	外表要求	五官端正，裸露部分无明显疤痕	外貌甜美/俊朗，气质佳
	工作经验	热爱销售工作	一年以上含一年相关工作经验
	技能与能力	能与人沟通，顺利表达观点/能接受和理解信息	熟练运用沟通技巧和销售技巧
	个性与品质	开朗坚强/诚信，有责任感	对企业忠诚度高
薪酬待遇	会籍顾问工资＝基本工资＋任务奖＋工作表现奖＋餐费补助＋个人销售提成		

表 3—2　会籍经理职位说明书

<table>
<tr><td rowspan="3">基本信息</td><td>职位名称：会籍经理（销售经理）</td><td>所属部门：会籍部（销售部）</td></tr>
<tr><td>职位编号：</td><td>岗位等级</td></tr>
<tr><td>责任上级：健身俱乐部总经理</td><td>责任下属：</td></tr>
<tr><td>工作关系</td><td colspan="2">
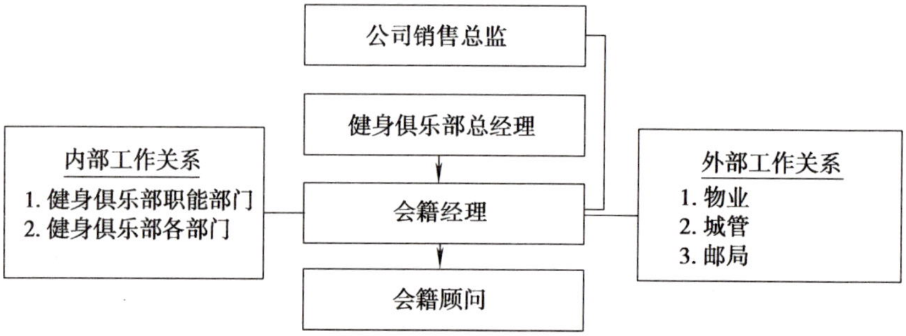

</td></tr>
<tr><td>工作概要</td><td colspan="2">对本部门的员工进行管理和培训，完成健身俱乐部总经理下达的年度部门销售任务</td></tr>
<tr><td>工作职责</td><td colspan="2">1）负责带领销售团队进行市场拓展、提高销售业绩
2）协助总经理制订年、月度销售计划，并根据每个人的能力合理制订个人的任务指标；设立会籍顾问个人月销售指标；完成并突破业务指标
3）监控、检查销售系统的有效数据，跟进、评估销售中的有效数据
4）监督所有会籍顾问的岗位责任和销售流程的执行情况
5）跟进所有会籍顾问有关技能方面的培训，并监控其是否准确无误按照公司的方针和培训步骤进行
6）负责每日部门例会，记录员工每日的工作情况，并针对会籍顾问部门实际销售量的情况进行跟踪评估</td></tr>
</table>

续表

<table>
<tr><td></td><td colspan="3">7）负责了解部门员工的心理素养，调节其心态并强调会籍顾问的团队合作精神，激励会籍顾问工作热情和气势
8）协助健身俱乐部总经理对会籍顾问进行行为评定，并对其表现提出提升、离职等建议，对会籍顾问进行行为评定
9）参加会籍顾问的招聘，对会籍顾问进行面试，并向健身俱乐部总经理提供有关面试后的意见
10）负责安排部门会籍顾问的每周工作时间与作息时间
11）负责抓好市场调查、分析和预测工作，做好市场信息的收集、整理和反馈
负责处理售前、售后服务工作，及时处理用户投诉，提高企业信誉</td></tr>
<tr><td>其他工作</td><td colspan="3">执行健身俱乐部总经理分配的工作</td></tr>
<tr><td>所受监督</td><td colspan="3">健身俱乐部总经理</td></tr>
<tr><td>工作权限</td><td colspan="3">1）对部门会籍顾问有在公司奖罚框下的处理权
2）对部门会籍顾问的招聘、录用、辞退有建议权
3）对部门工作内容、流程有建议与监督权
4）对销售系统的成本预算有知情权、建议权和参与权
5）对部门会籍顾问有业绩查询权及工作表格的查询权
6）对部门内奖励的分配权</td></tr>
<tr><td rowspan="5">任职资格</td><td>内容</td><td>必备条件</td><td>期望条件</td></tr>
<tr><td>教育水平</td><td>高中以上学历</td><td>营销类专业毕业，受过运动及相关专业的教育及培训</td></tr>
<tr><td>工作经验</td><td>两年以上相关岗位工作经验，营销知识精通</td><td>大型企业或连锁行业管理经验</td></tr>
<tr><td>技能与能力</td><td>1）统筹安排工作流程能力
2）及时应变处理事务能力
3）良好的组织能力和人员管理能力
4）良好的条理性与逻辑性
5）良好的培训能力
6）良好的协调能力和沟通能力
7）良好的市场分析和调查能力
8）优秀的销售能力和观察能力</td><td>1）良好的英语口语能力
2）在营销方面有很深的认知力，熟悉营销
3）有人力计划及管理人力资源的能力
4）有在国际和多元化的环境中建立和谐工作关系的能力</td></tr>
<tr><td>个性与品质</td><td>性格外向，有亲和力，成熟稳重，善于观察总结，有事业心，敢于去做，忠于公司</td><td>职业目标明确，能承受较强的工作压力</td></tr>
<tr><td>薪酬待遇</td><td colspan="3">会籍经理工资＝基本工资＋任务奖＋工作表现奖＋餐费补助＋部门销售提成</td></tr>
</table>

3. 会籍顾问的素质

（1）性格。“态度决定一切，性格改变人生”。作为会籍顾问，每天要面对挑战和拒绝，必须具备如下性格：

1）充满自信并坚持不懈。不管遇到多大困难，坚信自己能够努力达到目标。并不懈努力直到成功地实现目标。

2）积极向上并充满活力。保持乐观向上，遇到挫折能够立刻振奋起来，从中总结经验教训并继续努力。不要因为外界因素而影响个人的工作态度，并能始终保持积极热情的工作态度和精力充沛的工作热情。

3）性格开朗并乐于助人。当别人对自己的看法提出不同意见时，保持平和、谦虚的心态。当他人的想法比自己的想法全面时，能及时修改。喜欢结识以前不认识的人，乐于帮助他人实现自己的目标和帮助他人解决问题。

总之，会籍顾问应该充满自信、淡漠挫折，同时始终坚信机会是人人平等的，始终保持着不畏困难、争强好胜的性格。相反，具有艺术家的伤感、精灵般的敏感、嬉皮士的不负责任、没落贵族式的心理落差等性格的人员是不适合做会籍顾问的。

（2）工作动力。会籍顾问的工作动力最初大部分是来自金钱的压力，但随着不断的学习和提高，会籍顾问的工作动力还将来自于他们服务的会员生活质量的改变，来自于他们帮助他人而获得的满足和自豪感。优秀的会籍顾问的动力也通常来自于他们对健身行业的热爱和执着。他们坚信科学的锻炼方法，身体力行地坚持健身并保持良好的生活习惯，在为顾客树立良好表率的同时，也为自己提供充沛的精力和意想不到的销售效果。

许多会籍顾问的工作从积极的，到随机的，慢慢会变得越来越懒散，甚至是抵触的。究其原因，就他们个人因素而言，是随着自己的工作环境或是生活环境的改变，他们的动力和对成功的憧憬改变了。所以，会籍顾问必须是那些富有激情、渴望成功，同时又能不断调整自己的心态和努力方向，始终保持积极的工作动力的人。工作动力不仅仅是个人素质的体现，也是俱乐部对销售团队整体管理水平和协调工作能力的体现。

(3) 学习能力。良好的学习能力是会籍顾问能够从平凡到优秀的过渡桥梁。学习的内容至少应涵盖健身知识、销售技巧和服务技巧。只有具备学习能力的会籍顾问才能够不断超越自己，不断提高。同时，会籍顾问必须兴趣广泛，具有勤学好问的特质，并乐于与同事交流工作经验和心得，共同在学习中得到成长。

(4) 服务意识和团队精神。健身俱乐部是服务性行业，会员的口碑是会籍顾问成功和顾客主要来源的关键，同时，团队精神也是会籍顾问在一个销售团体中能否生存和愉快工作的关键。

4. 会籍顾问的顾客服务规范

顾客期望得到专业化的服务。所谓专业化的服务，是指一个人在工作当中能够将工作需要放在第一位，而将个人需要置之脑后。顾客将根据会籍顾问的言行举止和服务态度来判定所提供的服务是否专业。为此，会籍顾问应该做到：

(1) 在健身俱乐部内穿行时，始终保持微笑，并问候每位遇到的会员、顾客或其他同事。

(2) 努力尝试记住所有本人为之服务过的会员的名字。

(3) 在销售的每一环节中为顾客提供周到、细致的服务。

(4) 帮助会员、顾客或其他同事处理问题时，必须表现出理解和热情。

(5) 认真解答顾客提出的任何有关健身或俱乐部的问题。如当时无法解答，事后在 24 h 内应作出答复或者将其介绍给能够为他们提供解答的同事或部门，而本人仍必须跟进此事，直到顾客得到满意答复为止。

(6) 向每一位新会员详细介绍健身俱乐部的规章制度和会员守则。

(7) 对新会员实行电话跟踪服务。

5. 健身俱乐部管理者对会籍顾问的评价标准

健身俱乐部管理者对会籍顾问的评价标准经常出现的问题如下：只是从个体出发（只凭管理者情绪、喜好和以往经验），对会籍顾问评价没有统一的量化标准；只是通过单一业绩来评价会籍顾问，而忽略了其在团队业绩中的表现。正确评价会籍顾问的工作是建立优秀的销售团队、提高健身俱乐部整体销售业绩并为会员提供高品质服务的保证。因此，健身俱乐部应该在实际工作中不断研究和总结，建立一套具体的、明确的、相对科学的对会籍顾问的评价标准。

一般来讲，健身俱乐部评价会籍顾问主要从工作态度、工作能力和工作业绩3个方面进行考核。

（1）工作态度考核。工作态度包括工作的积极性、工作的责任心、团队意识和学习态度。工作态度往往影响着会籍顾问的工作业绩和工作表现。通过对工作态度的评价，可以鼓励会籍顾问发挥工作热情、提高工作积极性，从而达到提高工作绩效的目的。

（2）工作能力考核。工作能力考核是对具体工作所需要的基本能力以及经验性能力进行测评的过程。工作能力包括对和工作相关的常识、专业知识以及工作所需要的技能和技巧的掌握能力，同时还包括工作中表现出来的理解力、判断力、创造力等经验性能力。

会籍顾问工作能力是内在的，不容易衡量和比较。因此，工作能力有时并不能仅仅通过直接的能力测试来考核，还需要通过人们的感知察觉和平时工作表现的记录来作出判断。同时，健身俱乐部对会籍顾问能力的考核要注重潜力的培养和发掘。

（3）工作业绩考核。工作业绩考核是对每个会籍顾问在销售工作中完成任务所取得的成绩、成果进行测评的过程。会籍顾问的工作业绩考核可以从销售业绩、销售成功率、单笔协议成交额、顾客服务满意度等方面进行。这个评价过程不仅要说明会籍顾问的工作完成情况，还要通过评价结果指导会籍顾问有计划地改进工作，以达到健身俱乐部的发展需要。

3.1.2 会籍顾问的成长“瓶颈”

1. 会籍顾问“瓶颈”时期

会籍顾问成长的阶段大致可分为四个阶段，“瓶颈”的出现可能在任何一个时期。具体地说，在入职培训后会籍顾问会表现出极大的热情，但是不久后就会认识到销售是一项极具挑战性的工作，而且有很多的问题有待解决，需要很大的耐心和吃苦精神。当认识到这一点后，许多会籍顾问开始犹豫，特别是在遭到顾客拒绝、销售业绩不理想时，会产生销售恐惧感，有的甚至丧失信心，一蹶不振。即使是业绩优秀、有较多工作经验的会籍顾问有时也会因无法将个人的问题与工作分开，而无法长期保持对工作的热情。会籍顾问“瓶颈”时期的表现见表3—3。

表 3—3 会籍顾问“瓶颈”时期的表现

阶段	时间	“瓶颈”表现
第一阶段	兴奋期（入职1～2个月）	冲动、不注重学习、考虑问题过于简单和理想化
第二阶段	黑暗期（入职3～4个月）	恐惧感：只准备不行动，不愿去外场派单
		挫折感：郁郁寡欢，总是回忆过去销售业绩的辉煌
		不自信：垂头丧气、无精打采、神不守舍、心存他念
第三阶段	成长期（入职5～9个月）	急躁、不耐烦：忙忙叨叨，时而抱怨
第四阶段	稳定徘徊期（入职9个月后）	得过且过：迟到早退、工作懒散、只完成基本任务
		不满、抱怨：牢骚满腹、散布负面言论
		疲惫、茫然：工作节奏迟缓，整天若有所思，说话渐少
		飘飘然：趾高气扬，爱当众点评他人或健身俱乐部

2.“瓶颈”的应对

（1）会籍顾问应对“瓶颈”的方法。没有人生下来就能掌握成功的销售技巧和方法。一名成功的会籍顾问必须通过不断的艰苦努力和自我激励来实现自己的成就；他们需要不断地采用新的、有效的途径来提高自己的业务水平，同时要有足够的信心，并相信成功的会籍顾问是努力工作和不断奉献的结果。

“成功是可以复制的”，会籍顾问可以采取以下7个措施来应对个人“瓶颈”时期。

1）勇敢地面对困难。承认“瓶颈”的存在，并坚信只有优先完善并改变自己，才能处理工作中的种种困难。例如，尽管在第一次与顾客打交道时产生了不愉快的感觉，但是只要尽力坦诚地与周围的人接触和交流，不久就会认识到其实与陌生人接触并不难。事实上，通过战胜这种恐惧感能够赢得自信。

2）专注自己的目标。作为会籍顾问，的确承受着不小的压力，然而，许多人并不知道自己生命中想要的东西和想要实现的目标（荣誉、财富还是快乐）。对于自己未来的生活状态的“画面”是什么样子也不清楚。而这副“画面”在遇到困境和忧患时，对于激励自己、坚守信念是至关重要的。否则，很容易脱离“跑道”，进入一个令人不满意的局面。会籍顾问并不是个轻松的职业，需要勇气和决心才能获得成功。如果没有目标，过程会变得非常艰难，以至于许多人草率地放弃，或将现在的生活状况视作不可改变的最终画面。所以，一定要找到工作的动力和目标。具体讲，可以经常问问自己，自己前进的动力是什么？——金钱、成功、拥有一大批的朋友，还是别的？是为了赚钱买一辆新车或者一套公寓？自己的奋斗目标是什么？——希望5年、10年、20年之后是什么样子？住在哪儿？从事什么职业？能赚多少钱？会与哪些人交往？考虑一下到底促使自己前进的动力和奋斗的目标是什么，并将其清清楚楚地写下来，贴在自己经常能看到的地方。

了解自己想要什么还不够，还必须在脑海里勾勒出一副画面，清晰地展现出达到目标时的情景，并随时随地提醒自己、激励自己，并随着目标的实现及时更新。带着目标的会籍顾问一定能比那些没有目标的会籍顾问干得更好。

集中全部精力为实现自己的目标而努力，这能带给会籍顾问足够的勇气来面对所有的难题。为此，会籍顾问要探寻自己的动力和设立个人奋斗目标，不断进行自我激励，不断地为之付出巨大的努力。

3）追求完美和不断创新。要想成为一名优秀的会籍顾问，必须每天都从事销售工作，并不断地寻求进步的方法。任何领域的成功人士对他们所做的每一件事情都会认真对待，他们会投入大量的时间和精力并力求完美，付出了非凡的努力才成就了他们的成功，因为成功没有捷径，只有通过无数次的练习和改进才能达到。会籍顾问必须经历销售中的每个细小的环节，并不断检验哪里可以做得更好，从而不断超越过去的成就并且更好地服务于会员。同时，会籍顾问必须掌握如何在工作中不断获取知识并提高自己的技能，从同事、朋友和专业人士那里汲取经验，寻求创新，而不满足于停留在自己已经取得的成就上，应该向“做得更好”挑战。

4）始终充满激情和坚持到底。投资就是投入稀缺的资源以寻求增长的回报。当会籍顾问在某些方面投入了时间和精力，自然而然地就会期待它的成长，带来可观的回报。每个会籍顾问都期待丰收的喜悦，因此，即使遇到障碍、困难或失败，也要通过不断调整自己坚持下去，取得最终的成绩和回报。

5）保持对会员、俱乐部的感恩心态。带着感恩的心态去服务和帮助会员，使他们达到健身目标的同时，能够享受其中的意义和充实感。

6）寻求帮助并帮助他人。及时将目标、问题告诉给家人、上级或同事，寻求他们的帮助与支持；并在他人遇到无法排解的问题时，随时提供自己力所能及的帮助。

7）坚持健身训练。经常参加健身运动能够有效地缓解自身的压力，同时更能了解产品，从而能为会员和潜在顾客提供更全面、更真实的体会和建议。

（2）健身俱乐部应对会籍顾问“瓶颈”的方法。员工选择工作单位一般会考虑薪酬待遇、培训提高机会和工作环境，在实际工作中也可以简单地分为实际需求和情感需求两个部分的满足。实际需要是员工在俱乐部工作的首要原因，如薪酬待遇、培训机会等，而情感需要是指员工在俱乐部工作时的内心感受。

1）满足会籍顾问实际需求。满足会籍顾问实际需求的方法包括培训、公平合理的资源分配和物质奖励等。其中会籍顾问的培训包括入职培训、在岗晋级培训和交叉培训。入职培训包括导入企业文化；介绍健身行业背景和健身俱乐部基础设施设备、组织结构；介绍会籍销售管理的基本制度、会籍顾问的工作规定，并激发进取心与凝聚力；学习掌握职业化意识和顾客服务的行为规范；学习掌握潜在顾客的寻找和开发；介绍会员卡价格、会员守则、会员协议以及销售表格和健身俱乐部管理软件的使用方法。

会籍顾问的系统培训是会籍顾问成长的关键和有效的激励

方法。因为会籍顾问选择一个单位主要考虑待遇、工作环境、培训机会和个人发展空间，尤其对于年轻人，培训机会显得更为重要。从事健身俱乐部会籍顾问工作的员工整体年龄平均不到30岁，通过健身俱乐部有计划、系统组织的培训，将是他们期望和留在健身俱乐部的原因所在。然而，在部分健身俱乐部的培训中或多或少地存在以下几个方面的问题：无完整的培训系统和培训计划；俱乐部忙于业绩和日常经营，只是被动地、应付式地组织员工培训；不讲究必要的方式方法，仅仅依靠“师傅带徒弟”的单一的培训方式；注重基层的员工培训，忽视了管理者本身的学习，无法将培训内容在实践工作中得以监督执行。

为此，健身俱乐部必须建立系统的培训体系或聘请专业的培训组织为会籍顾问进行系统的、定期的、连贯性的和有针对性的培训，这是俱乐部取得成功的关键条件之一，也是帮助会籍顾问应对“瓶颈”的有效方法之一。

2）满足会籍顾问情感需求。在会籍顾问遇到困难、获得进步时，采用谈话、大众表彰等方式让会籍顾问感到备受尊重、赏识和关注。

健身俱乐部管理者应该关注会籍顾问的实际需求和情感需求，帮助会籍顾问克服在成长中的“瓶颈”。

3.1.3 会籍顾问的四大销售技巧

1. 四大销售技巧之一——提问技巧

（1）常用的提问方式

1）开放式问题。销售行为的成功，在很大程度上依赖于会籍顾问对顾客的了解程度。因此向顾客提问的过程是会籍顾问获取有价值信息的重要过程。所以，会籍顾问在顾客面前应尽量提出一些顾客需要较多的语言才能解释的问题，这种问题称之为“开放式问题”，比如“您平时喜欢什么样的运动？”“您的健身目的是什么？”等，这样顾客就不得不说出更多的想法，从而使会籍顾问了解顾客的真实目的，获得更多的、具有价值的信息。

当然，开放式的提问方式，也是需要有所节制的，否则可能会籍顾问和顾客谈得很投机，却最终不能得到任何有价值的信息，白白浪费了很多时间和精力。同时开放式的提问也并非越开放越好，否则顾客会不知从何说起。所以，在提出开放式的问题时，会籍顾问一定要有所预期，使顾客不需要太多的思考就能回答。

2）封闭式问题。封闭式问题通常是为了尽快得到所需要的信息并控制与顾客的谈话进程。通常这类问题需要顾客作出选择性的回答，如“是”或“不是”，或者由会籍顾问给出几个选择项让顾客选择。这种提问方式最大的好处就在于能够确认顾客对某一事件的态度和看法，从而帮助会籍顾问真正了解到顾客的想法。封闭式提问的具体作用和对应的说法举例见表3—4。

表3—4　　封闭式提问的作用和举例

作用	举例
跑题时用来控制谈话内容	“听起来您度过了一个美妙的假期，您能保证度假回来仍然按照计划健身吗？”
使顾客作出选择	“您喜欢早上锻炼还是晚上锻炼？”
让顾客作出某种肯定的承诺	“您现在相信健身对您身体会有很大的好处，是吗？”
复述强调顾客的意思	“您是说希望自己看起来更苗条一些吗？”
尽快得到相关信息	“您是第一次来我们俱乐部吗？”

但是，需要注意的是大量地使用封闭式的问题，就会造成审问式的交谈结果。使顾客有种被胁迫的感觉，增加顾客的戒心，甚至招致顾客的反感而导致销售的失败。避免审问式交谈的最佳方式是耐心，许多人在提问的时候，往往犯下这样的错误：在提出的问题中，前半句会是一个开放式的问题，但紧接着，没有等顾客回答就又补充了后半句，成了一个封闭式的问题。比如，“您喜欢做什么样的运动？我的意思是说您是否经常打高尔夫？”很显然，会籍顾问在销售谈判的开始往往会比较紧张，希望能够快速地结束整个过程。因此，会导致以开放式问题开始，而又快速地以封闭式问题结

束，本想让顾客更多地谈及自己的想法，反而急不可耐地将自己的想法强加给顾客，欲速则不达。所以，建立对话式的讨论氛围关键是要有一定的耐心，通过开放式的问题，让顾客多说一些，会籍顾问多倾听一些，并在此基础上，不断有意识地将顾客的思路往会籍顾问预期的方向上引导，最终达到会籍顾问的目的——完成销售过程。

3）试探式问题。试探式提问指的是能够用来判断顾客是否会作出决定的问题（如："您对哪种健身课程感兴趣?""您一周内会来俱乐部训练几天?"）。顾客对试探式提问的回答能让会籍顾问得到相关的结论。

提出试探式提问后，一定要注意的是停顿和倾听顾客的回答。记住，一旦提出了一个试探性的问题，必须稍作停顿，然后倾听顾客的答复。当顾客作出选择性的回答时，顾客往往会对成为健身俱乐部会员感兴趣。那些不作出回答或者试图逃避问题的顾客很可能还没有决定立刻成为健身俱乐部的会员，因为这些顾客可能仍然有许多顾虑，或者他们还不太清楚成为健身俱乐部会员对他们将意味着什么。

4）跟进式问题。在通过以上几种提问方式后，仍未得到满意的答案时，通常会提出进一步的问题，以获得顾客对"最终成交"有利的答案或进一步的信息，这类问题通常称之为"跟进式问题"。

（2）提问的主要作用

1）利用提问发掘顾客健身的目标、动力和内心的渴望。有很多的会籍顾问接受培训时只记住了要时刻迎合顾客的需求，而疏忽了引导顾客的需求。现象就是顾客一个劲地在问，使得会籍顾问疲于应付。事实上，顾客一再地提问并不一定表明他是感兴趣，也有可能他只是在探探底牌。作为会籍顾问，要做的是了解顾客真正关心的是什么，主要的问题在哪里，不能被顾客牵着鼻子走。而且，会籍顾问也不能一直不停地在说，而不通过提问给顾客提供交流的机会，造成顾客的感觉是在对他进行强迫式推销，一味地施加压力。顾客之所以愿意和会籍顾问谈话，是期望会籍顾问可以在专业方面给出建议。就像医生一样，对现状进行诊断，而诊断的最好方式就是有策略地提问，通过提问，发掘顾客的健身目标、动力和内心的渴望。

2）利用提问测试顾客的关注程度。当会籍顾问非常用心地向顾客解释一番之后，通常需要了解顾客听进去了多少，听懂了多少，顾客的反应又是如何，是否真的对健身项目感兴趣。如果会籍顾问只是滔滔不绝地回答顾客的问题后，就用陈述句（句号）结尾，马上停止，没有下文。这个时候顾客的回答通常是“好，我知道了，改天再聊吧”“我再考虑一下”甚至是最可怕的沉默。如果在回答顾客提问后，紧接着提问“您觉得怎么样呢?”，顾客至少不会冷冰冰地拒绝，提问给了顾客阐述自己想法的机会，也就给了会籍顾问更多的机会了解顾客的关注程度。

3）利用提问掌控对话的进程。对话的进程决定了销售的走向，一般而言，在以顾客为中心的顾问式销售循环中，包含着两个相辅相成的循环，分别是顾客的心理决策过程与会籍顾问的销售流程，通过开放式问题、封闭式问题、试探式问题等控制谈话的进程，从而完成销售的流程，并确保这一流程尽可能与观察到的顾客心理决策过程相吻合。

4）利用提问来处理顾客担忧。顾客对会籍顾问的建议提出异议主要有两个原因：一是源于人类本身具有的好奇心；二是由于会籍顾问没有解释到位，顾客没有完全听明白。

从好奇心角度来说，人类的好奇心理是无止境的，如果碰到一个“打破砂锅问到底”的顾客，那就要注意选择恰当的语言和应对方式。而此时如果会籍顾问不善用提问，只会一味地说，将一直处于“被动”的地位。当顾客提出一个问题，可以尝试反问他：“您这个问题提得很好，为什么这样说呢?”这样就可以“反守为攻”，处于主动。

当顾客没有完全听明白的时候，通常表现为沉默不语、迟疑不决或干脆逃避，诸如“不需要”“考虑看看”“把资料留下来，以后再说”的借口就频频出现了。这个时候，提问的作用关键是探询顾客了解的程度。例如："对于这一点，您的看法如何呢?"或"那没关系，您为什么这样说呢?"多问几个"为什么?"，然后在最重要的环节上利用跟进式提问，如"还有呢?"等，以获取更多信息。

2. 四大销售技巧之二——倾听的技巧

(1) 倾听的重要作用。心理学的研究表明，绝大多数的人喜欢别人倾听自己的谈话，而非听别人说话，所以会籍顾问要利用简单有效的提问，使顾客不断地说话，做到仔细倾听，并在此基础上提出更深入的问题。许多时候，顾客是将会籍顾问当作健身专家来看待的，会籍顾问要善于利用这一点，即使顾客是保守类型的，也要通过有效的问答，使顾客将心中的想法表达出来，从而使自己从被动的地位转换为主动地位，这样就增加了销售成功的可能性。

倾听给顾客带来的不仅仅是礼貌，更是一种尊重。同时，倾听也会让顾客有了倾诉和发泄不满的渠道，会籍顾问所要做的就是让顾客感到安全和舒适，没有压力地说出担心、苦恼、关注的问题等，从而了解到顾客的目标、动力和内心的渴望以及现在无法立刻决定的原因。

顾客的购买基本上都出于两个出发点：逃离痛苦和追求快乐。问题点就是让顾客感到痛苦的"痛点"和让顾客感觉快乐的"兴奋点"。销售过程在某种意义上是让顾客感觉痛苦，同时也要让顾客感觉快乐的过程。典型的销售流程通常是先让顾客思考并说出他所面临问题的严重性，会籍顾问在倾听的同时适时地给出一些引导；然后再展望解决问题后的快乐感与满足感，比如对减肥的顾客，就是要让他强烈地意识到自己的肥胖将意味着什么，如果通过健身运动减轻了自己的体重，恢复了风采，他将得到什么，从而激发顾客立即参加健身俱乐部、实现这一美好憧憬的强烈愿望。当然，要注意方式方法，切勿让顾客感到自卑或不愉快。"听"顾客的内心渴望，关键是听那些容易让顾客感到敏感的、情绪性的字眼和观察顾客在每个特定阶段的肢体语言。

会籍顾问的倾听不仅仅只是用耳朵听的问题，是需要运用多重感官的综合行为。不仅耳朵要听，同时眼睛要观察，手也要动笔记录。并且要利用过渡语（如"是吗""还有呢"等）、点头、微笑、眼神控制、沉默与停顿等，表现出对顾客的关注。

（2）顾客反应

1）顾客情绪性字眼。当顾客感觉到痛苦或兴奋时，通常在对话中要通过一些字、词表现出来，如“太”好了、“真”棒、“怎么”可能、“非常”不满意等，这些字眼都表现了顾客的潜意识导向，表明了顾客的深层看法，会籍顾问在倾听时要格外注意。一般而言，在成交的那一刻，顾客作决定总是感性的。所以每当顾客在对话中流露出有利于购买成交的信号时，要抓住机会，及时促成。

2）顾客的肢体语言。在销售对话（特别是面谈）的影响中：词语影响力为7%～10%；声音影响力为20%～30%；肢体影响力为60%～80%。从以上的比例可以明显看出，肢体语言是非常重要的交流方式。在销售对话进程中，常见的积极的肢体语言有：歪头、手脸接触、扶推眼镜、屈身前倾、手指呈尖塔形、双手抱在脑后等；消极的肢体语言有：假装摘绒毛、拉扯衣领、缓慢眨眼、腿搭在椅子上、缓慢搓手掌等。顾客在销售中总是习惯“言不由衷”，会籍顾问要懂得通过无意识的肢体语言把握顾客的心理动态。

（3）倾听的技巧。倾听的技巧是保持目光接触，身体前倾，记下重点内容并不时点头和微笑。同时要注意到：

1）站在顾客的立场去倾听。站在顾客的立场上专注地倾听顾客的需求、目标，适时地向顾客确认所了解的是不是正是顾客所想表达的意思，这种诚挚、专注的态度能激起顾客讲出更多的内心想法。

2）把握顾客谈话重点。让顾客把话说完，清楚地听出对方的谈话重点，并记录下来。通过顾客的谈话，了解顾客的感受和顾客对某一件事情的看法，或是来参加健身的真正目标、动力和内心的渴望。顾客充分表达自己的状况以后，会籍顾问才能正确地找到顾客的需求，才能有的放矢地决定如何去满足顾客的需求。当与顾客谈话时，如果顾客确信会籍顾问完全能够正确地理解他所想表达的意思，一定会非常高兴，感到受到了尊重，并由衷地对会籍顾问产生信任，这种信任是会籍顾问一切工作得以顺利进行的最好保证。同时，会籍顾问能够清楚地听出对方的谈话重点，也是一种能力。因为并不是所有顾客都能清楚地表达出自己的想法，特别是在不满、受情绪影响的时候，经常会有类似于“语无伦次”的情况出现。而且，会籍顾问除了排除外界的干扰，专心致志地倾听以外，还要排除对方的说话方式所造成的干扰，不要只把注意力放在说话人的咬舌、口吃、地方口音、语法错误或“嗯”“啊”等习惯用语上面，而要全神贯注地去理解对方谈话的重点。

3）秉持客观的态度和拥有开阔的胸怀。不要心存偏见，不要只听自己想听的或是以自己的价值观来判断顾客的想法。也不要因为顾客几句“不好听”的话就耿耿于怀，影响自己的工作。

4）正确处理顾客的不满。对顾客所说的话，不要表现出防卫的态度。当顾客所说的事情，对会籍顾问的工作可能造成不利时，听到后不要立刻驳斥，可先请顾客针对事情做更详细的解释。如顾客说“听说你们健身俱乐部对老会员的服务特别差”，会籍顾问可请顾客更详细地说明是什么事情让他有这种想法。若顾客只是听说，无法解释得很清楚时，也许在说明的过程中，自己也会感觉出这种看法不是很正确；若顾客说得证据属实，会籍顾问可先向顾客表示歉意，并答应他弄清此事的原委。记住，在还没有听完顾客的想法前，不要和顾客讨论或争辩一些细节的问题。

5）掌握顾客真正的想法和需求。顾客有顾客的立场，他也许不会把真正的想法表达出来，也许会用借口或不实的理由搪塞，或是为了达到别的目的而声东击西，或别有隐情、不便言明。因此，会籍顾问必须尽可能地听出顾客真正的想法。

销售工作就是让顾客认同和接受“健身俱乐部的产品和服务能够满足顾客的需求”这种观点，并立即采取行动加入健身俱乐部。要成功地做到这一点，会籍顾问必须充分了解健身俱乐部自身的产品和服务，并具备优良的销售技巧，其中准确地了解顾客的需求是至关重要的，而顾客的需求包括顾客的目标、动力和内心的渴望三个层次，详见表 3—5。

表 3—5　　顾客需求的层次

层次	说明
目标	1）想解决身体健康的问题，比如减肥、提高身体状况 2）出于兴趣爱好，比如增肌、学习舞蹈、练瑜伽 3）保持健康 4）为了社交或休闲需要 5）来了解一下或出于好奇（少数顾客） 第一、二种顾客的健身目标较为明显，第三、四种需要会籍顾问和顾客共同分析后进一步明确，第五种可能更依赖专业的会籍顾问去帮助顾客挖掘潜在目标 在能够帮助顾客实现他们健身目标的基础上，俱乐部还可以提供更为丰富的、安全的、有乐趣的课程和服务项目来提高顾客的身体状态和生活质量。没有一个人不需要健康长寿，因此，每个走进健身俱乐部的顾客都是有需求的，都应该为他们设立健身目标
动力	有需求就会有销售，但是，有时顾客表明了他们的健身需求和目标，这并不意味着他们真的会采取某种措施。就像有些人想要减肥，但是在几个月之后仍然不会采取任何实际行动，除非有某种特别的原因影响他们，促使他们必须要立即减肥，他们才会采取行动，这个特别原因称之为动力
渴望	内心的渴望是指人们最强烈的愿望和动机，是在动力背后的一种内心的活动或情绪。通常它是感性的——并且非常强烈和冲动，甚至给人带来越来越多的苦恼或这种需求越来越迫切时，就能促使人们立即采取行动。内心的渴望主要是：成功、金钱、地位、赢得他人的喜爱、美丽的外表、健康、自尊等

以一个例子来说明顾客需求的 3 个层次：一个希望减肥 10 斤的女士来到健身俱乐部，因为她的男朋友觉得她胖不愿一起去海边度假。现在，她的目标是减肥 10 斤，动力是陪她男朋友去海边度假，而内心的渴望是使自己变得更美丽，内心深处也担心她男朋友嫌她胖，影响彼此的感情。

3. 四大销售技巧之三——表示理解的技巧

只有在顾客的谈话后，会籍顾问表示充分的理解，才会让顾客知道会籍顾问已经认真听取了他们的谈话并完全明白了他们的意思，同时感到受到尊重。而当会籍顾问没有对顾客的想法和感受表示理解时，顾客通常会结束谈话。显然，对顾客的感受表示理解是建立会籍顾问与顾客之间信任关系非常重要的一环。为此，会籍顾问可以通过与顾客谈论一些个人问题让顾客感到亲切，从而让顾客有一种舒适感。每个人在情感上都有自己的舒适区，而谈论一些敏感性的话题，如体重、外表和身体等可能会让顾客感到别扭从而离开了顾客的舒适区，表示理解将是把顾客带回到舒适区的有效途径。值得注意的是，“我们能理解”这句话表明完全理解顾客的感受但并不意味着赞同。有的时候顾客表达他的强烈愿望时，往往带着他个人的偏见，且对促成销售不利。此时会籍顾问内心不能赞成这个观点，但还是要表示对顾客的理解，只有这样才能建立起和顾客间相互信任的桥梁。

4. 四大销售技巧之四——给出正确信息的技巧

一个优秀的会籍顾问在提出问题、倾听顾客的言谈、真正找出顾客最关心的事情、并完全了解这些需求对顾客的重要性后，才会提出解决问题或满足这些需求的方法，而提供这些相关信息必须让顾客感觉到是全面的、专业的、有价值的，而这些信息也是有助于会籍顾问销售的。必须注意：会籍顾问向顾客提供信息时，必须清楚、易懂。

给出信息的时机和信息内容是非常关键的，因为它能决定顾客是否会接受会籍顾问提出的建议。许多会籍顾问都意识到了提供信息的重要性。但遗憾的是，很多人还是在本应认真倾听、表示理解或提问的过程中就过早地给顾客提供了信息。成功的会籍顾问会花更多的时间用于倾听顾客的言谈，而不是迫不及待地提供相关资料。

3.2 资源的获取

健身俱乐部推广会籍（会员卡）时，根据会籍顾问的工作流程，可分为资源的获取、电话邀约、内场参观接待、完美的顾客服务和持之以恒的不断跟进四个阶段，通常也可称之为会员卡推广的周期。

3.2.1 顾客资源的获取方法

作为会籍顾问，第一步“获取资源”时要做的工作是发掘顾客资源，顾客资源的来源概括来说为F：Friend（周围的亲友）；I：Influence（有影响的媒体广告）；N：Neighborhood（俱乐部周围的人群）；D：Directly（直接的拜访和邀约）；S：Society（社团和公司）。这几个英文单词的前一个字，合在一起就是FINDS（寻找）。一般来说，健身行业顾客资源的获取采用以下方法：

1. 缘分法

缘分法就是发掘自己身边的同学、同乡、亲戚等作为顾客进行销售。缘分法的优点是：由于都是熟悉的人，比较容易接近，也比较容易成功；缺点是：自己的顾虑比较重。在中国这样的社会，向熟人推销还是一件比较容易引起别人异议的事情，但是会籍顾问应该明确，向顾客推销的不是健身卡，而是推销对顾客健康的关注，是希望顾客生活的质量更好。顾客是最重要的亲人，而不是所谓的“杀熟”。当会籍顾问热爱自己从事的健身事业，从自己的健身经验中体会到健身的重要，这点顾忌就会烟消云散了。在俱乐部中最常用的缘分法还包括老会员的续会或升级（R）。

2. 介绍法

（1）介绍法的定义。介绍法是通过良好的服务，建立口碑效应，利用他人的影响力介绍更多的人加入。销售行业中有句名言——“每个顾客的背后，都隐藏着49个顾客”。因为健身俱乐部的口碑是需要口口相传的，所以优质的服务是健身俱乐部长期发展的基础。会员由于受到了热情的接待和周到的服务，或在对健身产生浓厚兴趣并取得成效后，不但会经常光顾健身俱乐部，还会非常愿意推荐亲朋好友来共同参与，同时顾客还会把健身俱乐部以及他的会籍顾问推荐给朋友或把朋友的联系方式告诉会籍顾问。这种通过会员告知朋友联系方式或直接带亲友来参观健身俱乐部的资源获取方式称之为“会员的转介绍”（BR）。由于是会员的推荐，所以成功率自然会较高，会员转介绍是健身俱乐部会员发展的重要途径。得到会员转介绍朋友信息的四个主要途径：在新会员入会当天，填写 VIP 登记表，推荐朋友；优质的服务使会员愿意带朋友一同参加健身；带亲朋好友参加健身俱乐部组织的会员活动；主动询问会员，希望会员推荐朋友。

（2）主动询问会员方法的步骤（见图 3—1）

接近会员：
- 在没有打断或影响会员健身的时候，接近会员询问会员
- 最近有没有进行体测或最近训练情况

↓

征求推荐：
- 请会员帮忙，询问会员可不可以推荐一个来享用健身俱乐部提供的服务给予免费试练机会，并说明其朋友不一定要加入健身俱乐部

↓

取得资料：
- 索取该会员的联系方式
- 请会员到办公室填写所推荐朋友的姓名、电话

图 3—1　主动询问会员方法的步骤

3. 陌生法

陌生法也称为外场工作，是健身俱乐部的预销售（新建健身俱乐部在正式营业前开始的提前会员卡的推广方式）中最主要采用的方法，也是健身俱乐部正式营业后的重要推广方法。

陌生法是通过外出扫楼、设立外销点、外场派单（DM）及填写调查表等形式，扩大潜在的顾客群，使健身俱乐部的市场变得无限大——任何人都是健身俱乐部的潜在顾客。当然在实际工作中，也会经常遇到“被拒绝”的情况，这是一名优秀会籍顾问的必经之路，真正的 TOP SALES（会籍销售冠军），都是在不断遭到拒绝、又不断地再去拜访的努力中得到发展和成长的。

对会籍顾问而言，提升业绩、创造财富的重要工作就是外场的开发；对健身俱乐部而言，外场的开发也是至关重要的。“如果一个湖是死水，从来得不到江河的水源补给，日复一日它肯定会干涸。”同理，对一个健身俱乐部而言，肯定会受到交通和地域的限制。顾客一般会在工作单位或是居住地附近的区域内作出

选择，这样健身俱乐部开业时间越久，健身俱乐部的新会员数量也肯定会日益减少。其实市场是巨大的，如果会籍顾问能够做好外场工作，也就等于引江河水作为湖水的补给，顾客数量也会随之提高，相应的销售额也就会有所保证了。

（1）外出扫楼（顾客拜访）

1）先规划出一个大的准备开发的商务楼盘区域。以健身俱乐部为圆心，公交线路在 10～15 min 车程的地区为宜。

2）划定区域后，应提前做好准备和拜访计划。如当天要去开发的楼盘，应对其基本情况有所了解，并带齐所需的全部销售物品。

3）每次在拜访好一家公司后，不论成功与否都应该主动留下自己的名片，而且应该争取获得对方的名片（联系方式），以便日后跟进。

4）做好会谈内容的记录并注意建立每日工作报表制度。

外场工作中最基本、最常用的就是外出扫楼（大多以一些商务楼盘为主），进行陌生拜访以寻求公司客户和个人潜在顾客。

（2）设立外销点（在商业区、社区楼盘设摊咨询）。健身俱乐部应该根据自身所辖区域内的社区楼盘、商业和写字楼的基本情况（楼盘名称、地址、所属物业公司等）做一次市场调查。提前 1～2 周确定外销点位置，并由会籍顾问或会籍经理前往与其物业公司的具体负责人进行良好的沟通，明确说明来意，并具体了解该物业公司的需求。联系外销场地一般会遇到以下两种情况：

1）与物业公司沟通情况理想。可以在商场或写字楼大堂，或进入小区在其主要通道或中心绿地等人员较集中的区域，进行为期 1 周或仅客流较集中的两天定点设摊咨询，其中穿插进行 DM（健身俱乐部宣传单）的派送和填写调查表的工作。

2）与物业公司沟通情况不理想。上述工作性质未得到许可，将无法进入设摊工作的写字楼或小区楼盘内部时，可以了解公司的名称或住户情况（门牌号码）。在获得这些信息后，以邀请信函的形式通过邮寄或直接由会籍顾问投递的方式把 DM 单发放给每个单位、每一户家庭（通过信函才会提高顾客真正的阅读率，才会让顾客真正了解到健身俱乐部，才会有可能提高健身俱乐部访客量、增加销售额）。

（3）外场派单（DM）、填写调查表。在外场发单时，会经常遇到困难（如行人的冷漠，甚至是讽刺挖苦的言语），会籍顾问要始终保持积极、乐观向上的态度，不要把上次的失落情绪带到接下来的发单工作中，要充满激情与活力，要在顾客面前展示自己良好的职业素质和坚定的职业态度。顾客可以拒绝所提供的服务，但不会拒绝一位真诚、坚韧的朋友。要有这种思想，就会以平和的心态对待，无论别人是什么样的态度，绝不把这些负面的影响带给自己。因为健身是为顾客带去人生最重要的财富——健康，顾客不接受是顾客的损失。会籍顾问要转变观念，不是去乞求顾客，而是与顾客进行交流，以求双赢。“顾客不接受说明他的意识和眼光还不够，不是因为会籍顾问推荐的产品原因”，如果能有这种想法，就没有什么值得懊恼的。会籍顾问要展示自己个人的魅力和精神风貌，用积极的态度去感染顾客。

DM 的派送有两种情况：一种是流动型的工作，会籍顾问无固定工作地点，最好在以健身俱乐部为圆心，步行 500 m 的方圆范围作为工作重点，进行派送（注意健身俱乐部的门口为最佳，因为在派送过程中，会籍顾问便于将有意向的顾客直接带至健身俱乐部参观）；另一种就是定点型的派送，由会籍经理或主管规定一个特定地区为派送点，会籍顾问则在指定的地点派送 DM。

派送 DM 是最简单的外场工作，虽然成效不会很大，但可以起到对健身俱乐部的宣传工作，使健身俱乐部的品牌更加深入人心，所以派送 DM 是必不可少的外场工作。同时，在外场派送 DM 工作的同时，也可以与填写调查表结合进行。通过调查表这样一个市场调查形式，可以从中了解和得知大部分顾客对健身和对选择健身俱乐部所存在的各种心态，可以借此分析和判断得出目前市场需要怎样价位和设施的健身俱乐部；除外，最重要的是可以得到大量的顾客资料，给会籍顾问日后的再跟踪、再联系提供资源，有利于开发出新的会员和提高访客数量。主要工作流程为以亲切、友好、轻松的形式简单告知自己单位和工作性质；询问顾客的健身爱好和是否有兴趣得到免费的健身机会；获得顾客姓名、电话，并送上免费体验券；如可能，可直接邀请到健身俱乐部参观或约定具体参观时间。

（4）其他方法

1）通过广告、网站、店招或健身俱乐部指示系统等，走进健身俱乐部的顾客（WI）或打进健身俱乐部的咨询电话（TI）。

2）依靠外聘人员或单位进行潜在顾客信息的收集的电话营销（TMK）方式。

3.2.2 顾客拜访

1. 顾客拜访的技巧

顾客拜访的技巧是在熟练掌握3.1.3会籍顾问的销售技巧的同时，需要注意的一些相应的技巧，具体如下：

（1）良好的第一印象。第一印象是对不熟悉的社会知觉对象发生第一次接触后形成的印象。初次见面时对方的仪表、风度所留下的最初印象往往形成日后交往的依据。一般人通常根据最初印象而将某人加以归类，然后再从这一类别系统中对该人加以推论与作出判断。

人与人之间的相互交往、人际关系的建立，往往是根据第一印象所形成的论断与延续。据心理学方面的有关研究表明，人们对其他人或事物在7秒钟之内产生的第一印象可以保持7年。给他人留下的第一印象一旦形成，就很难改变。从第一印象所获得的主要是关于对方的表情、姿态、仪表、服饰、谈吐、眼神等方面的印象。它虽然零碎、肤浅，却非常重要。因为，在先入为主的心理影响下，第一印象往往能对人的认知产生关键作用。

“第一印象是最重要的印象”，同样，在销售过程中，第一印象非常重要，它对能否成功销售起着关键作用。据相关资料统计，销售人员的失败，80%的原因是因为留给顾客的第一印象不好。也就是说，很多时候，不合格的会籍顾问在还没开口介绍健身俱乐部之前，顾客就已经决定不愿进行进一步的沟通了。实际上顾客的拒绝原因基本有3种：第一是拒绝会籍顾问本身；第二是对健身俱乐部没有信心（基于价格、品牌、收效等方面原因）；第三是顾客本身已经参加其他的健身俱乐部。所以说，是否给顾客留下良好的第一印象，对于接下来的相互沟通很重要。

（2）设计一个成功的开场白。会籍顾问与顾客面谈之前，需要适当的开场白，好的开场白是销售成功的一半。在实际销售工作中，会籍顾问可以首先唤起顾客的好奇心，引起顾客的注意和兴趣，然后道出加入健身俱乐部的益处，迅速转入面谈的主题部分。好奇心是人类所有行为动机中最有力的一种，唤起好奇心的具体办法则可以灵活多样，尽量做到得心应手，不留痕迹。在刚刚见面，为打破僵局，可以寻找一些话题，详见表 3—6。

表 3—6　　打破僵局的话题

话题方向	举例
仪表、服装	“这件衣服很时尚，您是在哪里买的？”
乡土、老家	“听您口音是湖北人吧！我也是……”
气候、季节	“这几天热得出奇，去年……”
家庭、子女	“我听说您家女儿是……”
饮食、习惯	“我发现一家口味不错的餐厅，下次咱们一起尝一尝。”
室内摆设、布置	“我觉得这里布置得特别有品位，您是搞这个专业的吗？”
兴趣、爱好	“您的歌唱得这样好，真想和您学一学。”

总之，开场要设法营造一个舒适的谈话气氛，使双方建立融洽的关系。

（3）善于利用销售工具。会籍顾问要善于制作和利用各种销售工作吸引顾客，激起他们的好奇心与兴趣，引发其购买欲望。常用的销售工具见表 3—7。

表 3—7　　常用销售工具

名称	说明
皮包	尽量准备款式大方，质地较好的皮包或与服装搭配的书包，包内物品要整理清楚
必备的工具	纸、笔、名片、计算器、销售手册、顾客名单、电话本、地图、价格表、访问准备卡
宣传品	健身俱乐部宣传单页或宣传册、健身俱乐部相关报道、杂志、优惠折扣资料、健身俱乐部礼品等

（4）运用肢体语言。销售话语不只是一些动听的言辞，还必须配合其他因素。有些会籍顾问说起话来比较刻板，脸上既无表情变化，声音也无高低起伏，内容组织得也不精彩，听起来很难打动顾客。说话不但要用嘴来说，还要运用富有感情的腔调来加以修饰，当然更少不了手势等肢体语言与以配合，从而调节销售谈话的气氛和加强谈话效果，简单地说，就是用整个身体来说话。

(5) 吸引顾客的注意力

1) 提及顾客现在可能最关心的问题或是某件能够引起顾客共鸣的事情，如“听您的朋友提起，您现在最头疼的是员工经常请病假，虽然调整了他们的工作压力，可这个问题还没有从根本上改善。”

2) 谈到顾客熟悉的顾客方，如“您的朋友刘××，刘总介绍我与您联系的，说您近期考虑提高员工的身体素质……”

3) 赞美对方。人人都喜欢听好话被奉承，善用赞美是取得最好成绩的销售武器。而赞美分为直接赞美（如“您真的很关心员工的健康”）和间接赞美（如“如果我是您的员工，一定会很开心的，看得出来贵公司员工都很有朝气”）。赞美的主旨是真诚，赞美的大敌是虚假。赞美是一个非常好的沟通方式，但不要夸张地赞美，以免给人留下不好的印象。

4) 用数据来引起顾客的兴趣和注意力，如“通过专业组织的研究，不健身的人生病的概率约为经常健身人群的7～8倍……”

5) 有时效性的优惠条件，如“活动的截止日是X月X日，我觉得这个活动能给您节省很多费用，所以……”

上面这几种方法，可结合交叉使用，重要的是要根据当时的实际情况。当然在与顾客交谈时，一定要以积极开朗的语气对顾客表达。在实际工作中，经常出现这样的状况：与顾客会面开始10分钟时气氛很好，可过了一会儿，就不知道和顾客谈什么或者是整个过程只是会籍顾问一个人在发表“演说”。一定要记住，为了使顾客开口讲，一定要以问题结束一段表达，否则会陷入暂时的僵局。

(6) 学会换位思考。拜访前要尽可能多地掌握对方的情况，站在对方的立场上，真诚地帮助对方分析利弊得失。让对方感到和你谈话或合作是一次愉快的、真诚的、难得的机会。这样更容易说服对方、打动对方，掌握顾客拜访的主动权。

(7) 掌握让步和坚持的分寸。顾客拜访的成功，在某种程度上是双方妥协的结果。妥协就是让步，让步也是由双方的情况和拜访形势灵活决定。有时候需要一步到位，有时候需要分段让步。总之，采取的方式要使对方感到你的妥协是通情达理、认真考虑过的，对拜访是诚心诚意的。不能让对方感到突然或不合逻辑。同时，要有一定的忍耐力，要学会巧妙地坚持和等待。许多拜访的成功都是由最后一分钟取得的。最后的一分钟往往也是智力的较量、毅力的较量和信心的较量。顾客拜访的最后一分钟就像琴弦一样，松了弹不成曲子，紧了就会断。

（8）避免高压销售和不敢销售。高压销售是使那些本可以成交的销售最终前功尽弃的主要原因之一。太多的会籍顾问都忙于夸夸其谈，企图压倒对方，却没有意识到说得过多反而失去了顾客。这个时候，会籍顾问应该做一个好的听众——要学会正确判断什么时候要倾听。高压销售会逐渐损害本来很有成效的销售谈判流程。

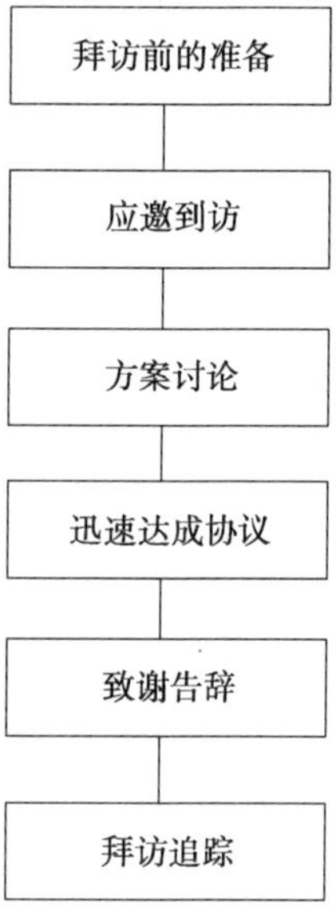

一般会籍顾问都能意识到顾客何时对产品发生兴趣，但有部分会籍顾问害怕被拒绝以至于使销售失败。这类会籍顾问有一种典型的错误看法，他们认为大胆地尝试成交会使顾客当场表示拒绝，甚至会误以为顾客因为感到受到强迫而恼羞成怒。不敢销售会失去很多原本可能达成协议的销售。

（9）3个“5分钟”法则（见表3—8）

表3—8　　3个“5分钟”法则

3个“5分钟”	说明
开始“5分钟”	开始的5分钟是建立第一印象最为关键的时刻，这阶段主要用于消除彼此间的陌生感，确保接下来能进行良好沟通的开始
重点“5分钟”	了解顾客需求后，自然过渡到谈话重点，给顾客建议并从顾客的角度阐明原因，帮助顾客。为了避免顾客起戒心或抵触心理，千万不要画蛇添足超过5分钟
离开“5分钟”	为了避免顾客反复思量导致拜访失败，最好在重点交谈后5分钟内离开

2. 顾客拜访的流程

（1）拜访前的准备

1）明确和制定目标。上门拜访的目的是推销健康理念和企业文化而不是产品。因此，会籍顾问的首要任务就是把自己从“陌生之客”的立场短时间内转化成“好友立场”。如果已经有了之前的电话接触，要在脑海中清楚地描绘出与被访者电话沟通时的情形，对被访者性格做出初步分析，选好沟通切入点，计划提供健身方案的类型（卡种和价格政策），最好是初次电话接触和确定拜访时间的信息能连贯起来，便于对被访者和其部门有所了解。在此基础上，制定目标，SMART 目标说明见表 3—9。

表 3—9　　SMART 目标

目标	说明
Specific（具体的）	目标要清晰、明确，对顾客是有意义的
Measurable（可衡量的）	目标要量化，可以量度的——有数量、价值、时间
Achievable（可达到的）	通过努力可以做到的——可行的，与顾客有相关利益的，可能不是马上做到，但可以是持续性的活动
Relevant（相关性的）	目标要和最终有利于达成协议有相关性
Time（有时间限定的）	目标要有时限性，要在规定的时间内完成

没有订下 SMART 目标，不应拜访顾客，因为只有在会籍顾问和上级共同商讨、确定 SMART 目标内容后，才能做到：对要达到的效果有一个清晰、明确的具体计划；保证每一次拜访顾客都是有真正的目的；能把每一次拜访的结果汇总到每一周或每一个月的销售计划。

订下 SMART 目标可以使会籍顾问在顾客面前表现得更有自信、更专业，容易赢得顾客合作的兴趣和信心，从而充分、有效地利用每一次顾客拜访机会达到预期的、满意的结果。

2）背景资料收集。“知己知彼、百战不殆！”，因此，要努力收集到被访者以及其单位的背景资料，要尽可能了解更多顾客情况，并把所得到的信息加以整理，装入脑中。作为会籍顾问，不仅仅要获得潜在顾客的基本情况，如对方的性格、教育背景、生活水准、兴趣爱好、社交范围、习惯嗜好以及和他要好的朋友的姓名等，还要了解对方目前得意或苦恼的事情，如乔迁新居、结婚、喜得贵子、子女考大学，或者工作紧张、经济紧张、充满压力、失眠、身体欠佳等。会籍顾问还要努力掌握其活动资料、公司资料、同行业资料。总之，了解得越多，就越容易确定一种最佳的方式来与其谈话。

3）开场白的设计。开场白是会籍顾问与顾客见面时开始 2 min（电话行销前 30 s）要说的话，这可以说是顾客对会籍顾问印象的再次定格（与顾客见面时，顾客对会籍顾问的第一印象多取决于衣着和举止）。

在这里值得一提的是，如果是会籍顾问主动征得顾客同意拜访，会籍顾问的开场白非常重要；而如果是顾客主动约见会籍顾问，顾客的开场决定了会籍顾问的开场。

开场白一般来讲，包括以下几个部分：感谢顾客抽出时间接受拜访；自我介绍或问候；介绍来访的目的（突出顾客的价值，吸引对方）；转向探测需求（以问题结束，好让顾客开口讲话）。

4）路线与时间的安排。根据当天要拜访的顾客的位置、对方要求、重要性等因素，进行合理的顾客拜访路线安排和计划，合理利用时间，提高拜访效率。必须保证准时到达与顾客预约好的地点，最好是提前 5～7 min 到达，做好进门前准备。到得过早会给顾客增加一定的压力，到得过晚会给顾客传达“不被尊重”的信息，同时也会让对方产生不信任感。

5）仪容仪表准备。虽然经常讲不能用第一印象去评判一个人，但顾客却经常以第一印象来评价会籍顾问，这决定了顾客愿不愿意提供会籍顾问继续谈下去的机会。拜访顾客时应做到：着装得体，郑重其事。最好是穿健身俱乐部统一服装，让顾客觉得健身俱乐部很正规，企业文化良好。男士上身穿健身俱乐部统一上装，佩戴公司徽章，下身穿深色西裤，黑色平底皮鞋，避免长发、染色等发型问题，不佩戴任何饰品。女士上身穿健身俱乐部统一上装，佩戴公司徽章，下身穿深色西裤或裙子，黑色皮鞋，避免散发、染发等发型问题，不佩戴任何饰品。

6）销售工具准备。健身俱乐部宣传资料、名片、计算器、笔记本、钢笔、价格表、会员礼品等凡是能促进销售的物品。

7）心理准备

①信心准备。事实证明，会籍顾问的心理素质是决定成功与否的重要原因，除了突出自己最优越个性，让自己得到认可，还要保持

积极乐观的心态。

②话题准备。顾客拜访是销售活动前的热身活动，这个阶段最重要的是要制造机会，制造机会的方法就是提出对方关心的话题。

③拒绝准备。大部分顾客是友善的，换个角度去想，通常在接触陌生人的初期，每个人都会产生本能的抗拒和保护自己的方法，找一个借口来推辞并不是真正讨厌会籍顾问或健身本身，因此会籍顾问应对可能出现的拒绝做好准备。

④微笑准备。如果希望别人怎样对待自己，自己首先就要怎样对待别人。微笑可以向顾客反映出会籍顾问积极的形象和对顾客的友善，同时微笑也是与人沟通的催化剂。

（2）应邀到访

1）确定进门

①敲门。进门之前先按门铃或敲门，然后站立门口等候。敲门以3下为宜，声音有节奏但不要过重。

②话术。“××经理在吗?”“我是××健身俱乐部的小刘!”主动、热情、亲切的话语是顺利打开顾客房门的金钥匙。

③态度。进门之前一定要让自己显示出诚实大方的态度！同时避免傲慢、慌乱、卑屈、冷漠、随便等不良态度。

④细节。严谨的生活作风能代表公司的整体水准以及个人素养，千万不要让换鞋、雨伞等小细节影响大事情。

2）开场白。首先要作一个简短的自我介绍；其次是对顾客进行观察和赞美。

（3）方案讨论

1）有效提问。“顾客不开口，神仙难下手”。提问的目的，就是通过沟通，了解顾客的目标、动机和内心渴望，以及影响顾客决定的因素。应该注意：

①确实掌握谈话目的，熟悉谈话内容，交流时才有信心。

②先让自己喜欢对方再提问，向对方表示亲密，尊敬对方。

③尽可能以对方立场来提问，谈话时注意对方的眼睛。

④问二选一的问题，帮助犹豫的顾客决定。首先提问对方已知的问

题，由小及大，由易及难，再用引导性的方法提问对方未知的问题。

⑤学会问顾客关心的问题。

2）交流讨论

①仔细地倾听能够进一步了解顾客的基本情况以及消费心理、需求，可以洞查出顾客真正犹豫不决的原因。以聊天的方式，寻求与顾客找到共同话题，说话时要注意掌握与顾客同频率的原则，让顾客感到会籍顾问与他是同类型人，增进好感，以产生共振的效果，更多地了解顾客。

②耐心、详细地为每一位顾客介绍健身俱乐部设施、设备、现行优惠政策，选择合适的切入点，投其所好，要反应灵活，保持声音甜美，抓住内容的精髓激发顾客的购买欲望。

③对迟疑的新顾客，不可过多强调会籍协议，应以促进其对健康知识和对自己健康的关注为侧重点。

④对一些仍未下决心的顾客，千万别勉强，火候未到，可以先冷却一下，保持良好的关系，以便下次再邀请或拜访。

3）驾驭拜访的进程。使拜访工作得以进一步的深入，是会籍顾问驾驭拜访进程的关键。会籍顾问要想成功地开展拜访工作，需要掌握以下几个方面：

①明确达到目标需要解决多少问题。

②抓住分歧的实质。具体应采取如下措施：

a. 善于及时清理已有的各种观点，通过清理可以告诉顾客，哪些是有关的，哪些是无关的，以使保留和关注有关的观点。

b. 对于有关的问题，要善于指出各种观点的分歧点。对于具有共同观点的各种问题要善于对其进行合并同类项，从而归纳出真正的分歧点。

c. 对于分歧点的实质性进行分析。通过论证要提出分歧所反映的实质，以使后面的拜访能够击中要害。

d. 提出应该讨论的新问题。根据分歧所反映的实质，抓住围绕实质的有关方面，从而找到为解决实质性分歧的有关问题，以便进一步加以解决。

③不断小结拜访成果。

④掌握拜访的节奏。

（4）迅速达成协议。作为拜访的双方，都希望能够迅速地达成共识。如果拜访的战线拉得过长，既浪费了大量的时间，又需要花费很大一部分精力，这是拜访双方都很不情愿干的事情。拜访时若能争取做到速战速决，也不失为一种良策。

迅速达成协议要把握以下几点：协议应考虑顾客的利益，并为顾客所接受；协助顾客获得签订协议的新理由；从容易统一的观点或已有经验的问题出发；拜访中不要太多地进行讨价还价；拜访前多预备几种拜访方案。

（5）致谢告辞。结束拜访的时机可以根据具体情况灵活处理，但大体上，初次拜访时间一般控制在20～30 min之内，不宜过长。

（6）拜访追踪。在每次顾客拜访后，要记录拜访的全部细节，并回复、立即处理拜访中许诺的事情。

3. 拜访实例（开场白）

“王总，您好！看您这么忙还抽出宝贵的时间来接待我，真是非常感谢您！”（感谢顾客）

“王总，办公室装修得这么简洁却很有品位，过去总以为您只是一个很成功的老板，没想到您还是个极具艺术品味的人！”（赞美）

“这是我的名片，我是XX健身俱乐部的Andy，请多指教！”（第一次见面，以交换名片作自我介绍）

“王总以前来过我们的健身俱乐部吗？（停顿）我们健身俱乐部是国内最大的健身俱乐部连锁机构之一，我们听到您楼上 * * 公司的张总给我们介绍您，说您非常关心员工的身体健康，鼓励员工通过健身提高身体状况，从而提升工作效率，张总公司已经是我们的公司卡会员，所以介绍我们来拜访您，想了解一下在员工健身方面，我们俱乐部是否有机会为您的企业出份力。”（介绍此次来的目的，突出顾客的利益）

“王总，贵公司目前对员工健身有什么具体计划吗？”（问题结束，让顾客开口）

从上面的例子可以看出，开场白要达到的目标就是吸引对方的注意力，引起顾客的兴趣，使顾客乐于与会籍顾问继续交谈下去。所以在开场白中陈述能给顾客带来什么是非常重要的，即陈述价值。可要陈述价值并不是一件容易的事，这不仅仅要求会籍顾问对自己推广的服务产品的价值有所研究，并且要突出顾客关心的问题，找出两者间的结合点。因为，每个人对一件物品的价值的认同点是不同的，同样购买一件衣服，有的人考虑的是衣服的款式，有的人考虑的是衣服的质量，有的人考虑的是衣服的品牌。款式、质量、品牌就是这件衣服的价值所在，如果这件衣服有10个好处，顾客也只是考虑2～3个好处就足以促使其购买了。因此，如何找出顾客最关注的价值并在开场白中加以陈述，是开场白中的关键所在。

真诚、热情和有创意的开场白会影响整个谈话的气氛，也会影响顾客的聆听态度。应该以明确的、诚恳的、有吸引力的来意陈述。如果一开始就取得了顾客的注意和尊敬，很可能在整个谈话过程中得到同样的尊重。反之，就可能空手而回。在顾客的心中有一个念头：您要干什么？因此，越快说到本次拜访的重点会越有利，顾客会因此而削弱对会籍顾问的提防。

3.2.3 预销售的基础

1. 预销售的目的

（1）扩大品牌知名度，积累潜在顾客资料。

（2）给会员健身优惠的同时，为俱乐部快速回笼资金。

（3）锻炼和培养会籍顾问的销售能力和专业服务水平。

2. 预销售期的销售策略及开展形式

预销售一般在俱乐部开始土建施工时同步开始，一般为期3个月左右。预销售期通常采用的销售策略为分阶段的会员卡价格优惠和礼品赠送等形式的敦促法。预销售一般采用设立外销点、派发DM单和填写调查表形式进行。其中派发DM单的具体步骤如下：

（1）“接近”顾客、问候对方并作自我介绍。

（2）了解顾客需求、讨论参加健身运动的优点以及如何实现自己的目标。

（3）健身俱乐部简介和促销活动说明。

（4）邀约访问外销点（提供检测券、试练卡）并要求得到对方的电话号码。

（5）保留顾客的优惠机会（可交定金、填写相应表格或问卷）。

（6）提供健身俱乐部的地址、电话和会籍顾问本人的手机号码。

（7）表示感谢，并确定约定的时间。

3.3 顾客的邀约

健身俱乐部的会籍推广是一种体验式的销售方式，即大部分顾客要通过参观健身俱乐部、体验或观察健身俱乐部健身项目后才能最终完成购买行为。因此，在获得潜在顾客名单、电话信息后，邀请潜在顾客在指定时间内参观健身俱乐部成是会籍销售中的一个重要环节。邀请顾客可以通过直接邀请、电话邀请、信函邮件邀请三种方式完成，而其中90%是采用电话邀请方式来进行的。一般而言，会籍顾问在实际工作中会面对两种电话，一种是潜在顾客主动打入健身俱乐部来咨询有关事宜的电话，即咨询电话（TI）；另一种是会籍顾问根据各种方式（外场派单时收集的、TMK、会员推荐等）得到的号码，邀请潜在顾客来健身俱乐部参观而主动打出的电话，即邀约电话（Call）。

3.3.1 咨询电话（TI）

咨询电话一般指顾客主动打入健身俱乐部的电话，除了部分健身俱乐部会直接公布会籍销售办公室的电话外，顾客打进健身俱乐部的电话主要是由前台同事接听，如确认为咨询电话，在留下顾客的姓名和电话后，根据健身俱乐部的规定可采用两种方式转达给会籍部：一是前台同事结束电话登记后立即按规定顺序通知相对应的会籍顾问（会籍顾问接听咨询电话的循序按事先确定的规则，由会籍经理告知前台同事），会籍顾问应该在3分钟内回电。二是部分健身俱乐部有可能会要求前台同事直接将TI电话转到会籍销售办公室。

会籍顾问在回复咨询电话时的主要流程：

1. 问候对方并作自我介绍

着重要给对方留下对于健身俱乐部和会籍顾问的良好的第一印象。常用的语言："您好，是××先生/女士吗？让您久等了。我是××××健身俱乐部的会籍顾问Toney。很高兴为您提供咨询服务"。"我有什么地方可以帮助您的吗？如果您想了解关于健身俱乐部和会籍上的一些事务，我想我可以给您提供相应的帮助！"

2. 电话交流、沟通

在问候结束后，会籍顾问就应该开始进入主题，通过问题的形式对顾客进行了解，这一步骤着重要了解对方的需求，讨论参加健身运动的优点以及如何实现自己的目标。如提出“××，您是怎么知道我们****健身俱乐部的呢?”“是什么原因让您想到要选择一家健身俱乐部的呢?”“您平时喜欢哪一类的运动呢?”等问题，通过以上问题可以初步了解顾客的一些基本情况，也便于会籍顾问接下去的介绍可以对症下药，重点抓住顾客感兴趣的设施设备和场所作介绍，做到事半功倍！在这一过程中还可以适时地穿插一些相关的问题（“××，您过来我们这边交通方便吗？您是家在这里呢，还是工作的地方在这边?”“××，您有朋友是我们这边的会员吗?”等）对顾客做进一步的了解。

通过电话中的交流，会籍顾问可以清楚地知道顾客的需要、目的以及基本情况。

3. 邀约顾客

给出基本的健身指导，提供健身俱乐部的地址和会籍顾问个人的联系号码，要求得到对方的电话号码。当电话交流沟通进行到一定的程度后，会籍顾问应该适时地提出邀约，“××，经过我刚才的简单介绍，您对我们的健身俱乐部应该有了一个大概的了解，您看您哪天方便，欢迎光临我们俱乐部来现场参观或体验。”这时候一般会遇到两种情况：

(1) 顾客应允。此时，会籍顾问应该重复一遍重要的信息：“××，我们是约在星期六的上午十一点钟，对吗？到时我会在前台等您，别忘了我的名字 Toney，再见××，周六见!”

在预约时间到来的前一天，会籍顾问应该在一个适时的时间通过电话再次确定约会！常用的言语：“××，我是××健身俱乐部的 Toney，您好!（等候回音）我打电话给您是想和您确认一下明天上午十一点钟您和我的约会，并想和您确认一些事情。”“您有我们健身俱乐部的具体地址吗？您到了健身俱乐部后，可以告诉前台您和我有过预约。我会陪您参观我们的健身俱乐部，完成健康测试”。“如果有某种原因您无法赴约，请给我打电话，因为我们的工作都是需要提前预约的，您有我的电话号码吗？我衷心地希望明天我们可以如约见面，希望我能有幸为您服务!”通常会籍顾问也会采用手机短信的方式辅助进行这项工作。

(2) 顾客婉转推辞。会籍顾问面对拒绝，不应显得急躁或失去礼貌，而应该礼貌地说“好的，今天很高兴为您提供健身俱乐部的信息咨询，希望对您有所帮助。如果以后有需要，可以随时与我联系，我的手机号码

158××××1234，您方便给我留下联系方式吗？（停顿）再次感谢您的来电。”

顾客一般不会拒绝。在得到顾客的联系方式后要主动跟进，但是要把握分寸。根据顾客接听电话的态度来判断顾客的兴趣，不应给顾客留下“死缠烂打”的印象。跟进中可以采取如下语言：“××，您好！这里是××健身俱乐部，我是会籍顾问 TONEY，我在整理资料时发现您在 18 号星期二的时候打过电话来咨询我们的健身俱乐部。如果您不介意的话，我想再问一下是什么促使您打电话来咨询我们健身俱乐部的？”“您上次来电咨询我们健身俱乐部感觉怎样？是否在我们健身俱乐部找到您想要的东西？记得您上次说由于太忙抽不出时间才没来成我们健身俱乐部，那您看最近有空闲时间吗？”。电话邀约内容将在 3.3.2 详细介绍。

4. 感谢与礼貌道别

感谢顾客致电健身俱乐部，再次确定约定的时间并作出等候他们的承诺。

以上就是会籍部电话咨询时的一个主要的流程。会籍顾问一定要掌握电话销售的技巧，切记在顾客未参观健身俱乐部的情况下报出会员卡具体价格，应邀请顾客尽快来健身俱乐部参观体验。

3.3.2 邀约电话（Call）

1. 邀约电话的基本流程（7 大步骤）

（1）问候及自我介绍（提及朋友的姓名）。

（2）表明去电意图。

（3）谈论与之相关的健身内容和健身俱乐部介绍（提问发现顾客的需求，讨论参加健身的益处和介绍健身俱乐部的特点），让对方确信健身俱乐部所提供的服务能够帮助顾客实现和满足他们的目标和需求。

（4）邀约顾客。

（5）给出基本健身建议并提供健身俱乐部的电话、地址和自己的电话号码。

（6）要求得到对方方便接听的联系电话号码。

（7）感谢顾客的接听并表示非常欢迎顾客的到访，再次确认到访时间并告诉他来健身俱乐部后的大致安排。

2. 邀约电话的6大技巧

（1）准备的技巧

1）尽量找到安静的环境拨打电话，因为任何一个外人在身边，都会造成紧张和分心，切勿让旁观者干扰。

2）将所有打电话时要用的文具准备妥当，方便随时应用，例如一支签字笔，一本笔记本，用以记下顾客的资料。准备好必要的信息资料：潜在顾客的姓名、性别、电话的来源、健身的兴趣所在。

3）准备好打电话给潜在顾客的理由和准备要说的内容，潜在顾客可能会提出的问题以及如何应答。将上述内容记录在笔记本上，把要说的内容操练纯熟，并投入自己的情绪。如果只是照本宣读，便会失去语言中的感情色彩，很难打动顾客。

4）制订出一个工作时间表。时间表一方面可以督促自己，另一方面又可以在适当的时间内找适当的人。一般来说，打电话找人的时间，最好是早上9点至10点，或者下午2点至4点。可以针对不同的职业有不同的时间，详见表3—10。

表3—10　不同职业的邀约电话时间

职业	说明
会计师	最忙是月头和月尾，不宜接触
医生	最忙是上午，下雨天比较空闲
销售人员	最闲的日子是热天、雨天或冷天，或者上午9点前下午4点后
行政人员	10点半后到下午3点最忙较为适宜
股票行业	最忙是开市的时间
银行工作人员	10点前4点后
公务员	最适合的时间是上班时间，但不要在午饭前后和下班前
教师	最好是放学的时候
主妇	最好是早上10点至11点
忙碌的高层人士	最好是8点前，即秘书上班之前

（2）电话接通后的技巧。电话接通后，第一是要充满活力、信心和热情。为了做到这一点，会籍顾问必须首先是个健身爱好者和受益者。只有自己参与健身、保持健康的生活方式，才能充满活动、信心和热情。否则，

不相信自己的产品而销售的人，只会给人一种隔靴搔痒的感受，无法真正打动顾客的心。第二是要尽快引起对方兴趣，必须简短、有礼貌地介绍自己。先说明自己的姓，再说自己的名字，以便加深印象。如姓张，叫张伟，这是尊敬自己、肯定自己的方法。第三是要解释电话的来源并设法巧妙地赞扬对方，最关键的是要尽快找到引起潜在顾客兴趣的内容，同时经常称呼顾客的名字，表达热心及热诚的服务态度。

（3）组织电话内容的技巧。依据在电话邀约前的准备资料，对不同的潜在顾客可能有不同的邀约理由。记住，邀约电话的目的是要和潜在顾客约定时间会面，千万不要用电话谈论太多有关销售的内容。不要和顾客发生争执，更不要教人做事的方法。同时，切勿在电话里过多介绍健身俱乐部，更不能向顾客介绍健身卡的价格。切勿在电话里对其他品牌健身俱乐部进行评价，无论是优点还是缺点，都避免在电话里提及。

（4）声音控制的技巧。采取站立或者端坐的姿势拨打电话，以便不影响发音，同时，在通话时要面带笑容，虽然对方看不到会籍顾问的笑容，但笑容能透过声音传达给对方。有时会籍顾问说话的声音远比其所说的内容更能引起顾客的好感，声音控制相关注意点见表 3—11。

表 3—11　　声音的关键因素

关键因素	说明
语音	声音适中，口齿清晰以避免误解或者引起不必要的重复，声音听起来必须是真诚、热情并且充满自信的
语调	音调高低建议采用低音调更为可取，因为它听起来更加悦耳。音调变化力求使声音略带感情色彩（如兴奋、热情等），并且在每句话将要结束时抬高音调
语速	用正常的语速与对方对话，并尽量与对方的语速相吻合。如果说得过快，顾客可能不会全神贯注地注意说了些什么；如果说得太慢，顾客可能会不耐烦
词语的选择	在电话中与顾客进行交流和面对面的服务一样的重要，语言选择也是非常体现服务的重要环节

（5）面对拒绝的技巧。当顾客拒绝的时候甚至是提前挂断电话时，会籍顾问最重要的是保持镇静，切勿怒火中烧，影响情绪。对方说“不”的时候，会籍顾问还要礼貌地说：“不好意思，打扰您了!”，然后才轻轻挂上电话。深吸两口气后，再拨打下一个号码，开启下一个机会。在电话里被拒绝是常有的事情，对于会籍顾问来说，准备了再好的词语也有可

能被轻易地拒绝。面对拒绝的技巧就是坚持，没有一个人在一开始就会被别人接受，特别是陌生的人。被拒绝对会籍顾问来说，是家常便饭。只要充满信心和坚定信念，正确对待拒绝，不断调整自己的心态，就会慢慢地习惯起来。

人都是有血有肉的感情动物，顾客也是如此，有些顾客表面可能很冷漠，一次、两次或多次邀请顾客来参观都借故不到，但是或许再坚持一次就能成功。会籍顾问可以经常给潜在顾客发节日祝福短信、天气变化问候短信和健身小知识，打电话，送点生日、节日小礼物等，保持和顾客的联系，学会用情感去打动顾客。

（6）结束电话的技巧。打电话的目的是邀约顾客到健身俱乐部或参加健身俱乐部组织的活动。电话中无法从顾客的表情、举止判断顾客的反应，很容易遭到拒绝，所以不适宜过多销售。一般情况下，每个电话时间以不超过 3 分钟为宜。会籍顾问必须更有效地运用结束电话的技巧，达到邀约目的，并及时再次确定顾客来访的时间，尽快结束电话里的交谈。打完电话之后，要将谈话的资料详细记录下来，不仅包括和顾客达成的约定，更要记录一些细节，如顾客刚刚患了感冒、嗓子沙哑了、情绪不好等，方便下次交谈使用。如果会籍顾问能够巧妙地提及平时联络中的一些细节，顾客会在心理上产生极大的好感，很可能在未来的交往中视会籍顾问为知己。

3.4 内场销售

3.4.1 内场销售接待

1. 内场销售准备

内场销售是会籍顾问与顾客在健身俱乐部正面接触，最终完成销售过程的重要工作。会籍顾问的职业感（外貌、语言、专业水平等）将成为顾客评价会籍顾问的标准。人的长相固然不好改变，但是可以改变自身素质和服务水平，这一点很重要。给人的第一印象自不用说，要注重仪容仪表也不用说，这是销售最基本的。更重要的一点就是要靠专业水平取信顾客，特别是带顾客参观和与顾客交谈时，更要时时显示出专业水平，要很熟练地说出健身俱乐部的概况、各健身项目的特点和益处、价格政策、促销活动等，而不应该吞吞吐吐，让顾客觉得不专业。当然对于顾客所提的条件也要灵活应对，自己解决不了的不要当场回答，应及时、适时地请求上级协助解决问题。

专业水平是靠自身的学习与积累得到的，也就是说不打没有准备的仗，接待顾客进行内场参观之前一定要把销售流程、规定和健身的资料，以及与健身俱乐部相关的资料都了解、学习透彻，而且要能够熟练地运用，让顾客觉得会籍顾问很专业，那么顾客就会产生信任感。

同时，会籍顾问在参观过程中还要注意调整好自己的心态。做到以下几点：

第一，不要急于报价。必须确定完全了解了顾客的目标、动力和内心渴望，并通过顾客给出的积极反应确保顾客对于加入健身俱乐部的担忧得到了很好的解决之后，再进行报价。做销售实际上和做其他事情一样，要讲究水到渠成，时机没把握好会反而让顾客产生抗拒心理。

第二，要善于倾听。对顾客的回答要有耐心，因为这是会籍顾问和顾客建立沟通的基础。顾客有向会籍顾问述说的欲望就说明顾客已经初步接纳会籍顾问，要给顾客这样的机会，表现出会籍顾问对顾客的重视、认同和理解。

第三，不要试图去刻意说服顾客丢弃固有的想法。要记住顾客是来消费的，不是来被说教的，如果会籍顾问只是满足在讲道理上赢得了顾客，这并不意味着加大了成交的机会。

第四，注重细节。顾客在最初进入健身俱乐部（建立的第一印象对顾客的购买欲望有影响）和顾客观看会员协议（这时的顾客在进行最后的思想斗争）时，会籍顾问更要注重每一个细节，让顾客真正放心。

第五，巩固销售。在会籍顾问协助顾客完成会籍协议后，应避免“谢谢您的加入，我真的对此表示感谢”这样的说法。事实上，顾客由于对健身俱乐部提供的服务满意，同时决心选择健康的生活方式所以最终自己作出正确的选择，顾客和会籍顾问都应该为此而高兴。会籍顾问而不应该仅仅为了顾客的协议或“加入”而去感谢顾客或为自己的销售成功而欣喜若狂。会籍顾问应该利用这个机会说上几句利于巩固销售的话。比如：“陈先生，您作出了非常好的决定，这将有利于您生活品质的提高……”对此，顾客很可能报以这样的回应：“谢谢您!”

2. 顾客加入健身俱乐部前的担忧分析

顾客在作出加入健身俱乐部的决定之前，通常会有以下的担心：健身俱乐部提供的健身方法是否有效、自己是不是会有时间坚持、家里人是否同意，还有是不是价钱合理、物有所值。这些担心是阻止顾客立即做出加入健身俱乐部的障碍，如果会籍顾问不能很好地从顾客的角度出发，给出专业的、可信任的、积极的答案，这些问题将成为顾客不加入健身俱乐部的理由。

下面列举一些顾客拒绝立即加入健身俱乐部的理由和工作中可能需要注意的地方供大家参考。

情况一　顾客：“我想再考虑一下。”

分析：如果会籍顾问已经按规范完成了销售流程，顾客应该不会有这一问题，至少，如果顾客提出这个问题，会籍顾问心里必须清楚顾客要考虑的是什么，顾客犹豫不决的真正的、内在因素是什么。造成这一局面的原因很可能是没有给出顾客足够的数据、信息帮助顾客作出决定，因为“我想再考虑一下”绝对不是顾客真正拒绝的理由。

情况二　顾客：“我不确定我是不是会马上来健身。”

分析：其实，这也是为了掩饰与金钱相关的问题。因为顾客害怕会浪费金钱在他们根本不会用到的会籍上，或者是担心得不到想要的效果。如果通过会籍顾问的介绍和服务能够帮助顾客确定他们将会使用健身俱乐部并完全能够达到想要的效果时，顾客十有八九不会再有此类问题。

情况三　顾客：“我没有时间（最近工作很忙），过一段时间再考虑。”

分析：时间不是拒绝加入健身俱乐部的合理原因。如果顾客提出这类问题，很可能是会籍顾问没有找到顾客的目标、动力和内心的渴望，或者是会籍顾问没有证实健身俱乐部能够帮助顾客实现他们的要求。如果“没有时间”或“时机未到”，那顾客就不会来参观健身俱乐部了。会籍顾问可以强调“拥有健康生活方式的人，精力旺盛，较少感到疲倦，工作会更有效率”。

情况四　顾客：“我想再去别的健身俱乐部看看。”

分析：除非本健身俱乐部不能符合顾客的特定要求，否则，这显然也是与金钱有关的问题。如果顾客并无特定要求，而仍想看其他健身俱乐部，一般是由于参观示范期间并无建立健身俱乐部价值，这就是为什么必须通过会籍顾问的工作让顾客确定自己所在的健身俱乐部能够满足他们所要求的一切，并在此基础上建立起健身俱乐部价值而不仅仅是会员卡的价格。

情况五　顾客：“我要跟家人或亲友商量。”

分析：顾客可能害怕浪费金钱，并在他们生活中最重要的人面前显得愚笨。如果会籍顾问能够使顾客相信他们的家人或亲友将会很支持他们健身，这个问题会很容易地解决。

情况六　顾客：“太贵了。”

分析：可能是会籍顾问在顾客心里没有建立健身俱乐部的真正价值，因此，我们必须通过系统、专业的销售流程，充分阐述健身俱乐部能给他们带来的益处。同时，可以引导顾客考虑不同的会籍选择、讨论顾客可使用的付款计划或细分费用，使顾客了解到会籍与投资相对的价值。

3.4.2　内场销售接待的七大步骤

1. 七大步骤之一——准备（通知前台、经理和测试准备）

要顺利接待好顾客并能成功，必须做好前期准备工作，使顾客充分体会到会籍顾问的专业和优质的服务，同时倍感尊重，内场销售的准备工作可参考顾客拜访，与其不同的是要注意健身俱乐部的清洁、健身器械保养的同时，要通知前台、经理，并做好测试准备工作。因此要做到：

（1）资料准备。包括企业简介、课程表、名片、销售手册、价格政策表（如果提供）、协议书等。

（2）仪容准备。要想更好地取得顾客的好感，会籍顾问必须以良好的职业形象出现在顾客面前。包括：穿着职业化，尽量穿着职业化的服装（如西装等），着装不可太随便；面部形象职业化，要充满自信、面带微笑等。

（3）心理准备。作为合格的会籍顾问，要具有百折不挠、勇往直前、毫不气馁的良好的精神状态，随时接受在工作过程当中出现的种种困难和挑战。在日常工作中，要不断地调整和锤炼自己，保持昂扬向上的进取心态。

（4）通知前台、教练部，告知他们希望得到协助。

2. 七大步骤之二——介绍

（1）打招呼，表示欢迎。见到顾客后要礼貌地询问顾客的姓名（可以从前台登记表中获得），并征询顾客是否可以以姓名相称，这也是表达尊重的一种方式。如果顾客的名字是不常见的或者较难发音，必须请求顾客确认正确发音。

1）热忱。在主动与别人打招呼时，如果打招呼的人热情，对方也就会受到感染而跟着热情，冷漠地跟别人打招呼就会得到冷漠的回应。所以在和顾客打招呼时一定要热忱为先，热忱会影响顾客的来访心情。

2）目光接触。用专注的目光盯住对方的眼睛，这会给顾客一定的震撼作用，也会让顾客的心对会籍顾问产生亲近，感觉被尊重。

3）真诚的笑容。真诚的笑容会拉近会籍顾问与顾客之间的距离，营造轻松的交谈氛围。

4）柔和婉转的声调。说话的语音、语调会对顾客产生影响。当第一次问候顾客时，必须以一种温和、真诚的语气说话，使声音充满活力和热情，语调不要高出顾客。

5）有力的握手。握手能传达给顾客有关会籍顾问的相关信息，例如，一个柔软无力的握手表明缺乏自信；而一个用力太大的握手则只能带来负面影响。因此，握手的时候必须有力，但不能用劲过大；要手心相握，真诚的目光接触可以显示自信和对他人的关心。有些人不喜欢握手，如果顾客不接受握手的方式，请收回手至自然方式。

（2）自我介绍。不管是对陌生顾客还是对打过交道的顾客，都不要忘记在打招呼后介绍自己来强化对方的记忆。介绍自己时也要注意3点：一是要简单，简单的介绍不但可以让顾客一下子了解，也会为下面的销售工作留下足够时间；还有就是便于顾客的记忆，一个顾客记住了，就可能介绍来更多的顾客，这样做的同时也有利于建立与顾客今后的交往。二是要吐字清楚，使用普通话或英语。三是要自信，自信不但能影响自己，还能影响顾客。

（3）打破僵局。寒暄应该友好而简短，良好的形象和微笑有利于创造友好的气氛，舒缓紧张的心理及陌生的氛围。让顾客感觉舒适并在最初的几分钟内建立起对会籍顾问的信任。会籍顾问也可以通过提出开放式的问题打破沉默。

同时记得要赞美顾客，赞美顾客是行业中都明白的道理，可是在赞美过程中常常过于露骨，反而让顾客有被阿谀欺骗的感觉。其实，赞美顾客是要以事实为依据展开，要让顾客感到真诚和自然。

（4）告知顾客参观流程。当顾客第一次来健身俱乐部的时候，常常感觉有些拘束。对顾客来说，这是一个新的环境，可能不太确定会有哪些事情发生。会籍顾问可以通过事先解释与顾客将要进行的一系列活动以及具体的原因，以此来建立顾客的信任，同时，也避免顾客提前询问价格。

（5）观察顾客。注意顾客的衣着、身体语言、面部表情和语音。如果顾客以一种很温和的口吻打招呼，之后变得非常紧张和局促不安时，会籍顾问说话的语调要尽量委婉、柔和。尝试着用一种悦耳的声调来缓解这种氛围并仔细观察顾客的反应。因为，每个人内心都喜欢与自己性格、习惯类似的人打交道，这样会使顾客觉得更加舒适自如。例如，一个害羞的、保守的人可能不适应与某些声调高亢有力的人谈话。因此，会籍顾问必须在向所有的顾客展示活力与热情的同时，要学会善于观察顾客的反应和及时调整与顾客沟通的方式，只要这样，才能与顾客建立起一种良好的关系。

在开始第三步销售程序“揣测顾客大意”之前，告知顾客参观流程是非常必要的，同时应该征求顾客同意后再开始下一步参观。

3. 七大步骤之三——揣测顾客大意

内场的成功关键是在顾客参观过程中，能够快速锁定顾客的健身目标、动力和内心的渴望，同时在短短的参观过程中能够帮助顾客充分意识到健身对顾客本人的重要，并解除顾客对加入健身俱乐部的顾虑，快速作出决定。由于参观过程时间有限，顾客在参观中更多地关心设施设备和听取介绍，所以会籍顾问需要在具体参观之前进行此步骤。同时，此步骤也能有效地控制和调整会籍顾问与顾客间的关系，由会籍顾问按照事先的程序提问，更能掌握整个销售进程的主动性，对后续流程的有效开展起到至关重要的作用。“揣测顾客大意”这个步骤的主要目标是：通过良好的沟通，尽快与顾客建立信任感；初步揭示顾客目标、动力和顾客有可能的潜在忧虑，并确认参观过程中的介绍重点和战略。确切地说，通过这一步可以在初步寻找顾客的所需、所想，在了解顾客兴趣的基础上，设定参观示范内容。最重要的是，会籍顾问取得所有销售成功所需要的一切数据是帮助顾客立刻决定购买会籍的关键。

“揣测顾客大意”主要通过四大类问题，揭示、收集到作参观体验所需的信息，详见表 3—12。

表 3—12　　揣测顾客大意

方面	说明
基础信息	“从哪里得知我们的俱乐部?”“是否参加过我们俱乐部?”“会籍是否自己使用?”“从哪到俱乐部最方便?”“您最可能在什么时间来俱乐部?”…… 这部分问题比起其他问题来说趋于大众化，不会令顾客过于激动或抵触。以这些一般性的问题作为开始，顾客将感觉很自在，也将有助于谈话更快深入下去
健身经历	“您曾经加入过健身俱乐部吗?”“您最近在从事什么运动?”…… 以顾客的健康史为重点考察对象，帮助会籍顾问确定顾客的饮食习惯和健康状况。同时也有助了解顾客对健康和锻炼的重视程度及以往别的练习对顾客不奏效的原因
健身目标	“您健身的目标是减脂、增肌、保持体力还是提高运动表现?”“您希望什么时候达到这个目标?” 会籍顾问可以通过这些问题得到的信息，在参观过程中进行有针对性的项目介绍和设备体验
私人教练和营养计划	“您有私人教练吗?”“您了解您的体脂比吗?”“您有服用营养品吗?”…… 帮助会籍顾问确定顾客对健身知识的了解，为私人教练的工作做些铺垫

4. 七大步骤之四——参观（试用健身设备/体测）

（1）固定路线。确定固定的路线一是可以比较合理地参观到每一个重要的地方，避免遗漏或走重复路线；二是有助于会籍顾问能够更为熟练地介绍和提出相关问题。一般建议的参观的顺序为：心肺训练区（该区域器械最贵，便于解决顾客的价格担忧）、有氧操厅（感受动感音乐并观摩会员的集体操训练）、器械训练区（试用健身设备，并介绍“私教”）、休闲区（美容、美发、更衣室及按摩室）和泳池。另外，在整个参观过程中，注意职业礼貌及细节。

为激发顾客的想象力，在参观过程中，会籍顾问要创造出一个愿景，努力描述积极、快乐的训练场景和训练后休闲安逸的恢复区域，并将这种积极美好的信息根植于顾客的头脑。会籍顾问要通过场景描述，使顾客能不断憧憬和想象如果他们实现了自己的目标，他们会变得更有生气、更强壮、更具魅力。无论顾客的具体目标、动力和内心渴望是什么，只要会籍顾问能够有效地调动起顾客对远景的期望，他们就会建立起热情，而当这种热情不断积聚而最终将转化为激情时，会籍顾问就可以得到顾客开始健身的承诺了。

（2）谈论特点同时关注其优势和益处。首先会籍顾问必须了解周边其他健身俱乐部的提供服务和设备的情况、特点，充分了解自己所在健身俱乐部所提供的产品和服务的优势及益处。只有掌握了丰富的健身、服务和销售知识，才能更好地为顾客服务。

特点是指健身俱乐部的设施、设备、某一项目或服务的特性；而优势则是指该特性的说明及其在市场上之独特的、可以满足特定人群的优势；而益处指该优势对顾客的具体意义和为顾客本身带来的好处，这些好处能满足顾客的需求，特别是内心渴望。会籍顾问在介绍设施、设备和服务时，能在准确地完成“特点”介绍的同时，着重阐明“益处”后，相信推销的过程会顺利许多。

换言之，正确地介绍设施设备体现了会籍顾问的专业水平，可以博得顾客信任，是销售能力的第一步。而顾客仅仅相信健身俱乐部的设施、设备是一流的，还是不足以让他们下决心加入俱乐部，因为他们所关注的是健身俱乐部的项目、设备和服务能给他们带去什么？又比他们自己使用或在别的地方使用有什么优势？以及加入健身俱乐部后对他们的“益处”。所以会籍顾问在向顾客介绍健身俱乐部的时候，不仅要能全面地把俱乐部提供的各种服务展示给顾客，还要说明不同服务所带来的不同效果对顾客本人有怎样的意义和帮助。另外，适当地通过本俱乐部的会员成功、开心的实例说服打动顾客，从而为后面的签单作铺垫。

（3）试用设备和教练介入的体测

1）先正确示范器械（膝盖与脚趾方向一致、下背部不要过分拱起、腹部向内收，臀部要收紧、肩膀下垂及向后、耳朵对着肩部上面）。

2）询问顾客的感受，并设法得到积极肯定的答复。

3）选择合适的重量，并在离开时取下配重。

4）顾客使用设备时，注意提醒呼吸并做适当的保护。

在参观中，会籍顾问要充分发挥销售技巧、专业知识和优质服务来激发顾客的兴趣，发掘顾客的需求，提出解决顾客问题的建议和方法，并处理好影响顾客决定立即加入健身俱乐部的担忧之后进入下一步。

5. 七大步骤之五——扼要陈述/报价/处理担忧

（1）扼要陈述。在完成参观之后，会籍顾问和顾客坐下来，在尽量避免干扰的条件下进行交流，称之为扼要陈述。扼要陈述可选择办公室或洽谈区。扼要陈述时，会籍顾问需要使顾客的注意力高度集中，这样才能帮助顾客想象，回顾参观过程中的美好回忆。在扼要陈述中，重点介绍参加健身俱乐部会在体形上得到的好处并帮助顾客想象，他们一旦达到他们的健身目标，他们将会是怎么样的一个样子，将拥有什么样的感觉，从而激起顾客的兴趣，同时尽量使顾客认同长期健身，并再次让顾客强化没有任何理由不关注自己和家人的健康。

扼要陈述包含以下基本内容：

1）健身俱乐部的主要信息、开设项目。

2）描述塑身的各个阶段。做这一步的目的是帮助顾客想象自己是健身俱乐部的会员，同时想象在塑身过程中的成效。各阶段的说明见表3—13。

表 3—13　　健身的各个阶段

阶段	说明
初始阶段	在开始的 1 个月左右，充满兴趣和新鲜感，体能得到提高
成效阶段	坚持健身训练一两个月以后，训练热情会很高，因为已经通过了调整期，大多数会员可以看到成效并对自我感觉更好，所有的艰苦训练正在得到补偿
维持阶段	第 4 个月以后，会员达到目标，已基本形成了每周至少安排两到三次的健身习惯，这样可以继续保持理想的身体状态

3）回顾愿景。回顾参观过程中得到的美好感受和再次激发顾客的健身热情，得到顾客对健身重要性承诺和积极的答复后，会籍顾问还需要问一个试探性的封闭问题，如“通过上述的沟通，您确信我们健身俱乐部可以帮助您达到您的健身目标了吧?”来确定顾客是否准备成为会员，希望得到顾客肯定的承诺后，再进行报价。

（2）报价

1）报价的最佳时机。报价的最佳时机应该是顾客已经在思想上接受了健身俱乐部的产品和服务。通过上述各个步骤，顾客在认同健身俱乐部将能够满足他们的需求时，自然会发出相应的信号。而要很好地识别“购买信号”，会籍顾问必须要能把精力集中在顾客身上。简单地说，购买信号就是用身体与声音表现满意的形式。

在大多数情况下，购买信号的出现是较为突然的。有的时候，顾客甚至可能会用某种购买信号打断会籍顾问的讲话，因此会籍顾问要有敏锐的观察能力。一般顾客的购买信号有两种：一是语言的信号，如“听起来倒挺有趣的……”“我愿……”“多少钱”；二是身体的信号：如突然变得轻松起来，转向朋友咨询意见；突然放开交叉抱在胸前的手（双手交叉抱在胸前表示否定，当把它们放下时，障碍即告消除）；身体前倾或后仰，状态变得松弛起来；松开了原本紧握的拳头等。当以上任何情形出现时，会籍顾问一般就可以征求“刷卡还是现金”了，因为已经观察到了正确的购买信号。

2）“拍板”成交技巧。尽管会籍顾问和顾客双方都认为健身俱乐部完全可以满足顾客的需求，但作出最后决定的过程仍可能会引起顾客的紧张情绪，以至于反而一下子又犹豫不决了。这时会籍顾问的作用在于帮助顾客克服这一窘境。现在的问题已经不是顾客是否认为他们需不需要健身，而是在于会籍顾问该如何帮助他们完成这一决策。只有尽量使顾客的决策变得容易，双方才能最大程度地获得利益。在会籍顾问注意到了那些“购买信号”时，就要不失时机地采用各种办法拍板成交，签订会员入会协议。表3—14是一些经常使用并行之有效的成交技巧。

表3—14 常用的成交技巧

征询意见法——有些时候会籍顾问并不能肯定是否该向顾客征求打印协议时，是因为不敢肯定是否正确地观察到了顾客的购买信号。在这些情况下，最好能够使用征求意见法
“陈先生，您看我们什么时候可以开始健身计划?” “在您看来，这会对您的身体有好处吗?” “如果我们能解决这个问题，陈先生您认为是否可以马上开始您的健身计划了?” 用试探式的问题去探测“水的深浅”，并且在一个没有什么压力的环境下，征求顾客协议。当然，如果能得到一个肯定的答复，那就可立即签订会员协议了
从较小的问题着手法——有时候，直接让顾客回答“您准备签协议吗?”之类的问题会使顾客感到非常紧张。其实可以从较小的问题着手来结束谈判，也就是请顾客作出一个较小的决定，而不是一下子就要作出重要的决定
“您看您是哪一天开始训练最好?” “您看我们现在就帮您约个教练体测如何?” “您希望今天还是下次取走会员礼品?”
选择法——用试探式和封闭式问题让顾客选择，无论顾客选择哪一个都表明顾客已经同意购买会籍
“您看是星期四还是星期五开始?” “是刷卡还是付现金?” “李先生，您最近应该尽快恢复健身了，您看是先选1年的还是3年的健身计划?”
直接法——用一句简单的陈述或提问直接征求订单
“陈先生，那我就给您打协议了。” “李小姐，那我就帮您安排训练计划了。”
敦促法
“朱先生，该活动价格只是最后一天了，如果我们现在不能马上定下来的话，就不能保证以后一定能够有这么合适的机会了。” “唐先生，目前是在健身俱乐部预售期，所以价格十分优惠。过了预售期，价格可能会上调，所以您如果现在作出决定的话是比较合适的。” “陈先生，您的体脂比超标了，建议马上去健身!”

3）报价可遵循二选一成交法，这样让顾客感觉是自己的选择，而不是会籍顾问的强行销售。

4）报价后保持沉默。

5）在签订协议过程中，要特别注意一些词汇转换，以使工作更顺利和更友好。比如将“买”和“卖”换成“拥有”，将“签订合同”换为“接受服务”或“达成合作”，将“合同”换成“协议”或“表格”；将“但是”换为“同时”或“如果”等；这些都是会籍顾问应该注意锤炼的细节。

（3）处理担忧。按内场销售流程中，会籍顾问在认为已经完全解决了顾客不加入健身俱乐部的理由后，才进入报价。而在报价后，顾客突然提出某种理由不能立即加入健身俱乐部，这种情况的发生是会籍顾问所不期望的，会籍顾问不得已只好进入处理担忧阶段。

1）报价后的顾客担忧产生的原因

①在参观中，会籍顾问没有给顾客建立起健身项目的价值，没有把顾客成为会员后的好处和顾客的目标、动机紧密联系在一起。

②会籍顾问在参观阶段没有发现或发现了而没有处理好顾客的担忧。

③没有给出足够的信息帮助顾客做出最后的决定。

2）处理担忧的基本步骤

①倾听意见。第一步是倾听顾客提出的担忧和不能决定的原因，判断到底是顾客真正的问题还是他们不愿意说出真实想法而找的借口。如果是个真正的问题，就应该马上着手处理。如果只是一个借口，也仍然要予以适当的解释。会籍顾问必须全神贯注地仔细倾听，判定顾客的表述的是属于含糊的、还是明确的担忧。注意顾客的语调和身体语言，理解顾客的所说、所想，建立起顾客的情绪的整体框架。因为，大多数情况下，顾客经常表达的往往是不止一种的担忧。顾客说话的时候，注意倾听，学会不打扰顾客是非常重要的。顾客最后一个表达的担忧往往是最重要的一个，如果因为匆忙回答而打扰了他们，就不能发现顾客真正的担忧。另一方面，当顾客觉得会籍顾问是在真正地听他们说话时，顾客

会很高兴和会籍顾问分享他们的担忧。

②表示理解。表示理解是指对顾客有这种担忧的现象表示理解，而不是同意或同情。这种表示理解的表述目的在于承认顾客存在的这种忧虑，但却没有表示赞同或表现出防卫的意识。在答复人们的反对意见时永远不要使用“但是”或“然而”这样的转折词。用了这两个词就好像是马上否定掉前面的那句话，因而也就在会籍顾问和顾客之间竖起了一道障碍，如果一定用连词的话，请尽量使用“那么”。

错误表述：“是啊，似乎是贵了点，但是……”

正确表述：“李先生，我理解您的观点，那么让我们就来谈谈这个问题。”

这样双方就建立起了合作关系，而不是抵触的情绪。

③提出问题，孤立顾客的担忧并阐明担忧。这一步的目标是降低顾客的紧张程度，从而减少引起冲突的可能性。礼貌地分析顾客关注的事，把阻碍顾客入会的问题逐项抽出来回答解决。通过询问，从顾客的回答中得到处理顾客担忧所需的信息，然后，使用封闭性问题得到肯定或否定的回答，使顾客的担忧孤立起来。当孤立一个担忧时，就已经排除了顾客告诉会籍顾问的其他担忧。当会籍顾问已经孤立和阐明了担忧后，就可以进入下一步了。

④提供新的证据，重燃顾客的决心。参考顾客的目标，再重申并加强。至此，既然顾客担心的情绪已经得到了降温，会籍顾问便可以根据顾客的担忧，定出更具体的、符合逻辑和确切的答复，接着把它们记住，并一遍遍地使用，直到它听起来让会籍顾问自己都感到自然为止。会籍顾问在处理顾客的担忧时，提供的信息往往和第三步揣摩顾客大意时的问题类似，要尽量去解决这些担忧。这时候，在此之前收集的信息将非常有助于会籍顾问帮助顾客解决他们的担忧。

⑤再次报价，给出选择。在会籍顾问作出尽可能最佳的答复、处理完担忧后，可以征求顾客意见，再次进行报价。

⑥结束话题，等待顾客的答复。在对顾客的疑虑作出答复之后，必

须结束这个话题。同时，可能需要使用一种试探性的结束语来了解顾客的观点和态度，如果得到了肯定答复，就可以结束当前的话题；如果是否定答复，会籍顾问还必须继续使用其他的销售步骤。当双方都试图结束谈话时，不要再讨论其他任何问题。

3）处理担忧的技巧

①处理担忧时的心态。作为一名成功的会籍顾问必须具备：有说服力、坚持不懈、对健身俱乐部有信心、乐于助人的心态，其中坚持和执着是非常重要的。必须做到坚持不懈、毫不松懈。有时，我们需要5次、6次、7次……甚至更多次地采用不同的方法消除顾客的顾虑，直到顾客愿意成为健身俱乐部的会员。

当顾客觉得有些害羞或者情绪低沉时会产生压力。坚持不懈当然不是一件坏事情，但是必须确保自己所采用的是一种积极的、有效的方式。当会籍顾问深信健身俱乐部能给顾客带来健康的时候，与顾客进行轻松、积极有效的交谈并不是一件困难的事情。不合格的会籍顾问的表现是虽然极具耐心，但是采用一些高压策略并且表现得非常专横和令人反感。因此，会籍顾问必须清楚高压销售和坚持不懈两者之间有着本质的区别。

会籍顾问要有“期盼反对意见”的心态来面对顾客的反对意见。“反对意见”显示顾客对健身俱乐部有兴趣，是会籍顾问完成销售的基础。

②处理担忧时的随机应变。在处理顾客担忧时，目标是既消除不同意见，又不让顾客失去面子。一般可采取以下两种方法：

第一种，把担忧转换成一个问题。几乎所有顾客提出的不能马上决定加入健身俱乐部的理由都可以被转换成问句的形式。如果顾客同意把它看成是一个问题的话，那么他们就不会把它看成是一个不可改变的反对意见了。这时顾客会等待对这个问题的答复。在会籍顾问作出答复后，顾客便只能作出两种选择——“是”或者“不是”。如果顾客说“不”，那会籍顾问就可收集到更多的信息。

顾客：“不，这倒不是个问题。”

会籍顾问："那请您告诉我您主要的问题是什么？"

顾客："嗯，我想要的是……"

这样，顾客就要说出真正的问题所在了。一开始存在的担忧确实不是顾客的最终问题。如果会籍顾问能解决顾客的第二个问题"我想要的是……"，双方就可能达成协议了。

第二种，自己的感觉——人家的感觉——最终发现。这种用"自己的感觉——人家的感觉——最终发现"的方法来处理顾客的担忧，能有效地引导顾客接受条件，同时也可避免发生冲突的潜在危险。

自己去感觉——"我理解您的感觉……"，目的是表示对顾客的理解和同感。

人家的感觉——"其他人也觉得……"，这样可以帮助顾客不失面子。

最终发现——"……而且他们发现……"，目的是舒缓顾客面临的压力、使顾客作好接受新证据的准备。

应用这种方法，如果双方有什么分歧，那问题是在第三者身上。但如果达成一致，那是双赢！

③具备优异的耐挫能力和良好的服务态度。顾客通常会告诉会籍顾问一些他们暂时不想成为健身俱乐部会员的原因。此时，千万不要气馁。可以按照下列建议的方法解决这种问题。通常，必须不止一次地强调立即开始健身这一机会的重要性。同时，复杂的销售情况需要耐心和毅力，努力使顾客消除他们的担忧。一旦他们表露出任何担忧，会籍顾问必须有效地帮助他们解决。特别值得注意的是，当顾客出现犹豫或表现得模棱两可的时候，会籍顾问的服务态度非常重要。会籍顾问的目的永远是以一种让顾客感觉轻松舒适的方式解决问题，使顾客对会籍顾问的推荐充满信心。

6. 七大步骤之六——高层介入（TURN OVER）

高层介入通常称为TO，这是会籍销售中近几年比较推崇的销售形式和步骤，即多人参加同一顾客的谈判过程，为顾客提供更全面的咨询，使其最终下定决心选择推荐的健身形式。TO的作用如下：

(1) 更好地诠释健身的目的和意义，为顾客提供更好的服务。

(2) 提高销售的成功率或单笔销售业绩。

(3) 检查会籍顾问是否有不恰当的承诺或了解顾客对健身俱乐部的服务是否明确。

(4) 为会籍顾问的培训提供、积累实际素材。

(5) 建立管理者和同事间协调合作的氛围。

TO的人选可以是会籍经理、俱乐部总经理、资深会籍顾问，甚至任何一个愿意并有能力帮助顾客的同事。当然，要达到预期的效果，TO时同样要注意到介入时间、条件、介入的方式和方法，只有通过不断的培训和实践才能达到同事间的工作协调与默契。

如果通过以上的各步骤，顾客依然不愿意成为会员，会籍顾问应该懂得适时地退让，给下次的再次邀约留下余地。当顾客离开时必须确保给顾客留下一个良好的印象，必须感谢顾客光临健身俱乐部并将顾客送至店门口；在某种情况下，可以邀请顾客再次光临健身俱乐部，可以赠送贵宾卡（单次健身体验券）并感谢顾客对健身俱乐部的青睐。

7. 七大步骤之七——售后服务/私教课程的预销售（POS）

健身俱乐部的售后服务，是指在顾客完成会籍购买后，由健身俱乐部或会籍顾问进行后续的一些服务，如关注会员训练的频率和健身效果；有活动及时通知会员；在季节变化时用短信息提醒会员并给出有用的健身小贴士等。

达成会籍协议后，邀请私人教练为会员预约免费私教课程并由私人教练进行私教课程的预销售（POS）。

不要认为做这些小事与工作无关系，其实不然，很可能一个细微的举动就会感动会员，使会员介绍更多的朋友加入健身俱乐部。

在实际工作中，可以通过以下几个方面完善售后服务：一是建立会员的档案，记录会员的需求，并尽力满足会员；二是经常对会员表示关心和感谢，在固定节日或会员生日当天发短信给会员，表达发自内心的问候；三是定时回访，了解会员在健身过程中的收获和对健身俱乐部的建议，以便改进服务，更好地满足会员的需求。

到目前为止，已经介绍了会籍销售技巧以及会籍销售过程，一名优秀的会籍顾问应该学会将其熟练掌握和不断应用。只有不断地提高自己的素质和发挥自己的优势才能有效地利用这些工具，并将其融于自己的个性当中，不断地向他人展示自己的风采，实现自我价值。

相关链接

会籍顾问的“五心”

（1）专心。在工作中，要集中精力，有效地利用时间，不把时间浪费在冗长的电话闲聊、无效率的工作中，这样会大大地提高自己的能力和销售业绩；在与顾客交流中，要专心倾听顾客的表述，及时给予解答和帮助。

（2）真心。在会籍顾问的销售过程中，不能把“办理会籍”作为最终目标，而应站在顾客的角度去考虑，以“将健康的生活方式带给顾客”为目标，真心为顾客服务，帮助顾客在健身俱乐部安全、愉快地享受健身生活。

（3）细心。会籍顾问的细心不仅体现在及时发现顾客的担忧并处理上，还体现在日常生活中与顾客打交道中。比如在会员生日时邮寄生日卡片，天气变换给会员发送问候短信等。

（4）用心。用心不仅指在工作中认真负责的态度，还包括善于观察学习他人的优点，注意收集来自各方面的知识和消息，将有效信息转化为自己工作的帮手。

（5）恒心。德国诗人席勒说：“只有恒心可以使你达到目的。”作为会籍顾问，应该正确面对工作中遇到的拒绝、误解、冷漠，保持一颗持之以恒的心，一定能够取得最后的成功。

第 4 章

私人教练

4.1　私人教练概述

健身俱乐部的会员大部分是紧张忙碌的上班族，每个人都想花尽量少的时间达到尽量满意的健身效果，其中也有部分会员从未加入过健身俱乐部，面对密密麻麻的各种健身设备不免还有些胆怯和不知如何开始，当然即使是经常坚持锻炼的会员，也有抱怨训练效果总是不理想的，这一切表明，私人教练的健身指导是尤为必要的。

4.1.1　私人教练的定义

私人教练（Personal Trainer）简称私教（PT），是指在健身俱乐部中进行一对一有偿指导的、提供专业化健身服务的健身教练。私人教练的工作是根据会员的体质、体能状况，同时考虑到会员的需求与健身目标，制订专业及个性化的健身处方，以安全、规范、科学、有效的训练方法帮助会员达到身心健康的健身目标。

私人教练能够为会员个人提供量身订制的健身计划，同时根据会员个体情况和健身目的为其做出适合的饮食、作息等方面的建议，并负责监督、帮助其有效地实施这一系列计划。由于私人教练提供的是一对一的服务，所以能够更好地为会员传授各种健身常识，监控、指导会员处理在训练中的各种细节，帮助会员完成健身目标。在某种意义上，私人健身教练是处于医生和教练之间的一种角色：如果学员要求减肥，就先要了解引起学员肥胖的原因，检查其身体状况，进行健康评估，并对其生活、饮食、工作习惯也要进行了解，类似医生的问诊；在训练进行的过程中，要讲解、示范，并对技术要领进行指导、监督，发挥教练的作用。

4.1.2　私人教练的作用

作为健身俱乐部中最重要的角色之一，私人教练在整个健身俱乐部运营中起着非常重要的作用。私人教练的“私教服务”为健身俱乐部提供了更多的服务项目，增加了利润来源，而会员训练效果明显、满意度增加，则能提高了会员的续会率，并为健身俱乐部建立起专业化的形象。

另一方面，私人教练可以更好地为会员提供更安全、有效、个性、快速的健身指导，为会员提供专业化及个性化的训练处方，解答会员有关健身及健康的疑问，提供在健身、健康、营养等方面的建议及策略，提供支持、鼓励及激励，使会员保持对健身目标的专注，并以教练的榜样力量成为会员追求健康生活方式的楷模。

国内私人教练的服务发展较国外晚。大致在2001年，“上海金吉姆”率先以健身俱乐部形式推出私教服务。在“中体倍力”和“青鸟健身”健身俱乐部的大力宣传和推广下，私教被社会广泛认同，创造了较好的社会效益和经济效益。由此可见，中国的私教发展到现在不过才七八年。

为了让会员更好地了解私人教练服务，健身俱乐部经常会列举出拥有私人教练的各项好处，以下举例以供参考：

1. 健身效果更好

私人教练可以对您进行一对一、手把手的健身辅导，使健身效果更好。

2. 拥有私人教练使您有更富足的学习时间

私人教练讲解更详细、动作质量更高，使您的学习时间更富足。

3. 私人教练对您进行个性化指导

私人教练可以根据您自身的体能和健身目标，设计出最适合您的课程，并且为您建立个人训练档案，使训练更系统、更科学。

4. 拥有私人教练可以使您更有安全保障

在锻炼时，私人教练会专注您的运动过程，而且会紧密观察、协助并纠正错误动作，能够防止意外发生，确保您的安全。

5. 拥有私人教练可以给您健身的动力

私人教练不仅担当着教练的角色，更可以引导您树立正确的健身观念，给您健身的动力，并适时鼓励，助您培养信心，成为您的示范楷模。

6. 拥有私人教练可以让您的健身过程保持连续性

私人教练为您安排定期的训练时间表，督促您按时锻炼，可以有效减少因懒惰而不去运动的现象。

7. 私人教练可以为您的特别需求做专业指导

我们的私人教练，都具备针对个别身体不适者设计健身课程的经验，可以使您每时每刻都享受健身的乐趣。

8. 私人教练可以为您制订营养饮食计划

私人教练可以根据您的自身特点，为您制定最佳的营养饮食方案，使您的运动与饮食相结合，达到最佳的健身效果。

9. 私人教练可以为您提供运动后的伸展和放松

私人教练可以在您运动后对您进行伸展练习，使您的身体得到更好的放松、更快地恢复。

10. 拥有私人教练可以让您增强自信

周全的训练计划，可以使您以最快、最安全和最享受的过程达到您的健身目标，使您神采飞扬、充满自信。

4.1.3　私人教练的工作职责

健身俱乐部的教练一般分为器械教练和团体操教练，而器械教练目前包括私人教练和器械巡场教练，如果有泳池或网球等项目，可能还有游泳教练和网球教练等。本书主要介绍私人教练。

1. 岗位描述

私人教练、器械巡场教练、教练部经理（私教经理）的岗位说明书见表 4—1～表 4—3，从中可以了解到上述职位的工作要求。

表 4—1　　私人教练职位说明书

基本信息	职位名称：私人教练	所属部门：教练部
	职位编号：	岗位等级：
	责任上级：教练部经理	责任下属：
工作关系	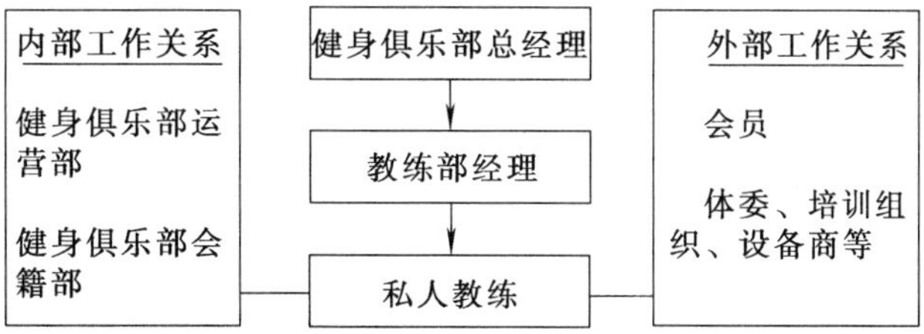	
工作概要	严格遵守教学部的工作流程，通过学习和培训不断提高自身教学水平，努力为会员提供优质的授课和场地指导服务	
工作职责	1. 根据公司规定销售私人教练课程 2. 按照公司规定给会员授课以及场地指导，为会员提供优质的服务 3. 按照公司要求认真填写各种表格，包括考勤签到表、第一次预约训练登记表、会员预约表、健康问答及体能测试表、会员签名卡、日课时记录表、日销售记录表、日销售报表、训练记录表等 4. 遵守公司的各项规章制度，严格执行教学部的工作流程 5. 正确使用办公室、教练岛和休息室，并保持干净、整洁 6. 正确使用和维护健身俱乐部各种器械，做到用后及时归还 7. 对所有员工、顾客都要面带微笑，主动打招呼 8. 努力学习专业知识，不断提高教学水平，教学中严禁出现危险及违禁动作 9. 准时上下班，准时参加部门例会及培训	
其他工作	上级布置的其他临时性工作	

续表

所受监督	由教练部经理直接管理		
工作权限	改善教学工作的建议权		
任职资格	内容	必备条件	期望条件
	教育水平	完成九年义务教育	高中以上（含高中）
	外表要求	五官端正，裸露部分无明显疤痕	外貌甜美/俊朗，气质佳
	工作经验	两年以上相关健身教练工作经验	3年以上相关健身教练工作经验
	技能与能力	具备专业健身知识、沟通能力、自我管理能力、电脑操作能力	具备专业健身知识和营销知识、沟通能力、自我管理能力、电脑操作能力。具备教练证书
	个性与品质	开朗，坚强，诚信，有责任感	对企业忠诚度高
薪酬待遇	私人教练工资＝基本工资＋工作表现奖＋销售任务奖＋授课课时费＋餐费补助		

表 4—2　　器械巡场教练职位说明书

基本信息	职位名称：器械巡场教练	所属部门：教练部
	职位编号：	岗位等级：
	责任上级：教练部经理	责任下属：
工作关系	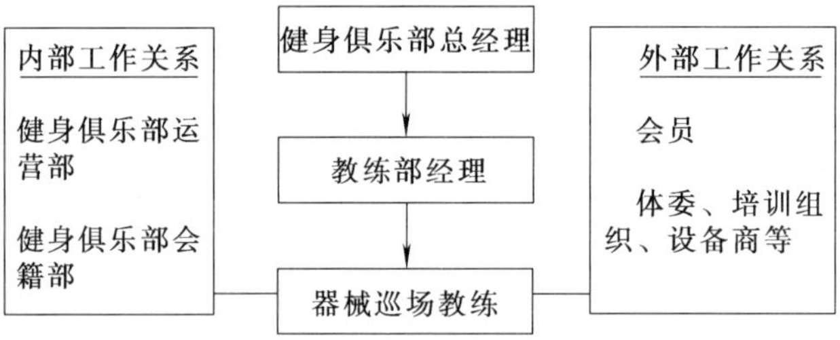	
工作概要	严格遵守教学部的工作流程，通过学习和培训不断提高自身教学水平，努力为会员提供优质的场地指导服务	
工作职责	1. 健身器械的管理 （1）对健身器械进行日常检测 （2）对健身设备进行简单维修 （3）对健身器械的保养提出合理意见 2. 对会员的服务 （1）测试并记录新会员的身体状况 （2）仔细带领新会员进行初步锻炼并正确指导会员使用健身器材和健身设施 （3）为会员制订合理的健身计划 （4）收集汇总会员对俱乐部的建议，并汇报主管部门及时处理 3. 场地的巡视 （1）随时检查设备上是否有会员遗留物，如果有及时交到前台	

续表

工作职责	(2) 随时检查饮水机、哑铃区、私教室是否整洁，做到随时清理，始终保持环境整洁和饮用水充足 (3) 随时监控空调的运转情况，控制室温 4. 配合其他部门的工作 (1) 积极配合专项教练去发现有意向申请专项服务的会员 (2) 配合会籍顾问做好访客的健身咨询和体检 (3) 力所能及地推广专教课程和公司营养品		
其他工作	上级布置的其他临时性工作		
所受监督	由教练部经理直接管理		
工作权限	改善教学工作的建议权		
任职资格	内容	必备条件	期望条件
	教育水平	完成九年义务教育	高中以上（含高中）
	外表要求	五官端正，裸露部分无明显疤痕	外貌甜美/俊朗，气质佳
	工作经验	两年以上健身教练经验	3年以上健身教练经验
	技能与能力	具备相关的健身指导知识和熟悉操作各类健身器械，具备与人沟通的能力	具备相关的健身指导知识和营养膳食指导知识，熟悉操作各类健身器械，具备与人沟通的能力，有相关教练指导证书
	个性与品质	开朗，坚强，诚信，有责任感	对企业忠诚度高
薪酬待遇	器械巡场教练工资＝基本工资＋部门任务奖＋工作表现奖＋餐费补助		

表4—3　　教练部经理职位说明书

基本信息	职位名称：教练部经理（私教经理）	所属部门：教练部
	职位编号：	岗位等级：
	责任上级：健身俱乐部总经理、教练总监	责任下属：
工作关系	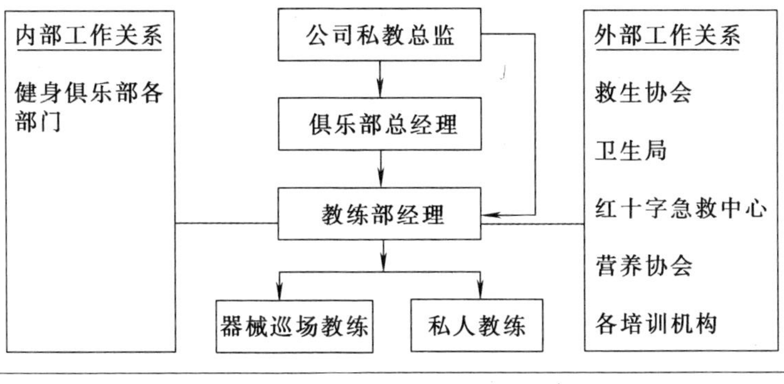	
工作概要	对本部门的员工进行管理和培训，提高私人教练部教学质量和服务水品，完成健身俱乐部总经理下达的部门任务	

续表

工作职责	1. 根据公司人力资源部的要求，有义务为健身俱乐部推荐新员工，参与私人教练的面试工作 2. 处理会员投诉，打会员服务电话，其中包括第一次预约没来的会员和长期未使用私教课的会员 3. 检查私人教练授课情况，监督工作程序和专业技能 4. 按照公平、公正、公开的原则及实际情况分配会员 5. 统计销售业绩及上课情况，对私人教练进行综合评定 6. 完成私人教练部的销售任务 7. 保证私人教练部的服务标准 8. 负责本部门的培训工作 （1）新员工入职指南 （2）私人教练工作规范 （3）各种表格的正确使用 （4）日常工作技巧 （5）客户服务 （6）协助培训私人教练基础课程 （7）专业理论及实践 （8）领导和组织部门例会和常规培训 （9）根据公司要求，参与私人教练的面试工作及外出培训工作 9. 定期与员工进行谈话 （1）设立期望值 （2）行为指导，行为跟进，行为纠正 （3）至少每人每季度一次的绩效评估及目标设立 （4）离职面谈 10. 日常管理 （1）根据私人教练工作规范，及时对员工进行信息反馈、跟进和评价 （2）按照公平、公正、公开的原则及实际情况，根据第一次训练预约表按照会员管理系统分配会员，并进行必要的跟进 （3）确保各训练区域的整洁度。及时发现器械故障及隐患。防止器械丢失 （4）监督 PT 工作区（教练岛、办公室），休息区的整洁度和有序性 （5）及时申领各种表格，并妥善保管 （6）监督、核查、分发、跟进、收集并统计各种表格 11. 表格管理 （1）部门管理表格（月业绩综合统计、日课时统计、月个人课时综合统计、第一次训练分配记录表、场地开发及尝试性训练记录、会员面谈记录、例会记录、会员交接记录表、PT 课时转换记录等） （2）私人教练档案表格 （3）系统表格（第一次训练预约登记表、私人教练预约表/本、日课时记录表、日销售报表、健康问答/体能评估表、会员签名卡、考勤签到、换班/休班申请、训练记录卡等） 12. 服务 （1）及时妥善解决外部和内部投诉

续表

<table>
<tr><td>工作职责</td><td colspan="3">（2）监控高峰期的场地指导服务
（3）给新会员、二次分配会员及需要服务的会员进行电话沟通
（4）及时跟进续课、转课及场地开发的会员
（5）尽可能多的了解健身俱乐部会员的训练状况
（6）尽可能多的了解员工的生活状况
（7）组织对会员定期（3个月）的阶段性体能评估
（8）组织对会员的每月1次的健身知识讲座
13. 数据统计及分析
14. 领导并参与团队建设，做好模范表率作用
15. 积极配合其他相关部门的工作及健身俱乐部各种活动</td></tr>
<tr><td>其他工作</td><td colspan="3"></td></tr>
<tr><td>所受监督</td><td colspan="3">由健身俱乐部总经理和教练总监直接管理</td></tr>
<tr><td>工作权限</td><td colspan="3">1. 对本部门的员工有行政管理权和人事建议权
2. 对本部门的工作有监督和执行权
3. 新会员的分配权
4. 对俱乐部的管理有建议权</td></tr>
<tr><td rowspan="5">任职资格</td><td>内容</td><td>必备条件</td><td>期望条件</td></tr>
<tr><td>教育水平</td><td>大专以上学历</td><td>体育管理专业毕业</td></tr>
<tr><td>工作经验</td><td>3年以上相关工作经验，具有公司认可的相关资质</td><td>私人教练工作两年以上</td></tr>
<tr><td>技能与能力</td><td>1. 良好的健身理论和锻炼技能
2. 良好的组织能力和人员管理能力
3. 良好的沟通和理解能力
4. 良好的培训与学习能力
5. 良好的市场意识
6. 强烈的服务意识和良好沟通协调能力
7. 良好的英语能力，CET−4以上</td><td>1. 具备人体解剖、运动力学、运动理论、运动康复等专业知识与技能
2. 具备良好的营销能力</td></tr>
<tr><td>个性与品质</td><td>乐观，开朗，具备良好的职业道德</td><td>忠于公司，责任心强，能承受工作压力</td></tr>
<tr><td>薪酬待遇</td><td colspan="3">私人教练经理工资＝基本工资＋工作表现奖＋任务奖＋管理提成＋个人销售上课费＋餐费补助</td></tr>
</table>

2. 私人教练的主要工作职责

（1）销售与赢利。私人教练在健身俱乐部中的首要职责是运用自己的专业知识为有健身需求的会员提供付费的、专业的、个性化健身服务，当会员认为私教提供的课程服务是符合他们的需求时，会员就会付费购买私教课程，此时就产生了私教课程的销售。而每名私人教练需要在保证会员训练质量的前提下，努力扩大购买课程会员的数量和课程的数量，增加私人教练课程产品产生的利润。

私教课程产生销售与盈利，是现代商业健身俱乐部经营理念的一项重大转变。从以前认为教练、健身指导是健身俱乐部运营成本中心，转变成现在不但可以为健身俱乐部产生销售，同时可以赢利，这是健身行业发展过程中一个新的里程碑。

（2）授课服务。当私人教练成功销售出私教课程后，兑现在销售过程中的服务承诺，也就是“授课服务”就成为第二职责。定期预约会员进行体能测试、制订训练计划、完成每一次的训练课程、课后的沟通、为会员解决所有与健身相关的疑问、跟进及回顾训练过程、设立新的目标等，都属于课程服务的范畴，是私人教练价值体现的关键途径。

（3）客户服务。作为健身俱乐部的一员，同样肩负着客户服务的责任，同时，作为私人教练更应起到教练的职责，即按照健身俱乐部有关规定，随时随地为会员提供专业的器械指导，在规定时间内完成器械巡场工作以及健身俱乐部交给的其他工作，如器械保养、数据统计及市场活动支持等。

（4）自我提高与发展。在健身行业，知识的更新与信息交替是非常快的，竞争也将日益激烈。如果一名私人教练只是做到销售、上课，而不能投资时间和精力去学习新的健身理念、知识和训练方法，很快将会被淘汰，到那时，损失的不仅仅是自己，还会影响到健身俱乐部的声誉和会员的服务标准。所以，“出色的自我管理、自我激励和自我学习能力”是私人教练必备的能力，具体表现在私人教练在合理安排好课程销售、上课、服务外，还必须利用一切机会学习和提高，这也是私人教练的工作职责，因为只有履行了这个职责，私人教练才会不断地提高能力，才能更好、更有效率地工作。

4.1.4 私人教练的任职条件

当今社会，人体运动科学已经发展到了一个全新的阶段，健身行业和健康领域中的新技术与新知识也日新月异，作为一名私人教练，仅仅依靠在学校或书本上学到的一些基础知识是远远不够的，需要在实际工作中不断地进行教育和学习，并紧紧跟随行业发展的步伐才能不被淘汰。而要想成为一名专业的私人教练，必须具备以下一些条件：

1. 丰富的健身专业知识

丰富的健身专业知识是私人教练的前提与基础，只有具备了专业的健身知识才可以为会员提供专业的健身指导和服务。

2. 良好的职业道德

在目前竞争激烈、工作节奏加快、诱惑颇多的社会环境下，良好的职业道德对于一名私人教练的成长起着至关重要的作用。

3. 良好的沟通能力

私人教练的工作是一个与人打交道的工作，良好的沟通能力可以保证私教课程销售的正常进行，更是为会员提供优质服务的基础。

4. 时刻关注自己的会员

私人教练应该时刻关注自己会员的训练、起居、饮食、身体变化等，因为在改变生活方式或达到更好身体状态的道路上，会员很容易迷失方向或放弃。如果私人教练没有关注到会员生理或心理的变化，而导致会员失去信心，甚至放弃本来已经开始的健身运动，那无疑是私人教练的最大失败。因此，时刻关注自己的会员是私教的责任和义务。

5. 正直、积极地对待他人、对待工作

私人教练是一个工作强度和压力都比较大的岗位，对待会员、对待同事及对待工作，具备积极的心态尤其重要。当遇到不理解自己的会员，销售失败或其他工作困难时，如果能够用积极的心态去调整和面对，很多看似复杂的困难和矛盾就不难解决了。

6. 出色的自我管理、自我激励和自我学习能力

私人教练是一项挑战与压力并存的工作。当出色完成工作，看到会员因为自己的工作而拥有健康、傲人的身材，获得更好的生活品质，转而更加尊敬甚至成为自己一生的朋友时，私人教练将获得极大的成就感。但同时，在这个过程中私人教练也会因为种种困难而经历很多迷茫、痛苦、无助甚至想放弃，此时，出色的自我管理、自我激励及自我学习能力起着至关重要的作用，因为这种能力的大小可能产生截然不同的结果：一种是放弃，而另一种是在困难来临时，运用自我管理、自我激励及自我学习能力，挑战自我，赢得胜利，获得成就感和满足感，

从而使自己能够挑战更高的目标。

作为一名私人教练，需要掌握多方面的专业知识及专业技能，包括运动解剖学、运动生理学、肌肉力量训练和心肺功能训练4个方面，在接下来的章节中将进行介绍。

4.2 运动解剖学

4.2.1 运动解剖学概述

1. 运动解剖学的定义

运动解剖学是人体解剖学的一个分支。而人体解剖学是一门研究正常人体形态和构造的科学，隶属于生物科学的形态学范畴。

随着人类的进步和科学文化的发展，人体解剖学由于所服务的对象不同，在研究方法、着重点和目的性等方面产生了差异，因而逐渐形成了若干独具特色的分支。其中，按人体功能系统阐述各器官形态结构的科学称为系统解剖学；按人体结构的部位，由浅入深侧重研究各局部组成结构的形态及毗邻关系的科学称为局部解剖学；适应绘画和雕塑等专业要求的科学称为艺术解剖学；而研究人体器官和结构在体育运动和训练中的形态构造和功能关系的解剖学被称为运动解剖学。

运动解剖学是私人教练专业知识之一，是肌肉训练的基础。每位私人教练只有在了解骨骼及肌肉生长的原理后，才能更有针对性地对不同肌肉群进行训练动作的设计。

2. 运动解剖学术语

为了正确描述人体结构的形态、位置以及它们间的相互关系，必须制定统一标准，即解剖学姿势和方位术语，私人教练必须准确掌握这项基本知识，以利于学习、交流，避免误解。

（1）人体解剖学姿势。为了阐明人体各部和诸结构的形态、位置及相互关系，必须确立一个标准姿势，在描述任何体位时，均以此标准姿势为准，这一标准姿势叫做解剖学姿势，即：身体直立，两眼平视前方；双足并立，足尖朝前；上肢垂于躯干两侧，手掌朝向前方（拇指在外侧）。

（2）解剖学的轴和面

1）轴（axis）。以解剖学姿势为准，可在人体上设定3个典型的互相垂直的轴，即矢状轴——为前后方向的水平线；冠状（额状）轴——

为左右方向的水平线；垂直轴——为上下方向与水平线垂直的垂线，如图4—1所示。轴多用于表达关节运动时骨的位移轨迹所沿的轴线。

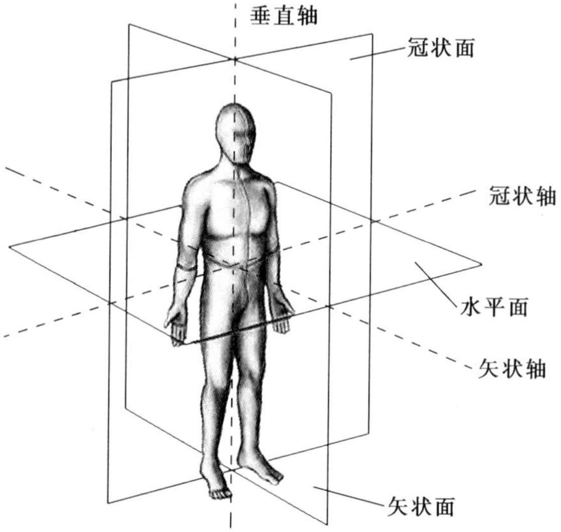

图4—1　典型切面

2）面（plane）。按照轴线可将人体或器官切成不同的切面，以便从不同角度观察某些结构。典型的切面有（见图4—1）：

①矢状面。矢状面是沿矢状轴方向所做的切面，它是将人体分为左右两部分的纵切面，如该切面恰通过人体的正中线，则叫做正中矢状面。

②冠状面。也叫额状面，沿冠状轴方向所做的切面，它是将人体分为前后两部的纵切面，与矢状面和水平面相垂直。

③水平面。也叫横切面，是沿水平线所做的切面，它将人体分为上下两部，与上述两个纵切面相垂直。要注意的是，器官的切面一般不以人体的长轴为准而以其本身的长轴为准，即沿其长轴所做的切面叫纵切面，而与长轴垂直的切面叫横切面。

4.2.2　骨骼系统

运动系统由骨、关节和骨骼肌组成。全身各骨由关节相连形成骨骼，由骨骼构成骨支架，有运动、支持、保护等作用。运动中，骨起着杠杆作用，关节是运动的枢纽，骨骼肌则是动力器官。骨和关节是运动系统的被动部分，骨骼肌是运动系统的主动部分。

骨是一种器官，具有一定形态和功能，外层有骨膜，内有骨髓，含有丰富的血管、淋巴管及神经，可以不断地进行新陈代谢和生长发育，并有修复、再生和改造的能力。骨质中有大量钙盐和磷酸盐沉积，是钙、磷的储存库，另外骨髓还具有造血功能。

1. 骨骼的分类

成人有206块骨，根据各骨块在肌体中所起的作用不同，可将骨骼进行如下分类。

（1）按形态可分为长骨、短骨、扁骨和不规则骨4种。

1）长骨（见图4—2）。长骨呈长管状，分布于四肢，分一体两端。骨体又称骨干，内有骨髓腔，容纳骨髓。体表面有1～2个血管出入的孔，称滋养孔。两端膨大处称骺。骨干与骺相邻的部分称干骺端，幼年时是软骨，称骺软骨，软骨细胞不断分裂使骨加长。成年后，骺软骨骨化，骨干与骺融为一体，其间遗留一骺线。

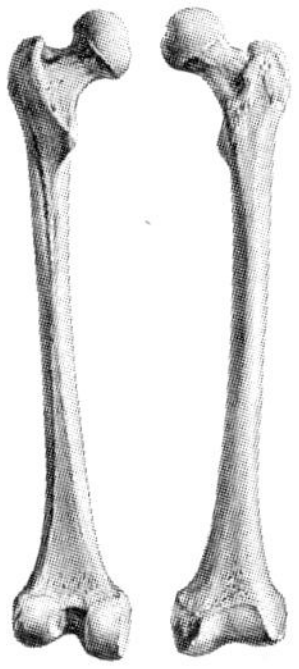

图4—2 长骨

2）短骨（见图4—3）。短骨形似立方体，多成群分布在连接牢固且较灵活的部位，如腕骨和跗骨。

图4—3 短骨

3）扁骨（见图4—4）。扁骨呈板状，主要构成颅腔、胸腔和盆腔的壁，起保护作用，如颅盖骨和肋骨。

图4—4 扁骨

4）不规则骨（见图4—5）。不规则骨形状不规则，如椎骨。有些不规则骨内有腔洞，称含气骨，如上颌骨。

（2）按所属部位分类，可以把骨骼分为颅骨、四肢骨、躯干骨3种。

1）颅骨（见图4—6）。颅骨由23块扁骨和不规则骨组成（中耳的3对听小骨未计入）。颅可分为上部的脑颅和下部的面颅，二者以眶上缘和外耳门上缘的连线为其分界线。

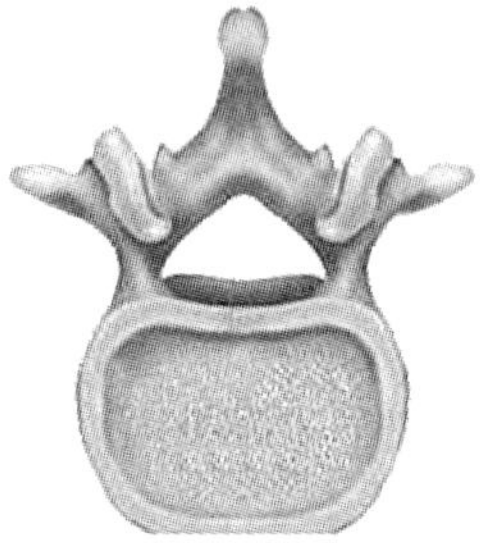

图4—5　不规则骨

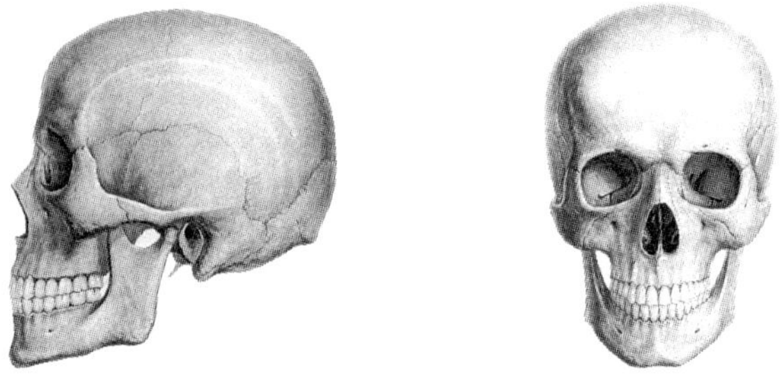

a）　　b）

图4—6　颅骨

a）侧面图　b）正面图

2）四肢骨。四肢骨由上肢带骨、自由上肢骨、下肢带骨、自由下肢骨组成。

①上肢带骨。包括锁骨和肩胛骨。

锁骨（见图4—7）位于胸廓前上方。内端为胸骨端，外端为肩峰端。内侧2/3凸向前，外侧1/3凸向后。锁骨骨折多在中、外1/3交界处。

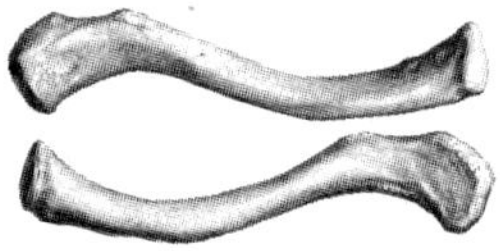

图4—7　锁骨

肩胛骨（见图4—8）为三角形扁骨，贴于胸廓后外面，可分二面、三缘和三个角。腹侧面或肋面为一大浅窝，称肩胛下窝。背侧面有肩胛冈，将肩胛骨分为上、下两个浅窝，分别称冈上窝和冈下窝。肩胛冈向外侧延伸的扁平突起，称肩峰。上缘外侧有指状突起，称为喙突。上角平对第2肋，下角平对第7肋或第7肋间隙，为计数肋骨的标志。外侧角朝外侧方的梨形浅窝，称关节盂，与肱骨头相连接。关节盂上下方各有一粗糙隆起，分别称盂上结节和盂下结节。

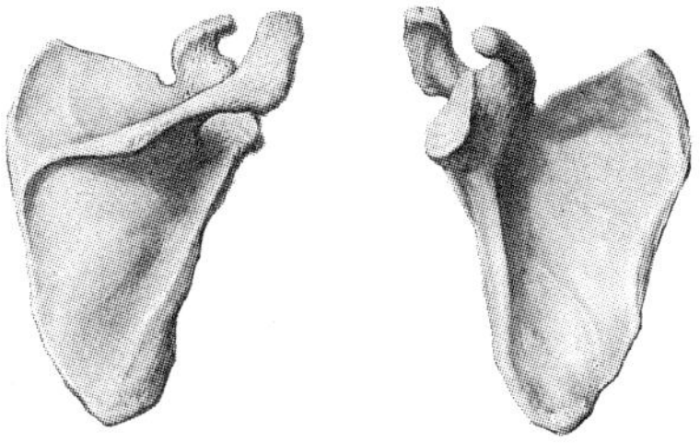

a) b)

图4—8 肩胛骨背面、正面图

a）背面 b）正面

②自由上肢骨。包括肱骨、桡骨、尺骨、手骨。

肱骨（见图4—9）分为一体两端。上端有呈半球形的肱骨头，与肩胛骨的关节盂相连接。肱骨头的外侧和前方有隆起的

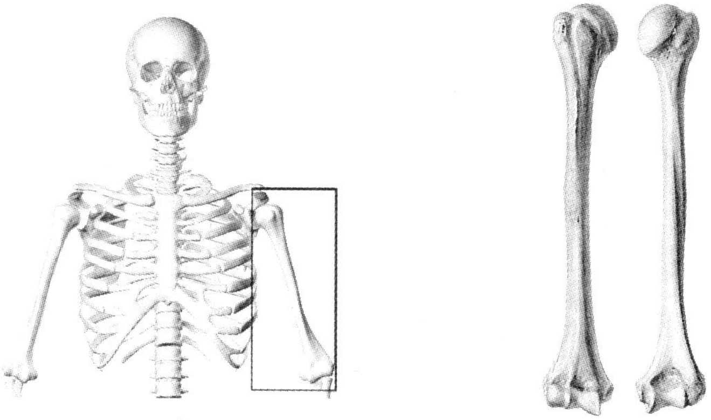

a) b)

图4—9 肱骨

a）肱骨位置 b）肱骨图

大结节和小结节，向下各延伸一嵴，称大结节嵴和小结节嵴。两结节间有一纵沟，称结节间沟。上端与体交界处稍细，称外科颈，较易发生骨折。肱骨体中部外侧面有粗糙的三角肌粗隆。后面中部，有一自内上斜向外下的桡神经沟，桡神经和肱深动脉沿此沟经过，肱骨中部骨折可能伤及桡神经。下端，外侧部前面有半球状的肱骨小头，与桡骨形成关节；内侧部有滑

车状的肱骨滑车，与尺骨形成关节。滑车后面上方有一窝，称鹰嘴窝，伸肘时容纳尺骨鹰嘴。小头外侧和滑车内侧各有一突起，分别称外上髁和内上髁。内上髁后方有一浅沟，称尺神经沟，尺神经由此经过。下端与骨体交界处，即肱骨内、外上髁稍上方，骨质较薄弱，易发生肱骨髁上骨折。肱骨大结节和内、外上髁都可在体表摸到。

桡骨位于前臂外侧部，分一体两端。上端膨大称桡骨头，头上面的关节凹与肱骨小头相连接；头下方略细，称桡骨颈。颈的内下侧有突起的桡骨粗隆。下端外侧向下突出，称茎突。下端里面有关节面，称尺切迹。桡骨茎突和桡骨头在体表可以摸到。

尺骨位于前臂内侧，分一体两端。上端粗大，前面有一深凹，称滑车切迹。切迹后上方的突起称鹰嘴，前下方的突起称冠突。冠突外侧面有桡切迹，与桡骨头相连接；冠突下方的粗糙隆起，称尺骨粗隆，尺骨体外缘锐利，为骨间缘。下端为尺骨头，头后内侧的突起，称尺骨茎突。在正常情况下，尺骨茎突比桡骨茎突约高 1 cm。鹰嘴、尺骨头和茎突都可在体表摸到。

尺骨和桡骨构成手臂的前臂部分，如图 4—10 所示。

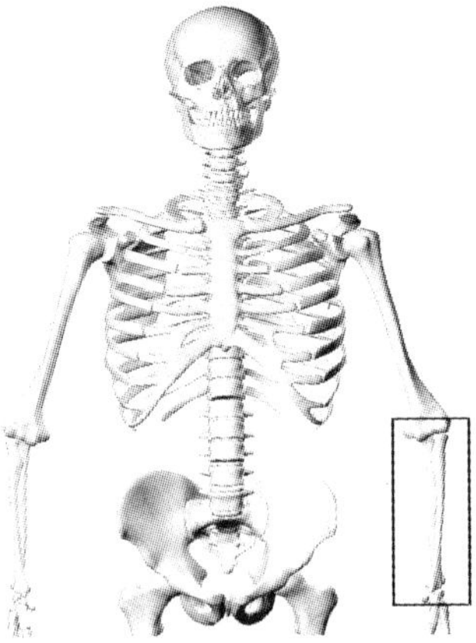

a)

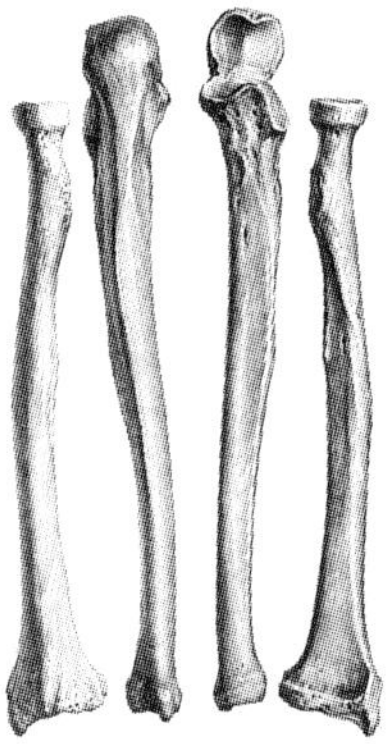

b)

图 4—10 尺、桡骨

a) 尺、桡骨位置 b) 尺、桡骨图

手骨（见图4—11）包括腕骨、掌骨和指骨。腕骨共8块，排成近远两列。近侧列由桡侧向尺侧为：手舟骨、月骨、三角骨和豌豆骨；远侧列为：大多角骨、小多角骨、头状骨和钩骨。8块腕骨构成一掌面凹陷的腕骨沟。掌骨共5块。由桡侧向尺侧，为第1、5掌骨。指骨共14块。拇指有2节，其余各指为3节，称为近节指骨、中节指骨和远节指骨。

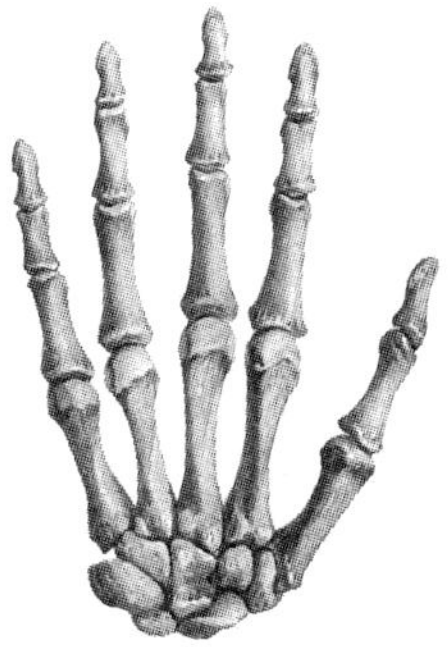

图4—11 手骨

③下肢带骨。即髋骨（见图4—12），是不规则骨。由髂骨、耻骨和坐骨组成，三块骨交汇于髋臼，16岁左右完全愈合。

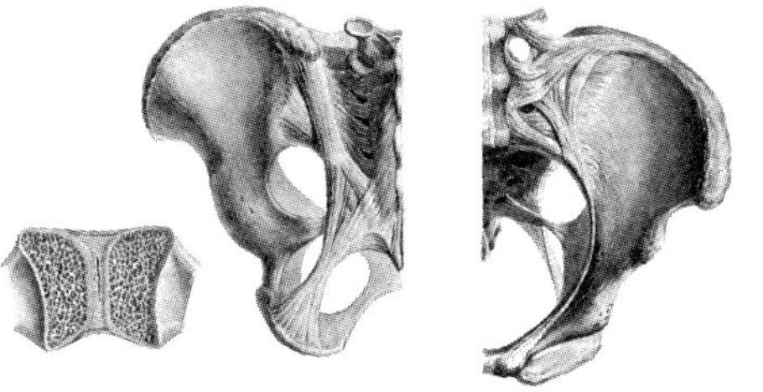

图4—12 髋骨

髂骨构成髋骨上部，分为髂骨体和髂骨翼。体构成髋臼的上2/5，翼的上缘称髂嵴。髂前端为髂前上棘，后端为髂后上棘。髂前上棘后方5～7 cm处，髂嵴外唇向外突起，形成髂结节，它们都是重要的体表标志。在髂前、后上棘的下方各有突起，分别称髂前下棘和髂后下棘。髂后下棘下方有坐骨大切迹。髂骨翼内面的浅窝称髂窝，髂窝下方称弓状线。髂骨翼后下方有粗糙的耳状面。

耻骨构成髋骨前下部，分为一体和上、下二支。体组成髋臼前下1/5与髂骨体的结合处骨面称髂耻隆起，由此向前内伸出耻骨上支，其末端急转向下，成为耻骨下支。耻骨结节到中线的上缘为耻骨嵴，也可在体表摸到。耻骨上、下支相互并行处的内侧面，称耻骨联合面，两侧联合面借软骨相接，构成耻骨联合。

坐骨构成髋骨下部，分为坐骨体和坐骨支。体组成髋臼的后下 2/5，后缘有尖形的坐骨棘，棘下方有坐骨小切迹。坐骨棘与髂后下棘之间为坐骨大切迹。坐骨体下后部向上内延伸为坐骨支，其末端与耻骨下支结合。坐骨体与坐骨支并行处的后部是粗糙的隆起，为坐骨结节，是坐骨最低部，可在体表摸到。

④自由下肢骨。包括股骨、髌骨、胫骨、腓骨、足骨。

股骨（见图 4—13）是人体最长的长骨。长度约为身高的 1/4，分为一体两端。上端有朝向内上的股骨头，与髋臼相连接。头中央稍下有小的股骨头凹。头下的狭细部称股骨颈。颈与体连接处上外侧的隆起，称大转子；内下方的隆起，称小转子。大、小转子之间，前面有转子间线，后面有转子间嵴。大转子是重要的体表标志，可在体表摸到。股骨体后面有纵行骨嵴，为粗线。此线上端分叉，向上外延续于臀肌粗隆，向上内侧延续为耻骨肌线。粗线下端也分为内、外两线，二线间的骨面为腘面。下端有两个向后突出的膨大，为内侧髁和外侧髁。两髁之间的深窝称髁间窝。两髁侧面最突起处，分别为内上髁和外上髁。内上髁上方的小突起，称收肌结节。它们都是在体表可摸到的重要标志。

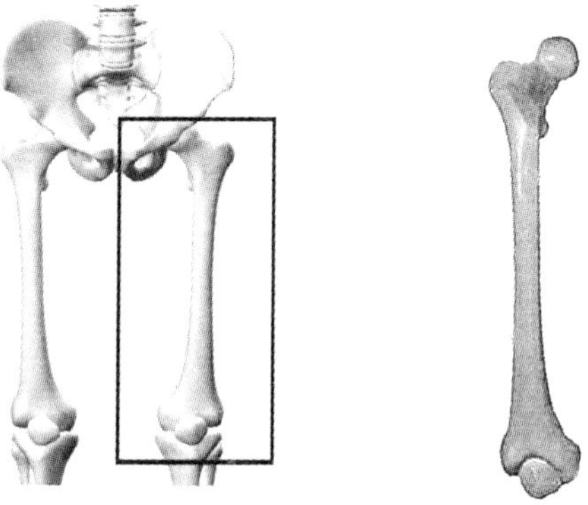

a)　　b)

图 4—13　股骨

a）股骨位置　b）股骨图

髌骨（见图 4—14）是人体最大的籽骨。位于股骨下端前面，在股四头肌腱内，与股骨髌面相连接。髌骨可在体表摸到。

胫骨（见图 4—15）位于小腿内侧，分为一体两端。上端膨大，向两侧突出，形成内侧髁和外侧髁。两上关节面之间的小隆起，称髁间隆起。外侧髁后下方有腓关节面与腓骨头相连接。上端前面的隆起称胫骨粗隆。内、外侧髁和股骨粗隆于体表可摸到。胫骨体外侧缘称骨间缘。后面上部有斜向下内的比目鱼肌线。体上、中1/3交界处附近，有向上开口的滋养孔。下端内下有一突起，称内踝。下端的外侧面有腓切迹与腓骨相接。内踝可在体表摸到。

a)　　　　b)

图4—14　髌骨

a）髌骨位置　b）髌骨图

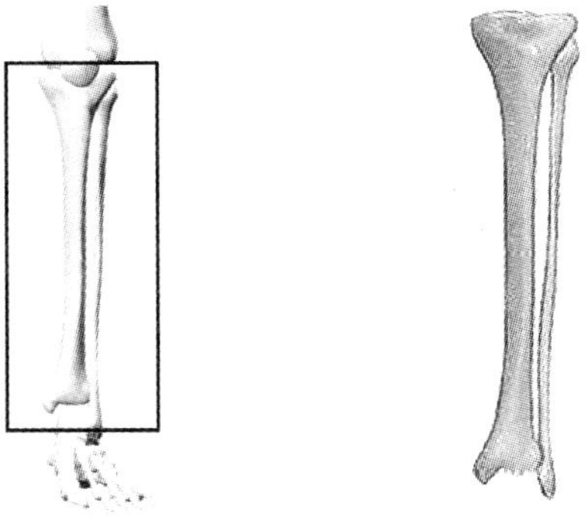

a)　　　　b)

图4—15　胫、腓骨

a）胫、腓骨位置　b）胫、腓骨图

腓骨（见图4—15）位于胫骨外侧，分为一体两端。上端稍膨大，称腓骨头。头下方缩窄，称腓骨颈。体内侧缘锐利，称骨间缘。下端膨大，形成外踝。腓骨头和外踝都可在体表摸到。

足骨（见图4—16）包括跗骨、跖骨和趾骨。跗骨共7块，属短骨，分前、中、后三列。后列有上方的距骨和下方的跟骨；中列为位于距骨前方的足舟骨；前列为内侧楔骨、中间楔骨、外侧楔骨及跟骨前方的骰骨。跟骨后端隆突，为跟骨结节。距骨前接足舟骨，其内下方隆起为舟骨粗隆，是重要的体表标志。跖骨共5块，为第1～5跖骨，形状和排列大致与掌骨相当。趾骨共14块。足母趾为2节，其余各趾为3节。形态和命名与指骨相同。

3）躯干骨。包括24块椎骨、1块骶骨、1块尾骨、1块胸骨和12对肋骨。它们分别参与脊柱、胸廓和骨盆的构成。

①椎骨（见图4—17）。幼年时椎骨为32或33块，分为颈椎7块，

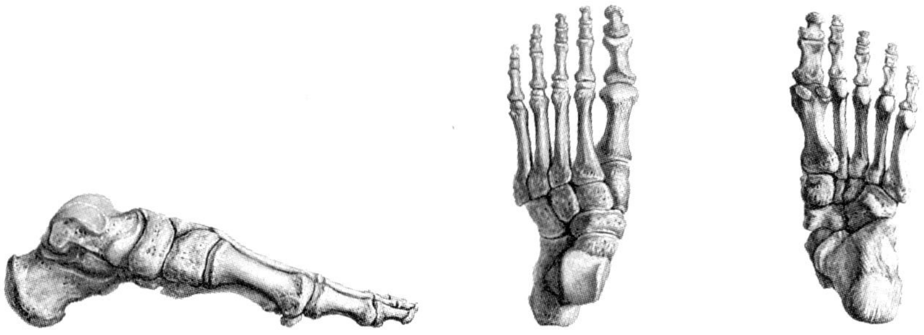

a） b） c）

图 4—16 足骨

a）足骨侧面图 b）足背图 c）足底图

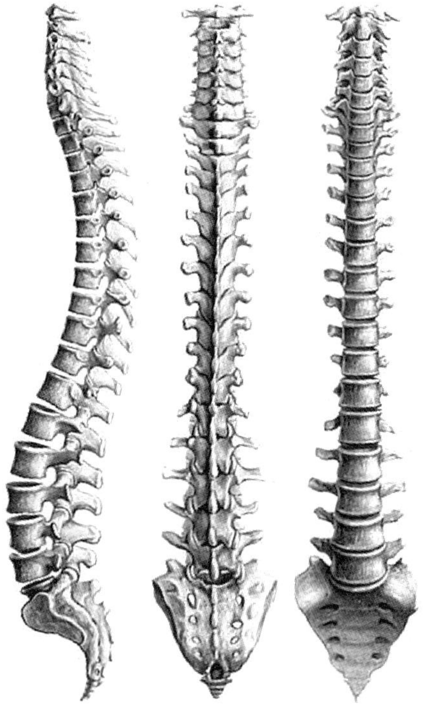

图 4—17 椎骨

胸椎 12 块，腰椎 5 块，骶椎 5 块，尾椎 3～4 块。成年后 5 块骶椎合成 1 块骶骨，3～4 块尾椎合成 1 块尾骨。

椎骨由前方的椎体和后方的椎弓组成。椎体是椎骨负重的主要部分，内部充满骨松质，表面是骨密质。椎体后面与椎弓共同围成椎孔。各椎孔贯通，构成容纳脊髓的椎管。椎弓是弓形骨板，紧连椎体的缩窄部分，称椎弓根，根的上、下缘各有一切迹。相邻椎骨的上、下切迹共同围成椎间孔，有脊神经和血管通过。两侧椎弓根向后内伸展，称椎弓板。由椎弓发出 7 个突起：1 个棘突，伸向后方或后下方；1 对横突，伸向两侧；2 对关节突，在椎弓根与椎弓板结合处分别向上、下方突起，即上关节突和下关节突。

颈椎（见图 4—18）椎体较小，横断面呈椭圆形。上、下关节突的关节面几呈水平面。横突上有横突孔，有椎动脉和椎静脉通过。第 6 颈椎横突末端前方的结节特别隆起，称颈动脉结节，有颈总动脉经其前方。第 2～6 颈椎的棘突较短，末端分叉。第 1 颈椎又名寰椎，呈环状，无椎体、棘突和关节突，由前弓、后弓及侧块组成。第 2 颈椎又名枢椎，特点是椎体向上伸出齿突。齿突原为寰椎椎体，发育过程中脱离寰椎而与枢椎体融合。第 7 颈椎又名隆椎，棘突特长，末端不分叉，活体易于触及，常作为计数椎骨序数的标志。

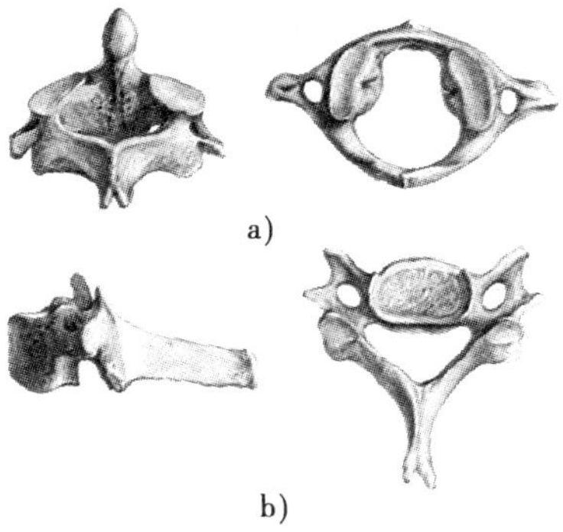

图 4—18　颈椎

a）颈椎　b）胸椎

胸椎（见图 4—19）椎体从上向下逐渐增大，横断面呈心形，椎体上缘和下缘的后方分别有上、下肋凹。横突末端前面有横突肋凹。关节突的关节面几乎呈冠状位。棘突较长，向后下方倾斜，呈叠瓦状排列。

腰椎（见图 4- 19）椎体粗壮，横断面呈肾形。上、下关节突的关节面几呈矢状位，棘突宽而短，呈板状，水平伸向后方。各棘突的间隙较宽，临床上可在此处作腰椎穿刺术。

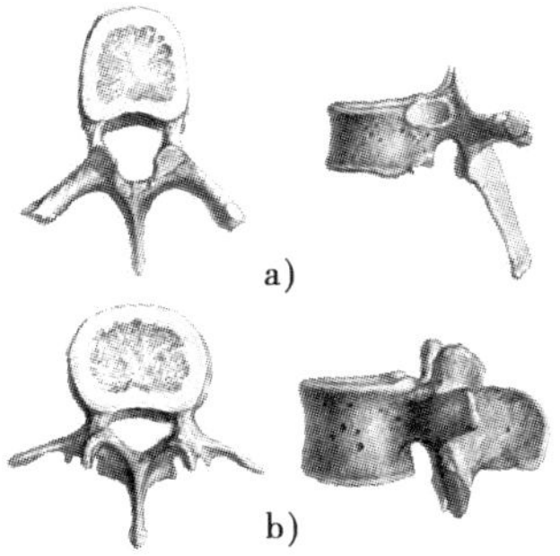

图 4—19　胸椎与腰椎

a）胸椎　b）腰椎

②骶骨（见图 4—20）。骶骨由 5 块骶椎愈合而成，呈三角形，底向上，尖向下。上缘中部向前隆凸，称岬。前有 4 对骶前孔。后面正中线上有骶正中嵴，嵴外侧有 4 对骶后孔。骶前、后孔均与骶管相通，有骶神经前后支通过。骶管上连椎管，下端的裂孔称骶管裂孔。裂孔两侧有向下突出的骶角，骶管麻醉常以骶角作为标志。

③尾骨（见图 4—20）。尾骨由 3～4 块退化的尾椎愈合而成。

④胸骨（见图 4—21）。胸骨位于胸前壁正中，可分胸骨柄、胸骨体和剑突三部分。胸骨柄上缘中部为颈静脉切迹，两侧有锁切迹与锁骨相联结。柄与体连接处微向前突，称胸骨角，两侧平对第 2 肋，是计数肋的重要标志。胸骨角向后平对第 4 胸椎体下缘。胸骨体外侧缘接第 2～7 肋软骨。剑突下端游离。

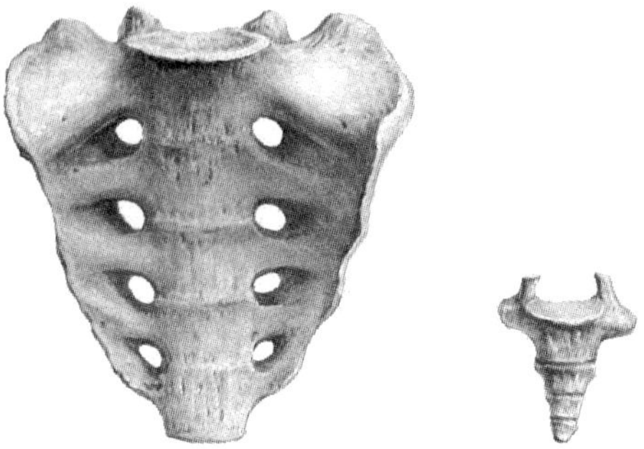

a) b)

图 4—20 骶、尾骨

a）骶骨 b）尾骨

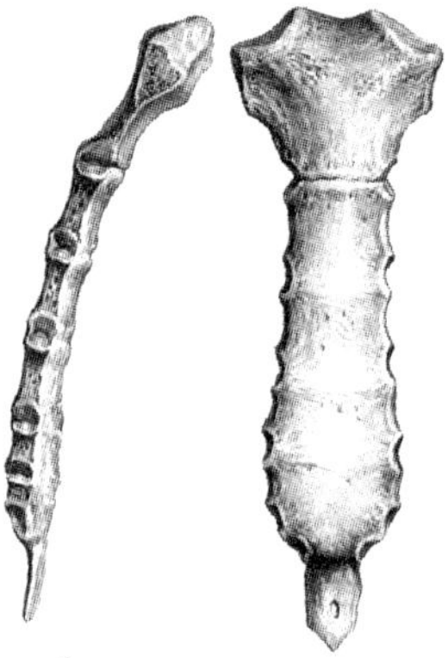

图 4—21 胸骨

⑤肋骨（见图 4—22）。肋骨由肋骨与肋软骨组成，共 12 对：第 1～7 对肋前端与胸骨连接，称真肋；第 8～10 对肋前端借肋软骨与上位肋软骨连接，形成肋弓，称假肋；第 11～12 对肋前端游离于腹壁肌层中，称浮肋。肋骨分为体和前、后两端。后端膨大，称肋头。外侧稍细，称肋颈。颈外侧的粗糙突起，称肋结节。肋体分内、外两面和上、下两缘。内面近下缘处有肋沟，有肋间神经、血管经过。体的后部急转处称肋角。前端与肋软骨相接。第 1 肋骨扁宽而短，分上、下面和内、外缘，无肋角和肋沟。第 2 肋骨为过渡型。第 11、第 12 肋骨无肋结节、肋颈及肋角。肋软骨位于各肋

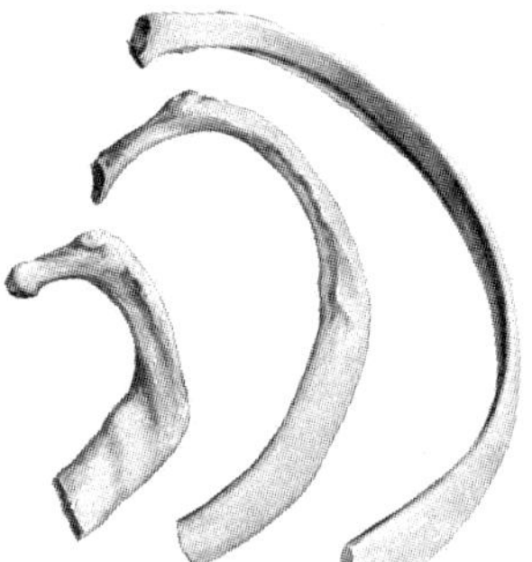

图 4—22 肋骨

骨的前端，由透明软骨构成。

4.2.3 关节

骨与骨之间由纤维结缔组织、软骨或骨相连，形成的骨连结被称作关节。关节是构成运动的基础。掌握关节的基础知识，可以为运动训练指导打下基础。

1. 关节的基本构造

关节包括关节面、关节囊和关节腔。

关节面是参与组成关节的各相关骨的接触面。每一关节至少包括两个关节面，一般为一凸一凹，凸者称为关节头，凹者称为关节窝。关节面上被覆有关节软骨。关节软骨不仅使粗糙不平的关节面变为光滑，同时在运动时可以减少关节面的摩擦，缓冲振荡和冲击。

关节囊是附着于关节周围的纤维结缔组织膜，它包围关节，封闭关节腔。可分为内外两层。外层为纤维膜，厚而坚韧，有丰富的血管和神经。纤维膜的厚薄通常与关节的功能有关。纤维膜的有些部分，还可明显增厚形成韧带，以增强关节的稳固，限制其过度运动。内层为滑膜，包围着关节内除关节软骨、关节唇和关节盘以外的所有结构。滑膜表面有时形成许多小突起，称为滑膜绒毛，多见于关节囊附着部的附近。滑膜富含血管网，能产生滑液。滑液不仅能增加润滑，而且也是关节软骨、半月板等新陈代谢的重要媒介。

关节腔是关节囊滑膜层和关节面共同围成的密闭腔隙，腔内含有少量滑液。关节腔内呈负压，对维持关节的稳固有一定作用。

2. 关节的辅助结构（见图4—23）

（1）韧带。韧带是联结于相邻两骨之间的致密纤维结缔组织束，有加强关节的稳固或限制其过度运动的作用。位于关节囊外的称囊外韧带，位于关节囊内的称囊内韧带。

（2）关节盘。关节盘位于两骨的关节面之间，其周缘附于关节囊，将关节腔分成两部分。关节盘可减少外力对关节的冲击和振荡。此外，分隔而成的两个腔可增加关节运动的形式和范围。

（3）关节唇。关节唇是附于关节窝周缘的纤维软骨环，它加深了关节窝，增大了关节面，增加了关节的稳固性。

3. 关节的运动

人体的运动都是由于关节运动引起的，因此了解所有关节的运动描述对于私

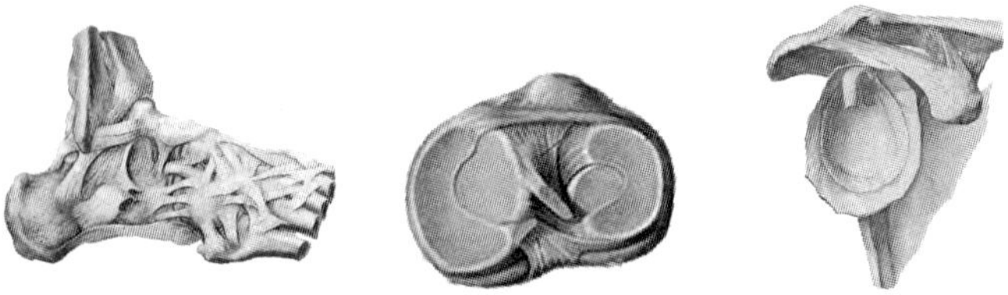

a) b) c)

图 4—23 关节的辅助结构

a) 韧带 b) 关节盘 c) 关节唇

人教练而言至关重要。关节的运动形式基本是沿三个相互垂直的轴作三组拮抗性运动。

屈和伸：关节沿冠状轴运动。运动时两骨之间的角度发生变化，角度变小称屈，变大称伸。

内收和外展：关节沿矢状轴运动。运动时骨向正中矢状面靠拢，称内收；反之称外展。

内旋和外旋：关节沿垂直轴运动。运动时骨向前内侧旋转，称内旋；反之称外旋。

环转运动：关节运动时，关节头在原位转动，骨的远端做圆周运动。

4. 关节的分类

根据骨连接的不同方式，可分为直接连接和间接连接两大类。

(1) 直接连接。骨与骨由纤维结缔组织或软骨直接连接形成，不活动或少许活动。这种连接可分为纤维连接、软骨连接和骨性连接 3 类。

1) 纤维连接。包括韧带连接和缝。两骨之间借纤维结缔组织直结连接的叫韧带连接，如黄韧带、如项韧带。骨与骨之间有少量结缔组织，连接极为紧密，叫做缝，如颅骨的冠状缝和人字缝。

2) 软骨连接。两骨之间以软骨相连。软骨有透明软骨、纤维软骨和弹力软骨 3 种。第一肋骨与胸骨间属透明软骨，椎骨椎体之间的椎间盘为纤维软骨。

3) 骨性连接。由软骨结合经骨化演变而成，完全不能活动，如 5 块骶椎结合为 1 块骶骨。

(2) 间接连接。又称为关节或滑膜关节，是骨连接的最高分化形式，具有较大的活动性。关节按构成的骨数、关节面的形态、运动轴数目及运动方式分类如下。

1）单轴关节。分为滑车关节、车轴关节。

①滑车关节（见图4—24）。关节头呈滑车状，关节窝与关节头的“沟”相对应。仅能沿水平冠状轴做屈、伸运动。有的滑车两端大小不一，关节窝上的嵴呈螺旋线状，叫做蜗状（螺旋）关节，其运动轴为斜冠状轴，运动方向为斜线。

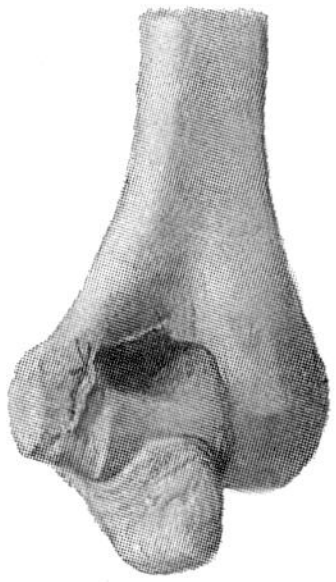

图4—24 滑车关节

②车轴关节（见图4—25）。关节头呈圆形面，关节窝常与韧带相连形成环形，桡尺近侧关节属于这类关节。它仅能绕长轴（垂直轴）做旋转（回旋）运动。

2）双轴关节（见图4—26）。分为椭圆关节、鞍状关节。

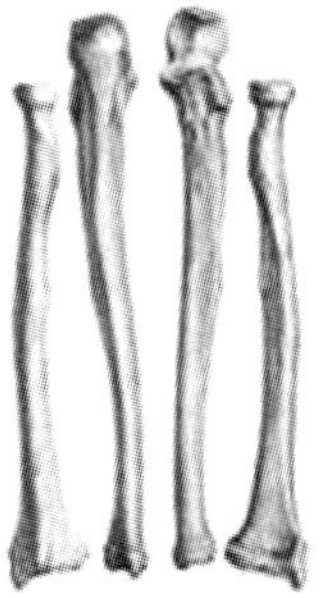

图4—25 车轴关节

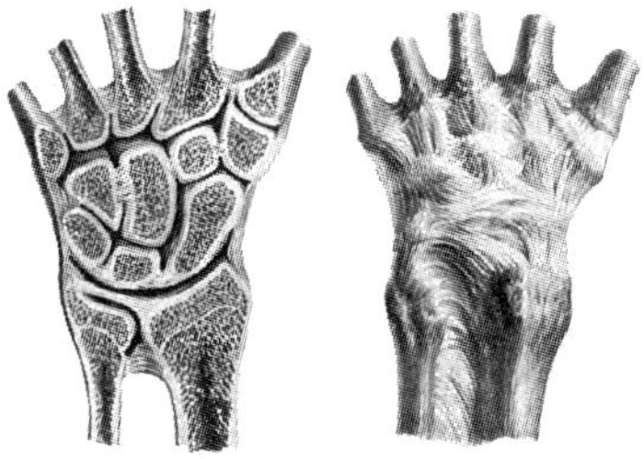

图4—26 双轴关节

①椭圆关节。关节头为椭圆形球面，关节窝为椭圆形凹面，如桡腕关节。此关节可沿水平冠状轴（长轴）做屈伸运动，又可沿水平矢状轴（短轴）做内收外展运动。

②鞍状关节。相对两骨的关节面都是马鞍形，两者互为关节头和关节窝，可沿水平冠状轴做屈伸运动和水平矢状轴做收展运动。

3）多轴关节。分为球窝关节、平面关节。

①球窝关节（见图4—27）。关节头为球面，关节窝为球形凹面，可进行无数个轴运动、屈伸活动、内收外展运动、旋内旋外运动和环转运动。如果关节窝深，包绕关节头的1/2以上时，则其运动度受限，叫做杵臼关节。

②平面关节（见图4—28）。相对两骨的关节面接近于平面，也属多轴关节。

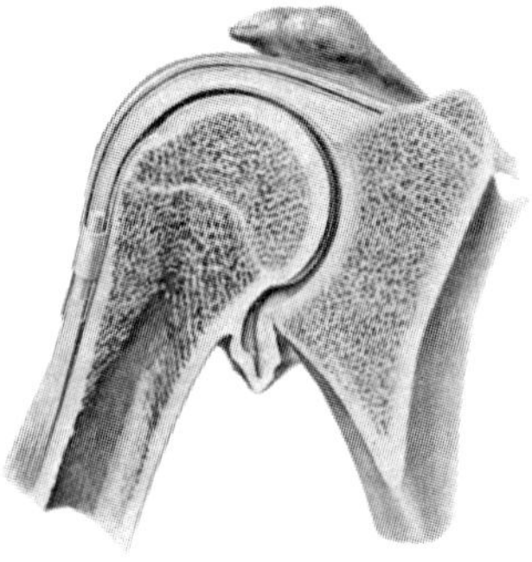

图4—27 球窝关节

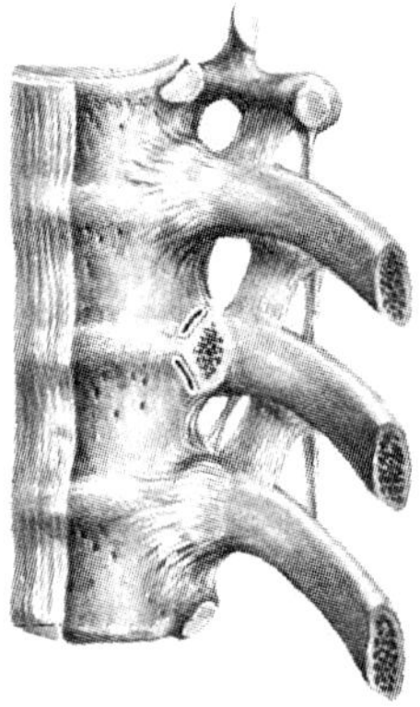

图4—28 平面关节

4.2.4 肌肉组织

健身训练目的不论是增长肌肉还是塑形，肌肉训练都是必不可少的。因此，私人教练必须熟知肌肉的生长原理及功能作用，从而才能更好地、更有效地针对不同肌肉群进行训练计划的安排。

1. 肌肉构造

肌肉根据构造的不同，可分为平滑肌、心肌和骨骼肌。平滑肌主要分布于内脏的中空器官及血管壁；心肌为构成心壁的主要部分；骨骼肌主要存在于躯干和四肢。每块肌肉都有一定的形态、结构、位置和辅助装置，执行一定的功能，有丰富的血管和淋巴管分布，并接受神经的支配，所以每块肌肉都可视为一个器官。

（1）肌肉的形态和构造。每块骨骼肌包括肌腹和肌腱两部分。肌性部分主要由肌纤维（即肌细胞）组成。腱性部分主要由平行致密的胶原纤维束构成，强韧而无收缩功能，位于肌性部分的两端。肌借腱附着于骨骼。阔肌的腱性部分呈薄膜状，称腱膜。肌的形态多样，按其外形大致可分为长肌、短肌、阔肌和轮匝肌4种。

（2）肌肉的起止点。肌肉通常以两端附着在两块或两块以上的骨面上。一般来说，两块骨必定有一块骨的位置相对固定，而另一块骨相对地移动。通常把接近身体正中面或四肢部靠近近侧的附着点看做肌肉的起点或定点；把另一端则看做为止点或动点。肌肉的定点和动点在一定条件下可以相互置换。

（3）肌肉的命名法。肌肉按形状、大小、位置、起止点或作用等命名。

（4）肌肉的辅助装置。包括筋膜、滑膜囊和腱鞘。

1）筋膜。分浅筋膜和深筋膜两种。

①浅筋膜。又称皮下筋膜，位于真皮之下，包被全身各部，由疏松结缔组织构成，内富有脂肪。浅动脉、皮下静脉、皮神经、淋巴管走行于浅筋膜内，有些局部还可有乳腺。

②深筋膜。又称固有筋膜，由致密结缔组织构成，位于浅筋膜的深面，它包被体壁、四肢的肌肉和血管神经等。在四肢，深筋膜插入肌群之间，并附着于骨，构成肌间隔，将功能、发育过程和神经支配不同的肌群分隔开来。深筋膜还包绕血管、神经，形成血管神经鞘。

2）滑膜囊。为封闭的结缔组织囊，内有滑液，多位于腱与骨面相接触处，以减少两者之间的摩擦。

3）腱鞘。是包围在肌腱外面的鞘管，存在于活动性较大的部位，如腕、踝、手指和足趾等处。腱鞘可分纤维层和滑膜层两部分。腱鞘的纤维层又称腱纤维鞘，它位于外层，为深筋膜增厚所形成的骨性纤维性管道，它起着滑车和约束肌腱的作用。腱鞘的滑膜层又称腱滑膜鞘，位于腱纤维鞘内，是由滑膜构成的双层圆筒形的鞘。鞘的内层包在肌腱的表面，称为脏层；外层贴在腱纤维层的内面和骨面，称为壁层。若手指不恰当地作长期、过度且快速的活动，可导致腱鞘损伤，产生疼痛并影响肌腱的滑动，称为腱鞘炎。腱滑膜鞘从骨面移行到肌腱的部分，称为腱系膜，其中有供应肌腱的血管通过。

（5）肌肉的血管、淋巴管和神经。肌肉的血液供应丰富。血管束多与神经伴行。肌肉的淋巴回流于毛细淋巴管，离肌后沿途伴随静脉回流。每块肌肉的神经多与主要的血管束伴行，入肌部位取决于该肌肉的肌纤维排列和长度。每条骨骼肌纤维通常只有一个轴突分支支配。一个运动神经元的轴突及其分支所支配的全部骨骼肌纤维合起来称为一个运动单位。

2. 骨骼肌的类别

虽然骨骼肌收缩力量的大小主要是由中枢神经系统调控的，但是各类肌纤维具有不同的收缩能力，它们有些具有快收缩的特性，有些则具有慢收缩的特性。

快收缩肌纤维（又称白肌）对缺氧有较高耐受能力，因此常被引动参与需短时内产生最大力量的活动。慢收缩肌纤维（又称红肌）常被引动参与低于最大力量的长时间的活动。例如，做一组重深蹲，需更多用到股四头肌中快肌纤维，而骑 25 km 的自行车就需要更多用到股四头肌中的慢肌纤维。快收缩运动单位要比慢收缩运动单位具有更多更大的肌纤维和更大的神经元，因此更适于力的产生。虽然人体的肌纤维的组成主要取决于遗传，但训练是发展肌肉力量的最主要因素。

3. 肌肉收缩方式

（1）等张收缩。它是指肌肉在承担着一个不变的负荷或重量所产生收缩作用。可细分为离心收缩和向心收缩两种不同的方式：离心收缩指肌肉在收缩时，它的长度伸长；向心收缩指肌肉在收缩时，它的长度缩短。

（2）等长收缩。肌肉在收缩时，长度没有变化。

（3）等动收缩。是指肌肉遵循着一个固定不变的速度进行收缩和伸展。

4. 肌肉解剖

（1）胸大肌（见图 4—29）。胸肌覆盖胸廓前壁的大部，起自锁骨的内侧半、胸骨和第 1～6 肋软骨等处，止于肱骨大结节嵴。作用：使肩关节内收、旋内和前屈。如上肢固定，可上提躯干，与背阔肌一起完成引体向上的动作，也可上提胸廓，帮助吸气。

（2）三角肌（见图 4—30）。位于肩部。起自锁骨的外侧段、肩峰和肩胛冈，止于肱骨体的三角肌粗隆。腋神经受损可导致该肌肉瘫痪萎缩，使肩峰突出于皮下。作用：外展肩关节，前部肌束可以使肩关节屈和旋内，后部肌束能使属关节伸和旋外。

（3）背阔肌（见图 4—31）。位于背的下半部及胸的后外侧，起自下 6 个胸椎的棘突、全部腰椎的棘突、骶正中嵴及髂嵴后部等处，止于肱骨小结节嵴。作用：使肱骨内收、旋内和后伸。当上肢上举且固定时，可引体向上。

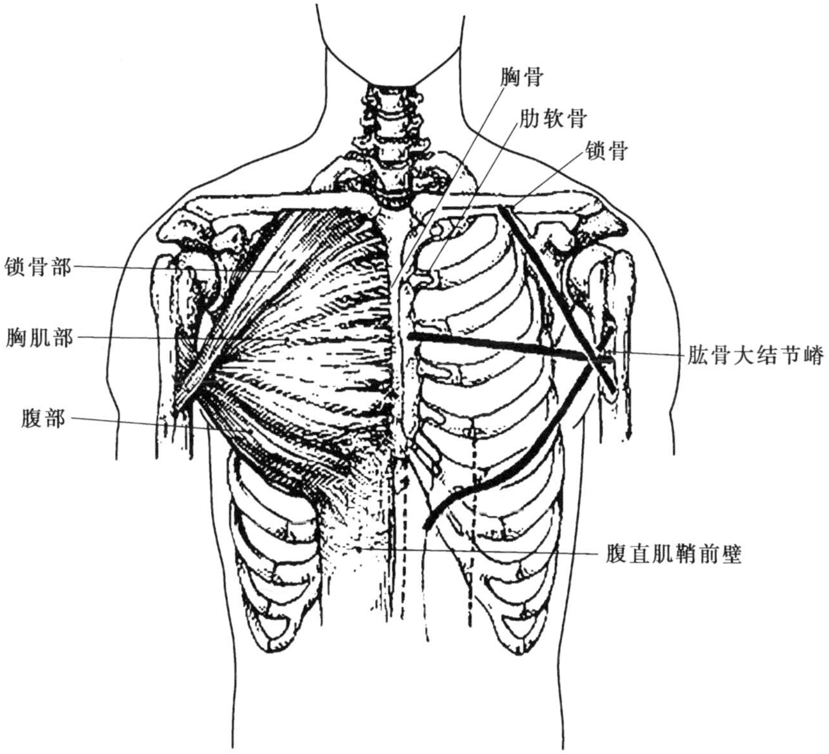

图4—29　胸大肌

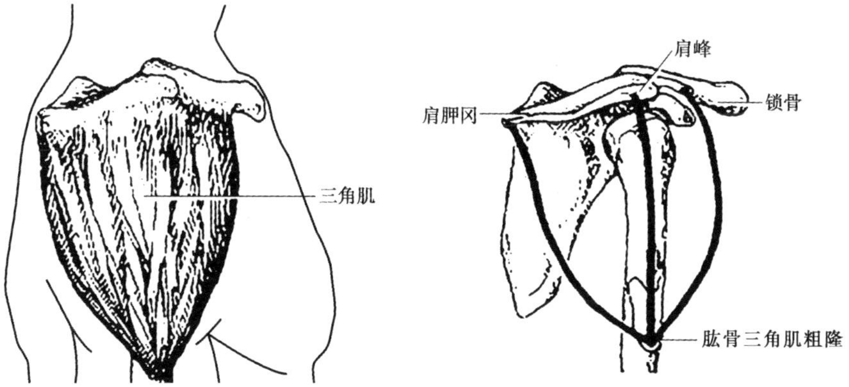

图4—30　三角肌

（4）肱二头肌（见图4—32）。起端有两个头，长头起自肩胛骨盂上结节；短头起自肩胛骨喙突。两头在手臂的下部合并成一个肌腹，向下移行为肌腱止于桡骨粗隆。作用：使肘关节屈；当前臂在旋前位时，能使其旋后。此外，还能协助屈肩关节。

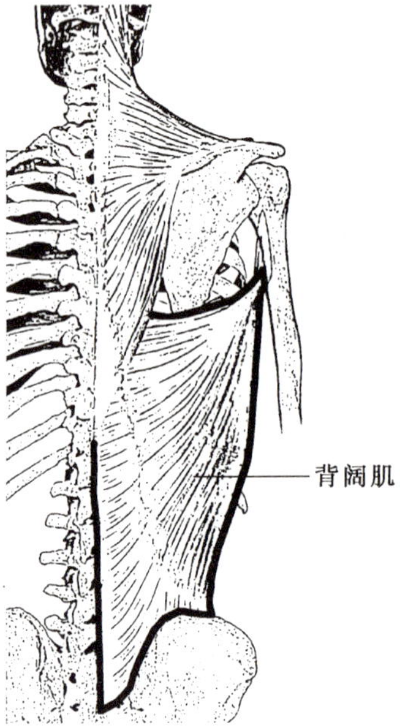

图 4—31　背阔肌

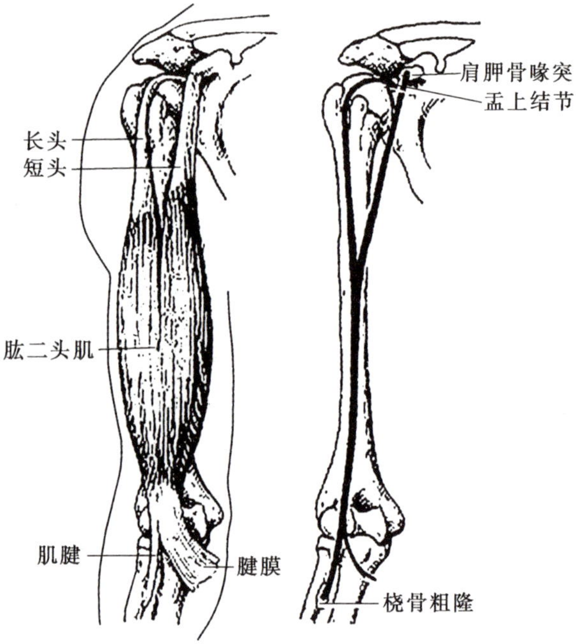

图 4—32　肱二头肌

(5) 肱三头肌（见图 4—33）。长头起自肩胛骨盂下结节，外侧头与内侧头分别起自肱骨后面桡神经沟的外上方和内下方的骨面，3 个头向下以一坚韧的肌腱止于尺骨鹰嘴。作用：伸肘关节，长头还可使属关节后伸和内收。

(6) 股四头肌（见图 4—34）。是全身最大的肌群，有 4 个头，即股直肌、股内侧肌、股外侧肌和股中间肌。股直肌起自髂前下棘；股内侧肌和股外侧肌分别起自股骨粗线内、外侧唇；股中间肌位于股直肌的深面，在股内、外侧肌之间，起自股骨体的前面。4 个头向下形成一腔，包绕髌骨的前面和两侧，往下续为髌韧带，止于胫骨粗隆。作用：使膝关节强有力的伸直，还可屈髋关节。

(7) 股二头肌（见图 4—35）。位于股后部的外侧。长头起自坐骨结节，短头起自股骨粗线外侧唇，止于腓骨头。作用：可以屈膝关节、伸髋关节。屈膝时可以使小腿旋外。

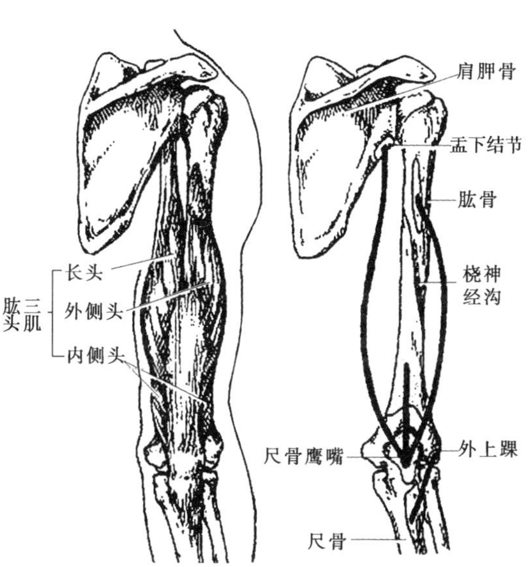

图4—33　肱三头肌

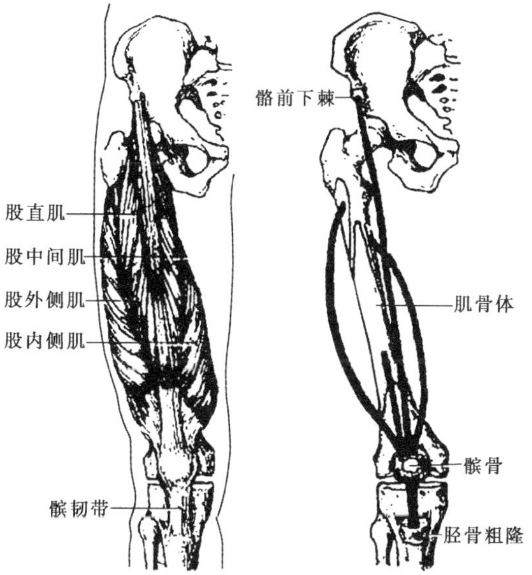

图4—34　股四头肌

（8）半腱肌与半膜肌（见图4—36）。起自坐骨结节，止于胫骨上端内侧。半腱肌位于股后部的内侧，半膜肌在半腱肌的深面。作用：可以屈膝关节、伸髋关节。屈膝时使小腿旋内。

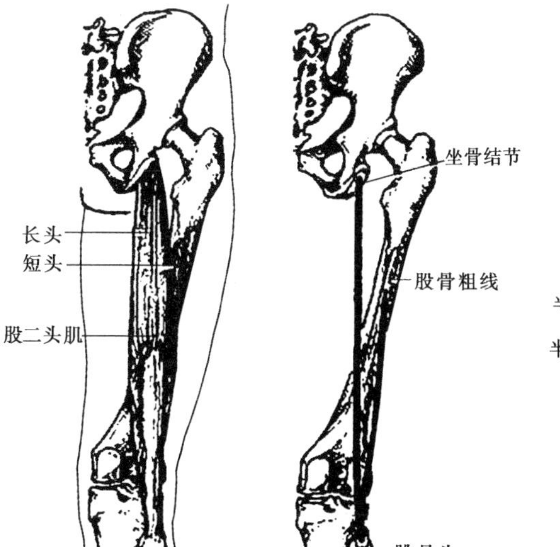

图4—35　股二头肌

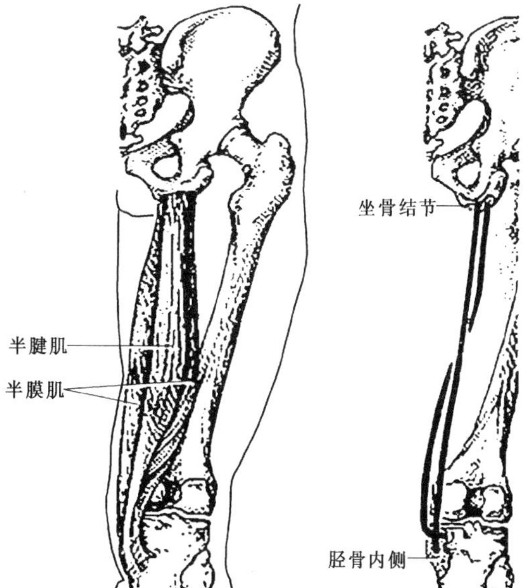

图4—36　半腱肌与半膜肌

(9) 腓肠肌（见图 4—37）。位于小腿后面浅层，起自股骨内、外侧髁的后面，止于跟骨。作用：屈踝关节和屈膝关节。在站立时，能固定踝关节和膝关节，以防止身体向前倾斜。

(10) 比目鱼肌（见图 4—38）。起自腓骨后面的上部和胫骨的比目鱼肌线，肌束向下移行为肌腱，和腓肠肌的腱合成跟腱止于跟骨。作用：屈踝关节。

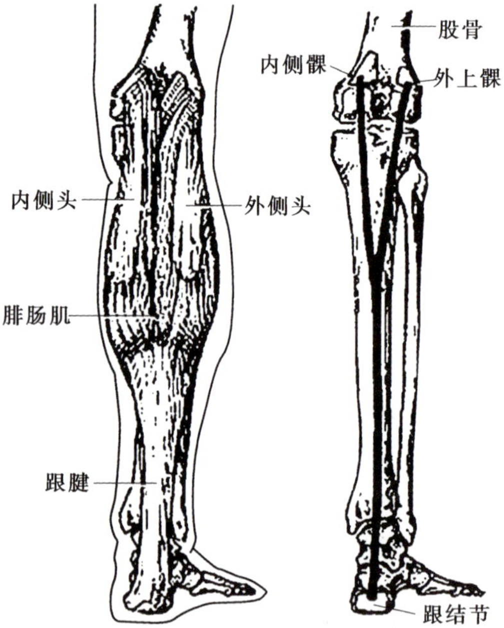

图 4—37 腓肠肌

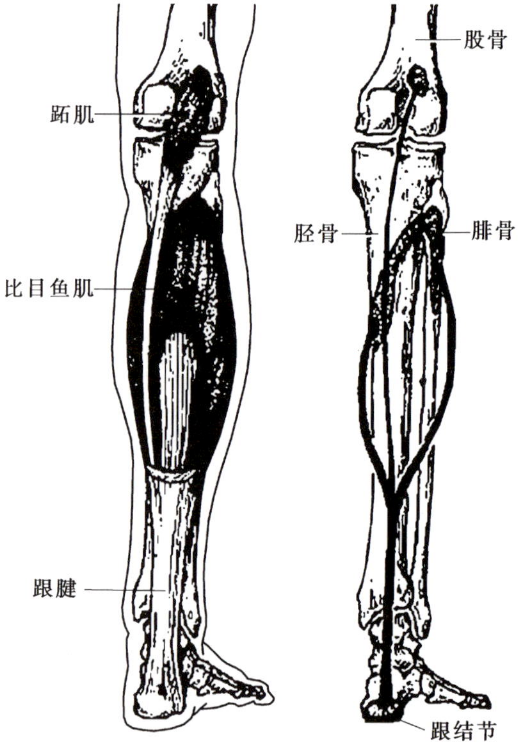

图 4—38 比目鱼肌

(11) 臀大肌（见图 4—39）。位于臀部浅层，覆盖臀中肌下半部及其他小肌。起自髂骨翼外面和骶骨背面，肌束斜向下外生长，止于髂胫束和股骨的臀肌粗隆。作用：使髋关节伸。下肢固定时，能伸直躯干，防止躯干前倾，是维持人体直立的重要肌肉。

(12) 腹直肌（见图 4—40）。位于腹前壁正中线的两旁，居腹直肌鞘中，起自耻骨联合和耻骨嵴，肌束向上止于胸骨剑突和第 5～7 肋软骨的前面。肌的全长被 3～4 条横行的腱划分成几个肌腹。作用：使躯干屈。

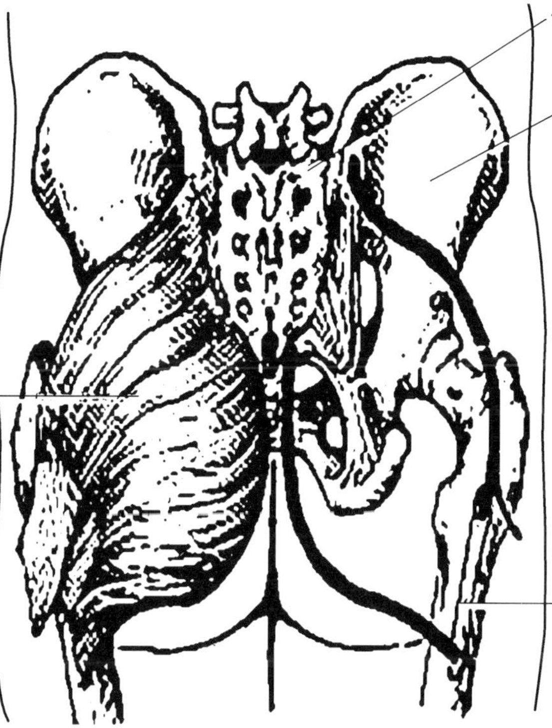

图4—39 臀大肌

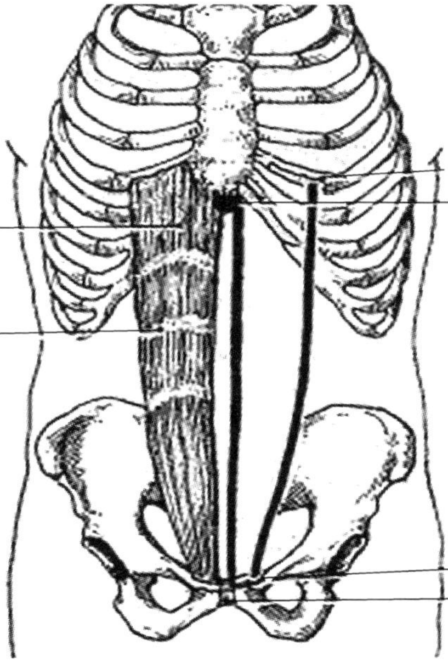

图4—40 腹直肌

4.3 运动生理学

运动生理学是人体生理学的一个重要分支，主要研究在运动训练过程中，人体各器官功能所发生的变化规律及机制。近年来，随着健身产业和私人教练的快速发展，新的训练模式被广泛地应用，运动生理学的知识对增强私人教练的专业素质起着越来越重要的作用。

4.3.1 人体能量系统

运动训练的基本原理，就得先从能量的重要性及其来源说起。一切人体运动都是由肌肉收缩产生的。不论是一瞬间就可以完成的动作（如跳高、跳远）或者要持续上数分钟，甚至数小时的活动（如跑步、游泳），肌肉均需要有足够的能量储备及补充，才能够完成该项活动。

人体将食物吸收和分解后获得能量，但能量被身体有效地利用之前，必须先转化为一种称作三磷酸腺（Adenosine Tri-phosphate，简称 ATP）的高能化合物，才可供身体使用。肌肉运动时收缩所需的能量就是通过 ATP 的分解而释放出来的。

$$ATP \rightarrow ADP + Pi + E$$

每克分子 ATP 可释放 29.26～50.16 kJ（7～12 kcal）能量。ATP 一旦被分解，便迅速补充。但肌肉细胞内 ATP 的储存量极少，必须不断补充才可以满足身体持续活动的需要。补充能量基本上可有以下 3 个途径：

（1）ATP—CP 系统。

（2）乳酸系统。

（3）有氧供能系统。

前两者因为可以在缺氧的情况下补充 ATP，所以又称无氧系统；第三个系统因为要在有充足氧气的情况下才能够有效地补充 ATP，所以称作有氧系统。

1. ATP—CP 系统

身体开始运动后，虽然可以立即获得 ATP 以供应肌肉收缩的需求，但由于它在肌肉中的储存量只足够提供短时间、高强度的运动使用。当储存在肌肉内的 ATP 很快被消耗后，这时同样在肌肉细胞内储存的磷酸肌酸（简称 CP），就会继续迅速分解，同时释放能量并重新合成 ATP，ATP 得以再度分解，并释放出能量供肌肉收缩时使用。由于肌肉细胞中 CP 的储存量十分少，这一系统供应能量仅可以维持约 10 s 左右的激烈运动。ATP－CP 系统的重要性在于它能够迅速地供应快速的和爆发性的运动所需要的能量。

$$CP + ADP \rightarrow ATP$$

肌肉中 CP 的再合成则要靠三大能源物质的分解供能。

在 ATP－CP 系统中，由于 ATP 和 CP 在体内均有一定的储存量，这个系统有以下优点：

（1）无须氧气的参与，ATP 和 CP 可在肌肉中可随时分解提供能量。

（2）它产生能量的过程很快，因为它储存在体内，需提供能量时可立刻放出。

2. 乳酸系统（糖酵解系统）

乳酸系统主要在 ATP－CP 系统之后继续提供能量，支持持续 20 s 以上至数分钟的高强度无氧运动。这系统是运动时间稍长、强度很大的项目（如 200 m 和 400 m 跑）的主要能源供应来源。运动时，能量先由 ATP－CP 系统提供，约 8～10 s后便转为由乳酸系统供应。乳酸系统主要靠分解储存在肌肉细胞及肝脏中的糖原释放能量并重新合成 ATP。

$$\text{糖原} + ADP + Pi \rightarrow \text{乳酸} + ATP$$

糖原可以快速地产生 ATP 以供应高强度运动的需要。但由于糖原在缺氧的情况下进行分解，在肌肉内会产生大量的乳酸，乳酸快速通过肌肉细胞膜进入到血液循环中，可被其他组织有氧分解再产生 ATP。当乳酸产生速率大于清除速率时，会造成血液中的乳酸堆积过剩。乳酸堆积引起的疲劳，最甚者可令身体活动无法继续进行，原因如下：

（1）由于乳酸在肌肉中，它抑制糖分解成 ATP 的生成速度。

（2）乳酸会解离成氢离子，氢离子会代替钙离子而影响肌肉收缩。

（3）pH 值降低会刺激痛觉感受器，让肌肉产生痛楚的感觉。

（4）氢离子进入脑部并会引起恶心、疼痛等副作用。

这个系统的特点是：

——无氧代谢，供能速度快。

——以糖原作为能源。

——ATP 生成有限。

——产物乳酸可导致肌肉疲劳。

3. 有氧供能系统

此系统可以有效地大量产生 ATP。氧气是这种系统供能有效运作的必要条件，因此一个人的最大耗氧量是影响其运动能力的重要因素。对最大耗氧量有影响的因素有：

（1）心脏的泵血功能。

（2）肌肉利用氧的能力。

（3）遗传因素。

（4）年龄、种族以及性别因素。

（5）训练的影响。

有氧供能系统在运动时会比较缓慢的被活化，大约在运动后的 2 min 开始工作，在至少连续运动 5 min 之后才会大幅度地及有效地进行有氧代谢。这时，心率和呼吸速度都会加快，增加摄氧量以便为肌肉细胞供氧，保证糖原在有氧的情况下分解。在有氧的情况下，糖原分解并释放能量合成 ATP 的同时，就不会产生乳酸。有氧系统是持续时间为 2 min 及以上的运动项目（如 1 500 m 长跑项目）的主要供能系统。超过 20 min 以上的持续运动，脂肪也可以被分解以释放能量。至于蛋白质方面，则只会在特殊情况下（如长期饥饿）才会被分解以释放能量。

$$糖（脂肪、蛋白质）+ADP+Pi+O_2 \rightarrow CO_2+H_2O+ATP$$

4.3.2 有氧与无氧系统

在运动的过程当中，使用哪种供能系统是根据运动的强度和时间来决定的，除了极短时间的运动外，大多数运动都在不同程度上用到有氧及无氧两种供能系统。

这 3 种能量供应系统并非简单的交互轮替，而是在任何时间所有的系统皆有运作，相互配合，当其中一种系统供应主要能量时，其他的系统也会有不同程度的参与。在开始运动的 2 min 之内，3 种系统间的交互作用最为复杂，各种能量供应系统的作用有如下的变化：ATP－CP 系统的作用量从最高降至最低，乳酸系统很稳定地维持高能量输出，有氧系统的作用量从最低变成最高。

当静态休息时，身体主要的能量都是由有氧供能系统来提供。但如果突然活动量增加，有氧供能系统就不能满足在短时间内对 ATP 的大量需求，便需由无氧供能系统中的 ATP－CP 系统或乳酸系统来提供。同时，有氧供能系统亦会继续提高其工作量来产生更多的 ATP。

当中高强度的运动持续了一段时间后，身体便会开始提高氧气输送系统的效率来配合。假如这时有氧供能系统能满足运动量，身体便会减低无氧供能系统的工作，肌肉里的乳酸含量也会保持稳定。相反，如果运动量太大，有氧供能系统工作不能满足需求的话，无氧供能系统就会维持高工作量，而体内的乳酸就会随时间而增加。

4.3.3 训练过度现象

1. 训练过度的概念

训练过度也称过度疲劳，是训练不当造成机体疲劳的一种综合症状。训练负荷太高、频率太密、休息不足、疾病、营养或水分补充不足或是精神压力太大，皆会令身体的疲劳无法完全复原，长期累积的疲劳最终会导致训练过度的出现。训练过度主要有交感型和副交感型两种。健身俱乐部发生的训练过度多属于交感型过度训练，表现是安静时心率增快、血压增高、体重下降、睡眠障碍、抵抗力降低、食欲减退，训练后感到疲劳、疲劳恢复慢、无训练欲望、见到器械反感、运动中最高血乳酸水平降低、肌肉停止增长甚至萎缩。

国际健美联合会公布的 9 条训练过度的表现是：

（1）受伤和肌肉疼痛的次数增加。

（2）早上起床时的脉搏升高。

（3）训练情绪下降，易激动，发热。

（4）失眠。

（5）肌肉的围度缩小。

（6）提不起精神，缺乏耐久力。

（7）性功能减退。

（8）食欲减退。

（9）在下一次训练前肌肉恢复不过来。

另外，血浆游离睾酮与皮质醇的比值比正常值低 30%，也可认定为训练过度。

对照上述几条，如果有两条以上的身体反应与之相符，就可以确认发生了训练过度。

2. 避免训练过度的几点建议

（1）调整训练量和训练强度。初学者必须遵循循序渐进的原则，训练量和训练强度要逐渐加大，切不可冒进。训练过度后要降低训练量和训练强度，进行调整性训练。

(2) 加强训练后的恢复措施。训练后应加强碳水化合物的补充，保证充足的睡眠时间，加强微量元素及矿物质的补充，可多吃一些新鲜蔬菜和水果，还可口服一些维生素制剂，或根据条件进行按摩、桑拿浴和心理放松等，以加速疲劳消除，促进身体恢复。

(3) 加强医务监控和自我保护。及时进行医学检查，监督恢复情况。感冒发烧时停止训练。大运动量后未恢复不进行训练。加强训练后的放松练习。注意环境、气候、生物节律变化对机体的影响。

(4) 掌握恢复方法。若发现有训练过度的征兆，首先应大幅减少训练量，并提供足够的休息和睡眠时间，以及补充充足的水分和营养，直至完全康复为止。由于每个人出现训练过度的原因均有所不同，所以必须找出主因，并对症下药。另一方面，可多参加一些休闲活动，以帮助减轻身心的压力和促进复原。当复原之后，训练量和强度也应逐步增加，不可急进，以令身体渐渐适应过来。

4.4 力量训练原则与方法

如何发展肌肉以及怎样提高心肺功能水平是私人教练制订并实施合理、有效的训练计划的关键。

4.4.1 力量训练

力量训练又称抗阻力训练，是指身体克服阻力以达到强健肌肉、增强肌力目的的训练。日常生活中很多活动都可以看做是抗阻力训练，比如从凳子上站起来、弯腰提起公文包等，这些动作都为身体肌肉增加了一些阻力或负担，如果肌肉力量不足的话，就会应付不来，也较容易令肌肉受伤。很多人认为力量训练是运动员才需要的，而且担心力量训练会使四肢显得太粗壮。这些都是非常普遍的误解。

4.4.2 力量训练的作用

1. 延缓衰老

研究资料表明，成年人随着年龄的增加，肌力和肌肉含量也渐渐下降，不经常参加体育锻炼的人在20～25岁达到最大肌肉力量，以后每10年将会损失10%左右的肌肉重量和肌肉力量。到了60岁以后，肌肉力量的损失会更加迅速。随着年龄的增长，不仅运动能力大幅度下降，就连应付日常生活都会困难重重，例如搬行李等。肌肉力量下降的另一个重要表现是行动变得迟缓，步行速度降低，步距越来越小。力量训练可以减缓这种肌肉“萎缩”的速度。老年人往往因为肌肉力量的退化而失去基本的身体活动能力，甚至走动时也容易失去平衡而摔倒，造成骨折。因此，老年人也应该做些轻负荷的重量训练。保持肌肉重量和肌肉力量的唯一办法是力量训练，常参加力量训练的人可以把最佳状态保持到60岁以上。

2. 预防肥胖

抗阻力训练在增加肌肉的同时，也为身体消耗更多能量。当肌肉量增加，基础代谢率也会增加。研究指出，身体如果增加3磅（约1.36 kg）的肌肉，个人的代谢率会提高7%（1 kg肌肉每天需320 kJ以维持其在静态时的基本生理需要），一天的能量消耗也多了15%。这也解释了为什么一位肌肉健硕的人，每天所需的能量比一般人要高。换言之，因要储存多余能量而变得肥胖的机会也较低。

3. 减少损伤的几率

现代人的生活越来越趋向坐式生活方式，工作和学习都需要颈部和腰部肌肉的长时间工作。如果没有进行颈部的、背部的肌肉训练，肌肉力量的不足和退化，会造成肌肉劳损和身体形态改变。越来越多的人正在受颈椎疾病和腰椎疾病的困扰。

4. 改善身体姿态

当你照镜子的时候，如果你站直一些，肩膀往外展，往后收腹，你的姿态会更好。都市人运动量较少，文职人士更需要长时间坐着处理文件或操作计算机，这种工作姿势容易引发腰背、肩颈等肌肉紧张和疼痛。如果长时间没有矫正，容易造成含胸驼背的不良姿势。抗阻力训练可以帮助加强背部肌肉的力量，伸展胸部和肩部，加强腹肌，使人在任何时候都易于保持一个良好的状态，显得更加健康、自信。同时，抗阻力训练可以帮助达到身体的左右平衡。许多人身体左边的力量小于右边，肢体也是左边比右边细小，这样的不平衡，不仅不美观，而且还会给脊柱造成压力。

5. 预防疾病

越来越多的人受到都市病困扰，多做力量训练可以有效预防不少都市病，包括糖尿病、胆固醇过高、骨质疏松症等。锻炼肌肉，除了使肌肉强壮外，同时也促进了新陈代谢和生理机能的运作，有助获得健康的身体。

6. 改善体形，增强自信心

锻炼肌肉，可使人获得结实而优美的体形。除了获得别人羡慕的眼光，更能增强自信。

4.4.3 力量训练的原则

在进行力量训练前，需要注意些什么，才可以让训练既安全又有效呢？这是作为私人健身教练需要掌握的重要技能之一。

1. 呼吸

有人在力量训练中闭气时，脸会变红，眼睛也像要从眼眶中跳出来。其实，在训练时切忌屏住呼吸，因为这样会引起努责现象，从而引起胸内压的瞬间增高，有损心脏。在用力阶段，应匀速呼气，在放松阶段要匀速吸气。呼吸要尽量保持一定节奏。

2. 全幅度的动作

很多人担心肌肉发达后会变得僵硬和失去柔软性，因而不敢参与力量训练。然而，在锻炼时如果能够遵照“全幅度”的原则，肌肉就不会因为发达后而变得僵硬或不柔软。所谓“全幅度”的原则是指每次都要完成完整的动作。如果每次动作都没有做全幅度的伸展和收缩，久而久之，关节活动范围的肌肉的柔软性会减退。另一方面，在做力量训练的同时，也需要配合伸展运动，力量训练前的伸展运动可增加肌肉的柔软度和弹性，使肌肉更易发挥其能力，减少损伤机会。

3. 超负荷

要增加肌肉力量或肌肉体积，肌肉需要承受比平日习惯负荷较大的重量，才会有所进步。而且这个原则要不断实行，才可得到持续的进步。换句话讲，起初的重量对于某个动作来说已是足够的负荷，但到了 1 个月后，由于肌肉力量进步了，这个重量的刺激在原先的肌肉锻炼上就不够了，所以要增加训练的重量，肌肉力量才会继续改进，否则，便只停留在某个程度上而已。如果做一个练习很轻松，这说明它对身体没有多大刺激作用。这时候可以加大运动强度，主要的方法有增加重量或阻力、增加次数、增加组数或减慢速度。

4. 适应能力

在刚刚开始规律的力量训练时，要从较轻松的练习开始。这样身体可以慢慢适应新的刺激和负荷，也可以让关节和韧带以及以前缺乏锻炼的一些小肌肉强壮起来。

当适应了初期的运动负荷后，到同样的练习会越来越轻松，这时候就需要加一点重量或阻力来进一步刺激身体了。人身体的适应能力是很强的，总是重复同样的重量或阻力就起不到最好的效果了。

人的衰老过程在不停地继续，肌肉不断减少，运动耐久能力也不断降低，脂肪不断增加，要想不断减少脂肪、增加肌肉，就要增加运动的负荷。均衡发展身体每一部分，如手脚及躯干皆要均衡发展，不可太偏重于某一些肌肉的锻炼，要平均地锻炼全身的肌肉，更须留意手脚及躯干前面及后面的肌肉。

5. 动作速度

进行力量训练时留意动作速度，可以使训练的效果更好。对一般健身人士来说，锻炼肌肉的动作速度不需要太快，以可以受到控制的中等速度为佳。

当肌肉收缩对抗阻力或重量时，应维持 1～2 s；而肌肉慢慢放松时，应维持 2～4 s。尤其要留意时刻都要把阻力或重量好好控制住，不可突然地放松正在运动的肌肉。

6. 动作次序

一般来讲，大肌肉块可以先锻炼，因为它们力量较大，即使是在以后协助小肌肉的练习时，也可以胜任。而如果先锻炼小肌肉，很容易疲劳，可能影响到以后大肌肉的锻炼。

这里所说的大肌肉块一般指胸部、背部、臀部和大腿等部位的肌肉。

7. 频率

肌肉经过训练后，需要有 48 h 的休息。所以进行力量训练，须隔日去做。每周 2～4 次，每次 20～45 min，是一个合理的安排。当然，在做之前，最好有 5～10 min 的热身。训练当中及之后，都应该做一些伸展运动。

有很多女士怕通过力量训练练成一身肌肉会很难看。其实作为教练，应该正确的引导会员，告诉他们这是不用担心的，人体有 40%左右都是肌肉，女士也不例外。而且，如果能适当控制练习时的运动强度，根本就不必担心肌肉变大。它只会使你的肌肉更紧致极富线条美。拿腹肌做例子，在没练之前可能觉得腹部松松垮垮的，但练一段时间之后，就会觉得腹部更结实更有线条美。结实的腹肌、匀称的腿部都是每个人所想得到的，要得到这种效果，力量训练是不可少的。同时，保持力量训练对身体是非常有好处的，尤其是想减肥的人，因为力量训练会消耗更多的脂肪。

4.4.4 力量训练计划的制订

如何安排力量训练计划呢？下面将会详细地介绍设计力量训练计划需要注意的地方。

1. 运动目标

力量训练与肌力及肌耐力有关，可以让参与者保持肌肉的活力和健美的身材，并增强肌肉的力量。

2. 动作速度

除专门为提高爆发力的训练外，其余的力量训练的速度都要缓慢，做每个动作的时候，可以在心中慢慢默念“1，2，3，4”，用3～5 s重复一次动作，再慢慢重复下一次动作，这样可以减少甚至避免对韧带、肌腱和关节造成损伤。在整个过程中，肌肉处于紧张用力状态，训练效果更好。

3. 重复次数

力量训练的基本训练单位是“重复次数”。完成一次就是指肌肉从完全伸展到彻底收缩，再还原到伸展。以哑铃弯举为例，由双手握哑铃及两臂自然伸直开始，到屈曲两臂，将哑铃举起至胸前，再放下哑铃至开始位置为止，就是一次。

重复的次数与重量有关，一般而言，使用者所选的重量只可让他重复该动作10次，而再无余力多做一次。然而，不同的训练目的会配合不同的训练次数：

（1）低次数（1～4次）：主要是运动员的绝对力量训练，一般人并不适合。

（2）中次数（8～12次）：主要是增长肌肉的体积、围度为主。

（3）高次数（15～20次）：主要是发展肌肉的耐力、增进线条美和肌肉的弹性，令肌肉更紧致。

4. 训练组数

“训练组数”是指在一个动作中，使肌肉来回地收缩和伸展，达到规定的重复次数，称为完成一组。经实践证明，为了使各部位肌肉群达到最佳的训练效果，每个动作需要练3～4组。每块肌肉群采用1～2个不同的训练动作。每块肌肉群训练的总组数是3～8组。

力量训练主要采用“递增训练”原则，每个动作的第一组开始前，先用较轻的重量做1～2组的热身活动组（不计算在正常的训练组内），使肌肉逐渐适应过渡到较重量的训练，也可防止受伤。

训练组数的多少，还要取决于不同的体质、体力和训练水平，必须根据实际情况，不能无限制地增加组数，否则就会引起训练过度。

5. 组间休息

在每个动作的前一组和后一组之间，要有一段合适的休息时间，以使局部肌肉消除疲劳。从生理学角度看，每组之间的休息时间太少，肌肉未能消除疲劳；但如果组与组之间的休息时间过长，就会影响训练情绪，使心率变慢、肌肉变凉，训练的紧张程度会随之下降，也容易引起伤害事故。因此，组与组之间的间歇一般以 1 min 为标准，这段休息的时间可恢复肌肉疲劳大约 70%～75%。

如果运动目标是增强肌肉围度，组与组之间的休息应该是 1 min 左右；如果只想保持肌肉的活力、体态美及增加肌肉的耐力，组与组之间的休息可以在 30 s 至 1 min 内，根据个人的能力去调节。

6. 训练频率

每星期训练多少次是根据训练者不同的训练水平、训练目的和恢复能力等来决定的。对身体的某一块肌肉或某个部位来说，重复训练的时间至少要让它休息 48 h 以上。如果训练强度大，则需要休息 72～100 h。训练后必须有良好的休息与营养，才能保证获得最佳的训练效果。

对初级训练水平的人来说，每周锻炼 3 次，练 1 天休息 1 天（星期一、三、五或二、四、六）即可，不要多练也不可少练。如果感到某些部位肌肉还有酸痛或不适的话，就多休息一天再练。

如果重点是为了减肥或塑身，在开始的头 2～3 周内保持每周 3 次力量训练。到第 4 周后，就可以在不做力量训练的日子里增加有氧训练；直至有一定经验后，也可在做完力量训练后一并练习有氧训练。开始时，也需根据自我感觉逐渐增加运动量，但每周至少要有 2～3 天的完全休息。

7. 训练强度

每组的动作都要用正确的方法完成，如果无法完成规定次数或组数，即表示采用的重量或阻力太重，要减轻一点。如果超过规定的次数或组数，即采用的重量或阻力太轻，就要增加一点。

8. 训练类型

力量训练的类型也就是训练方法。根据会员的不同训练程度和身体状况，私人教练应选择适合不同会员的训练方法，以达到针对性指导的目的，这需要了解力量训练器械的使用方法。

1.1.5 力量训练器械的使用

力量训练常用的器械分为自由重量器械和等重量器械两种。自由重量器械以哑铃和杠铃为主，其主要益处是可以最大幅度的对目标肌肉进行力量训练，并且训练负荷较大，比较适合有一定训练基础的人士。但在目前的多数健身俱乐部中，等重量器械以其简单易操作，可以同时训练多块肌肉群，以及更加安全的优势占据了力量器械区的大部分场地。表 4—4 列举了一些常用的等重量器械。

表 4—4　常用等重量器械的使用

【坐姿推胸器】 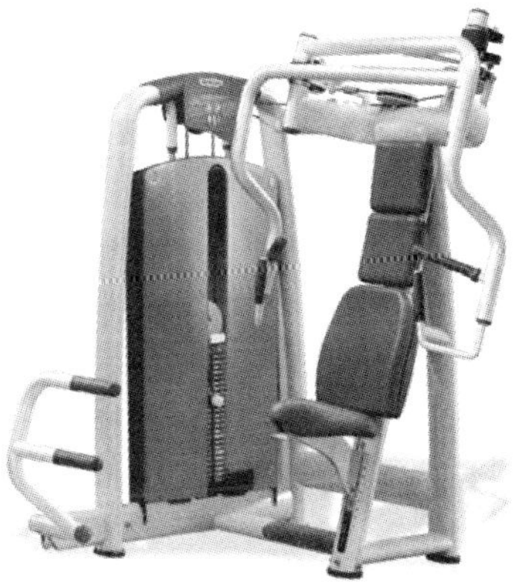	【器械训练肌肉群】 器械训练主动肌为胸大肌，协动肌为三角肌前束、肱三头肌 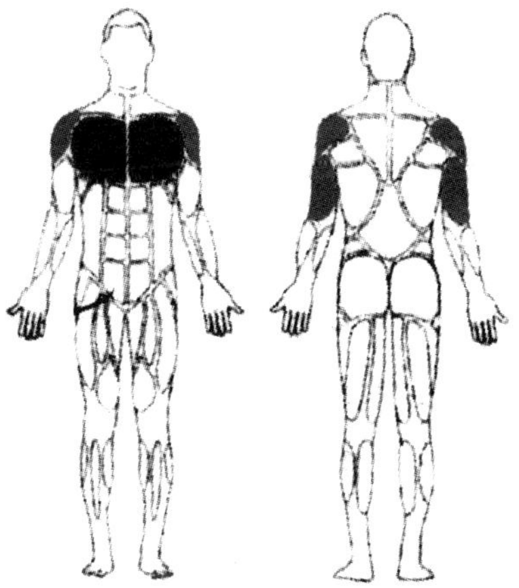
【使用方法】 坐在座椅上，手柄的位置于胸部平行 保持身体坐直，臀部、背部、头部紧贴靠背，腹部收紧，稳定身体 双手握杆，两肩后张下沉	【动作要求】 将拉杆向前缓慢推出，保持肩、腕关节在一个水平面上 待到肘关节伸直但不锁定时，为动作向前的最大幅度，向后还原时肌肉缓慢控制至肩腕一线 训练时应控制动作的节奏，并注意调节呼吸，用力时呼气，还原时吸气
【蝴蝶夹胸器】 	【器械训练肌肉群】 器械训练主动肌为胸大肌 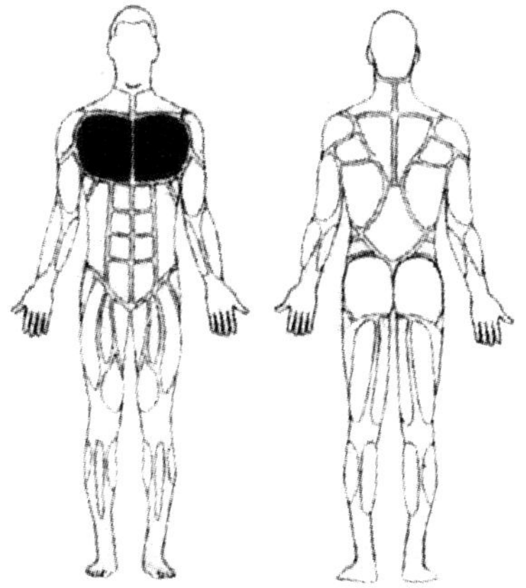

续表

【使用方法】 坐在座椅上，手柄的位置和肩部同高，大臂与地面平行 保持身体坐直，臀部、背部、头部紧贴靠背，腹部收紧，稳定身体 双手握手柄，双肘微屈，两肩后张下沉	【动作要求】 将手柄向中间缓慢靠拢 待到手柄靠拢时，为动作向前的最大幅度，向后还原时肌肉缓慢控制至肩肘一线 训练时应控制动作的节奏，并注意调节呼吸，用力时呼气，还原时吸气
【坐姿推肩器】 	【器械训练肌肉群】 器械训练主动肌为三角肌，协动肌为肱三头肌 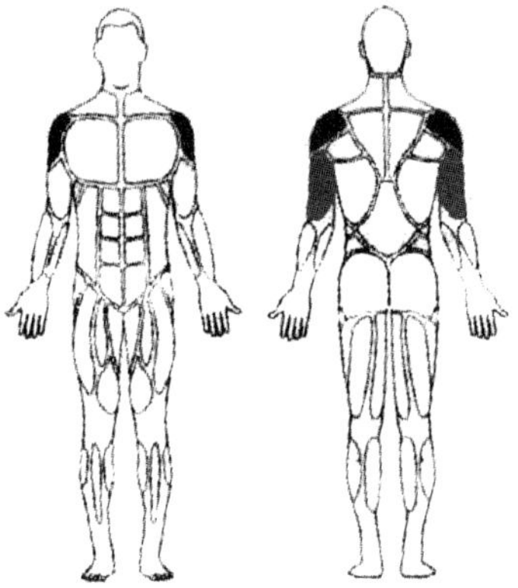
【使用方法】 坐在座椅上，手柄的位置略高于肩 保持身体坐直，背部紧贴靠背，腹部收紧，稳定身体 双手握杆，两肩下沉	【动作要求】 将拉杆向上缓慢推出，保持肩、肘、腕在同一个平面上 待到肘关节伸直但不锁定时，为动作向上的最大幅度，向下还原时肌肉缓慢控制至手腕与耳一线 训练时应控制动作的节奏，并注意调节呼吸，用力时呼气，还原时吸气
【坐姿肩外展器】 	【器械训练肌肉群】 器械训练的主动肌为三角肌，协动肌为肱二头肌长头 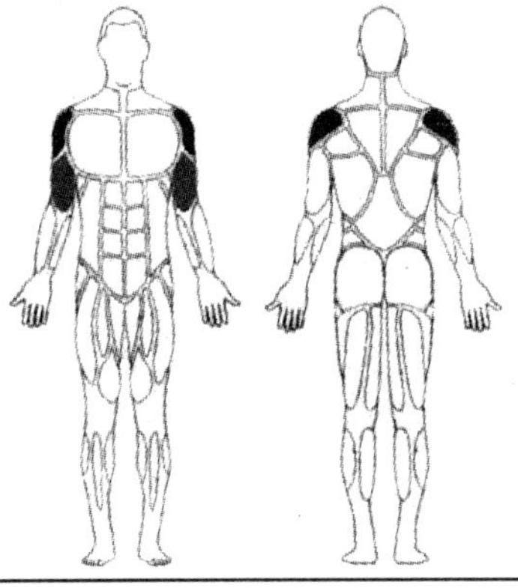

续表

【使用方法】 坐在座椅上，屈小臂，与大臂夹角尽量靠近90° 保持身体坐直，背部紧贴靠背，腹部收紧，稳定身体，两肩下沉	【动作要求】 肘关节缓慢外展向上，注意腕关节放松 肘关节外展到于耳平行，为动作向上的最大幅度，向下还原时肌肉缓慢控制 训练时应控制动作的节奏，并注意调节呼吸，用力时呼气，还原时吸气
【高位下拉器】 	【器械训练肌肉群】 器械训练主动肌为背阔肌，协动肌为肱二头肌 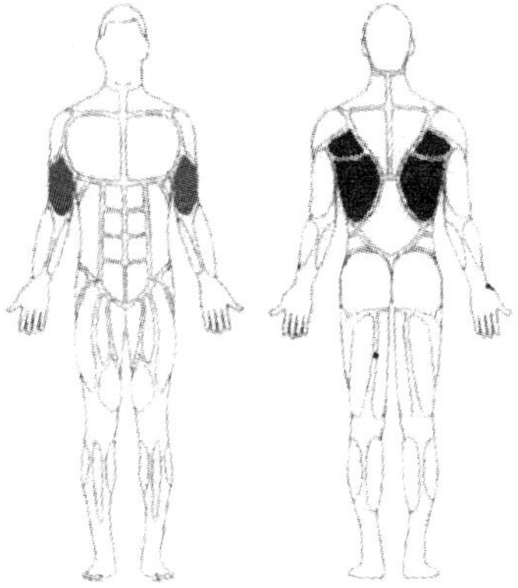
【使用方法】 双手握横杆，握距为双臂自然向上伸出，小臂与地面成90° 身体微微后倾，腹部收紧，稳定身体两肩下沉	【动作要求】 将拉杆向下缓慢拉回，身体稍后倾并且夹紧肘关节 待到拉杆拉到胸前，为动作向下的最大幅度，向上还原时肌肉缓慢控制到双臂为伸直 训练时应控制动作的节奏，并注意调节呼吸，用力时呼气，还原时吸气
【坐姿划船器】 	【器械训练肌肉群】 器械训练主动肌为斜方肌、菱形肌。协动肌是肱二头肌 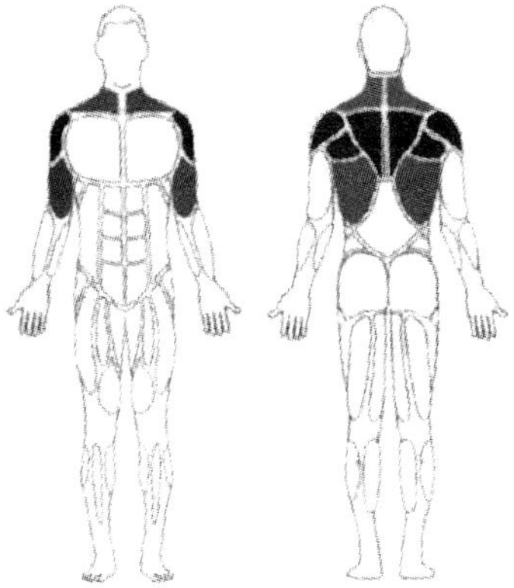

续表

【使用方法】 坐在座椅上，抬头挺胸，前胸紧贴器械靠垫 身体微微前倾，腹部收紧，稳定身体 双手抓住握杆，两肩下沉	【动作要求】 将拉杆向后缓慢拉回，身体前倾夹肘 待到拉杆拉到胸前，为动作向后的最大幅度，向前还原时肌肉缓慢控制到双臂微伸直（不超伸） 训练时应控制动作的节奏，并注意调节呼吸，用力时呼气，还原时吸气
【肱二头肌训练器】 	【器械训练肌肉群】 器械训练主动肌是肱二头肌，协动肌是肱肌 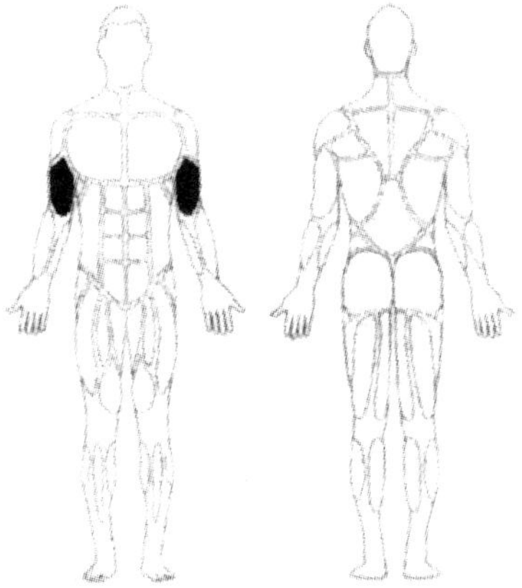
【使用方法】 坐在座椅上，抬头挺胸 身体微微前倾，靠紧垫子，腹部收紧，稳定身体 双手抓住握杆，两肩下沉，双肘紧贴垫子	【动作要求】 将拉杆向肩膀缓慢拉起，身体紧贴靠背 待到拉杆收到胸前，为动作向上的最大幅度，向下还原时肌肉缓慢控制到双臂微伸直 训练时应控制动作的节奏，并注意调节呼吸，用力时呼气，还原时吸气
【肱三头肌训练器】 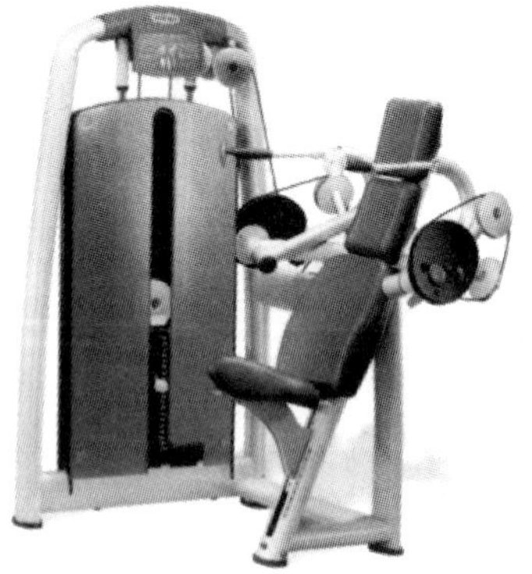	【器械训练肌肉群】 器械训练的主动肌为肱三头肌 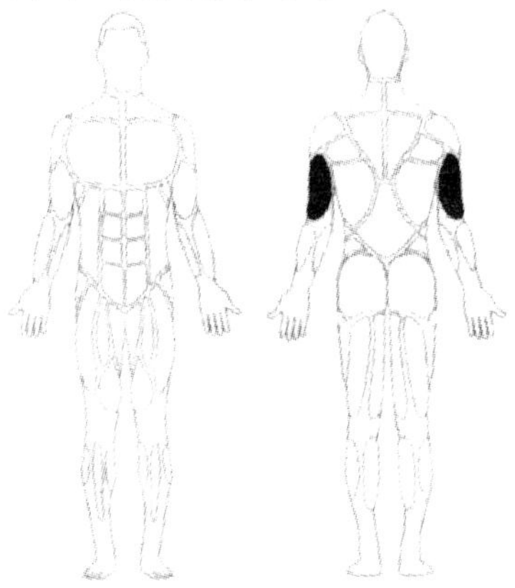

续表

【使用方法】 坐在座椅上，抬头挺胸，腰背伸直 向后靠紧垫子，腹部收紧，稳定身体 双手抓住握杆，两肩下沉，保持肘关节稳定	【动作要求】 将拉杆向前缓慢下压，身体紧贴靠背，肘关节夹紧身体两侧 待到肘关节伸直，为动作向下的最大幅度，向后还原时肌肉缓慢控制 训练时应控制动作的节奏，并注意调节呼吸，用力时呼气，还原时吸气
【坐姿大腿内收器】 	【器械训练肌肉群】 器械锻炼主动肌为大腿内侧肌群 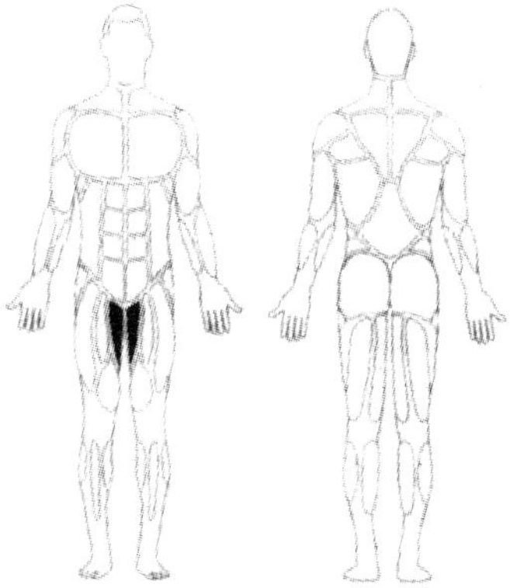
【使用方法】 坐在座椅上，抬头挺胸，腰背挺直 身体后倾，靠紧垫子，腹部收紧，稳定身体 双手放在身体两侧，双膝内侧紧贴垫子	【动作要求】 将大腿缓慢靠拢，身体保持稳定 待到大腿相碰，为动作向内的最大幅度，向外还原时肌肉缓慢控制 训练时应控制动作的节奏，并注意调节呼吸，用力时呼气，还原时吸气
【坐姿大腿外展器】 	【器械训练肌肉群】 器械锻炼主动肌为大腿外侧肌群，协动肌为臀中肌、臀小肌 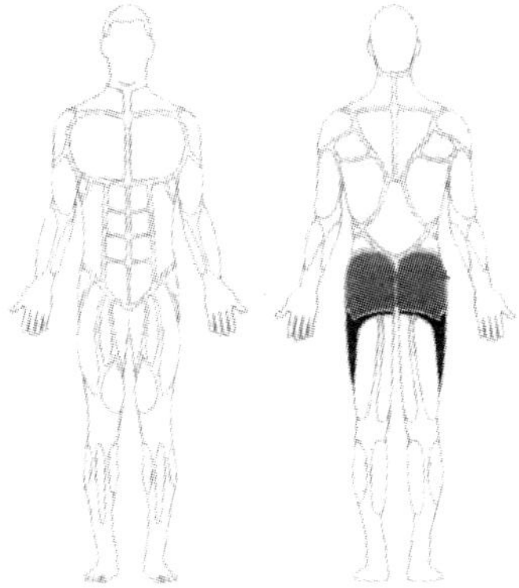

续表

【使用方法】 坐在座椅上，抬头挺胸，腰背挺直 身体后倾，靠紧垫子，腹部收紧，稳定身体 双手放在身体两侧，双膝外侧紧贴垫子	【动作要求】 将大腿缓慢分开，身体保持稳定 待到大腿分到极限，为动作向外的最大幅度，向内还原时肌肉缓慢控制 训练时应控制动作的节奏，并注意调节呼吸，用力时呼气，还原时吸气
【坐姿腿屈伸器】 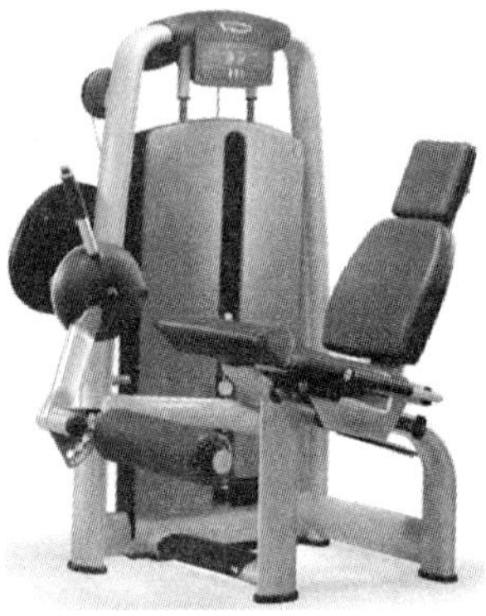	【器械训练肌肉群】 器械训练主动肌是股四头肌 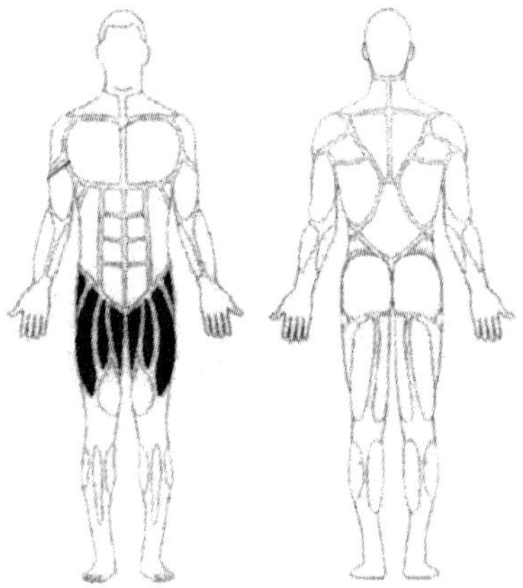
【使用方法】 坐在座椅上，抬头挺胸，腰背挺直 身体靠紧垫子，腹部收紧，稳定身体 双手放在身体两侧，双腿自然伸直，脚尖绷直	【动作要求】 将大腿缓慢伸直，身体保持稳定 待到大腿完全伸直（不锁定）为动作向上的最大幅度，向外还原时肌肉缓慢控制 训练时应控制动作的节奏，并注意调节呼吸，用力时呼气，还原时吸气
【坐姿腿弯举器】 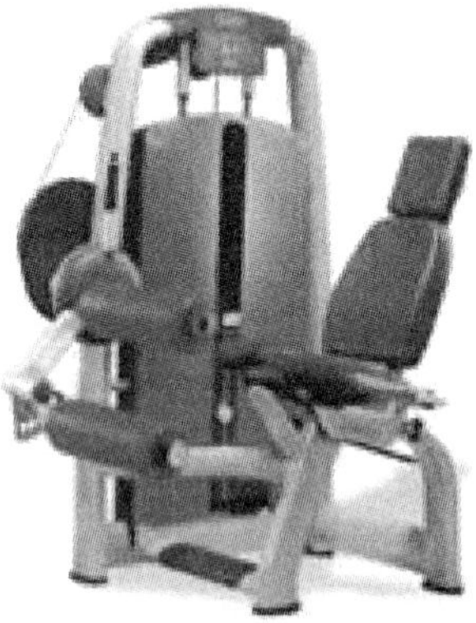	【器械训练肌肉群】 器械训练主动肌为腘绳肌 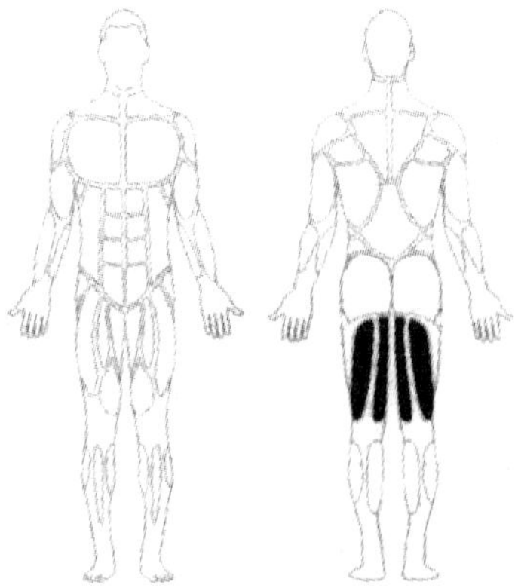

续表

【使用方法】 坐在座椅上，抬头挺胸，腰背挺直 身体靠紧垫子，腹部收紧，稳定身体 双手放在身体两侧，双腿伸直	【动作要求】 将大腿缓慢弯曲，身体保持稳定 待到大腿完全收紧，为动作向下的最大幅度，向上还原时肌肉缓慢控制 训练时应控制动作的节奏，并注意调节呼吸，用力时呼气，还原时吸气
【坐姿平蹬器】 	【器械训练肌肉群】 器械训练主动肌为股四头肌、臀大肌和腘绳肌。协动肌为比目鱼肌、腓肠肌 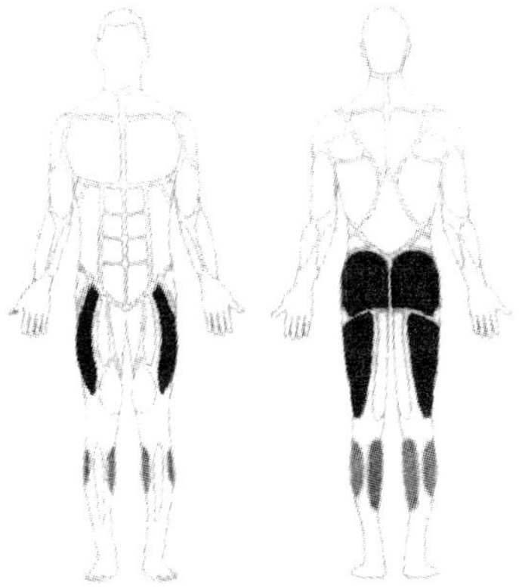
【使用方法】 坐在座椅上，抬头挺胸，腰背挺直 身体后倾，靠紧垫子，腹部收紧，稳定身体 双手放在身体两侧，双腿蹬住踏板	【动作要求】 将大腿缓慢伸直，身体保持稳定，膝关节与脚尖同一方向 待到大腿完全伸直（不锁定）为动作向前的最大幅度，向后还原时肌肉缓慢控制 训练时应控制动作的节奏，并注意调节呼吸，用力时呼气，还原时吸气
【坐姿卷腹器】 	【器械训练肌肉群】 器械训练主动肌为腹直肌 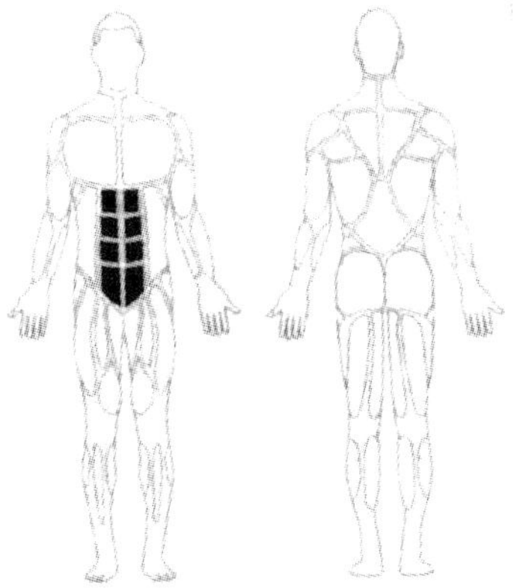

续表

【使用方法】	【动作要求】
坐在座椅上，抬头挺胸，腰背伸直 身体前倾，腹部收紧，稳定身体 双手握住手柄，两肘内收	将上身缓慢下压，身体保持稳定 待到身体下压到大腿，为动作向下的最大幅度，向上还原时肌肉缓慢控制 训练时应控制动作的节奏，并注意调节呼吸，用力时呼气，还原时吸气

4.5　心肺功能训练的原则与方法

心肺功能训练是目前健身俱乐部中最主要的健身项目之一，其方式比较多样化。心肺功能训练区的所有器械、健美操厅开展的大多数团体操课程、动感单车等都属于心肺功能训练的范畴。本节将介绍私人教练该如何为会员制订心肺功能训练计划，及相关设备的使用方法。

4.5.1　心肺功能训练

心肺功能训练俗称有氧运动。但只有一定强度的有氧运动，才能锻炼心肺循环功能，提高人的体力、耐力和新陈代谢。剧烈的运动（如 100 m 短跑等）不是有氧运动，剧烈运动由于速度过快和爆发力过猛，容易导致肌肉疲劳而令运动不能持久，不能达到长时间而持续地提高心率的效果。

心肺功能训练包括步行、慢跑、踏单车、游泳和团体操课程等。这些运动都属于大肌肉群的运动，而且个人可以根据自己的体能选择适当的运动强度，达到可以在安全而又不太剧烈的情况下，持续地运动 20～40 min。

在进行心肺训练时，必须检查自我感觉，如在训练后 5～10 min 内出现胸痛、头重、头晕、大量出虚汗等不正常现象，就必须就医诊治。

4.5.2　心肺功能训练的作用

心肺功能训练的主要目的是持续地保持心率在较高的水平上，让心脏得到锻炼。此外，心肺功能训练也是消耗能量和体内多余脂肪的重要手段之一。

1. 增强心肺耐力

人体在连续不断地运动时，会需要更多的氧气。肺部吸入更多的氧气，再由心脏、血管输送到身体的各个部分，特别是正在运动中的肌肉中去。经常进行有氧运动可以使身体利用氧气的能力增强。身体健康状况越好，有氧运动的能力也越强，也就可以做更长时间、强度更大的运动。换句话说，常进行有氧运动的人心脏更健康，身体素质也更好。

2. 更有效的减脂

心肺功能训练对减肥的效果也较一般的球类运动来得明显。有氧运动可以刺激体内脂肪的代谢、减少脂肪的积聚量。如果以运动 1 h 计，快走消耗 800 J，打羽毛球消耗 950 J，跳剧烈的团体操消耗 1 500 J，缓慢地游泳消耗 1 200 J，跑步消耗 2 100 J。由此可见，有氧运动能消耗较多的量，如果能配合均衡饮食，既可减肥，也可强身健体。

4.5.3 心肺功能训练强度的指标

热量消耗是由运动强度及运动时间来决定的，消耗同一热量可用高强度、短时间或低强度但长时间方式来完成。因此，私教要先考虑会员运动目标及开始运动计划时的体能水平，才决定应作低强度、中强度还是高强度的运动。对初学者来说，应由低强度运动开始。

1. 最大安全心率

计算最大安全心率最简单的方法是用 220 减去年龄，举例来说，一个 42 岁人士的最大安全心跳率就是 220－42＝178。如果他做完运动后，心跳达 178，即表示运动过于剧烈，可能对心脏造成很大的负荷。然而，过低的心跳率又表示运动量不够，需要加强。

2. 最高心率储备公式

最高心率储备＝最大安全心率－静态心率＝(220－年龄)－静态心率

举例来说，一位 40 岁男士，他的静态心率是 60 次/分钟，他的最高心率储备就是：220－40－60＝120 次/分钟。

运动强度可根据训练者不同的训练目的而决定。

目标心律＝最高心率储备×运动强度＋静态心率

再以上述例子计算目标心率区（假定运动强度为最高心率储备的 50%～70%）：

最高心率储备＝120 次/分钟

目标心率区下限＝120×50%＋60＝60＋60＝120 次/分钟

目标心率区上限＝120×70%＋60＝84＋60＝144 次/分钟

在以上例子中，该名 40 岁男士进行有氧运动时的目标心率，应该保持在每分钟 120～144 次之间。

4.5.4 心肺功能训练计划的制订（FITT原则）

订定了目标以后，就需要列出运动计划的其他细节，包括频率、强度、时间、类型。

1. 运动频率

如果一星期只进行一次有氧运动锻炼，是不足以获得良好训练效果的。对一般人士来说，最少一周2～3次，或以隔日的形式进行最为适合。如果目标是要保持健康，运动量不高的话，每星期5～6次也可以。运动过密也不一定好，反而会因身体疲倦不能完全消除而变成长期性疲劳，这样不但无助于体能的进步，还会损害身体健康。所以，适量是最重要的。

2. 运动强度

运动的目标可以是保持健康、减肥或增强心肺功能，究竟怎样的运动强度才达到上述目标？可利用上文中的最大安全心率或最高心率储备公式作出度量。最大安全心率比较容易计算，而最高心率储备公式则比较准确。一般来说，如果进行有氧运动的目标是保持健康，那么运动时的心率最好保持在最高心率储备的50％～60％。如果目标是减肥，运动时的心率最好保持最高心率储备的65％～75％。如果目标是增强心肺功能，运动时的心率最好保持在最高心率储备的70％～80％。当然，要留意自己的体能状况：体能较差的人若要增强心肺功能，达到最高心率储备的70％可能已很足够；至于经常运动的人或运动员，即使达到80％～90％也能应付自如。

3. 运动时间

运动时间的长短取决于运动类型及运动强度。运动时间越长，消耗脂肪也更多。以30 min和45 min的快走为例，它们的运动强度都可以减肥，但当然以45 min的减肥效果较佳。一般而言，有氧运动需时较长，例如要通过有氧运动来锻炼心肺功能或减脂的话，运动时间最少持续20 min以上，中间没有休息。而主要运动前后还需要5～10 min的热身运动和放松运动。因此一个完整的有氧运动约需30～50 min。运动强度越高，运动时间也越短，因为身体在高强度运动下是难以维持较长的时间。初学者，心肺功能不太好，可分几个阶段来进行，每个阶段之间配合一些休息时间，而且可以通过增加运动时间来增加运动量。

虽然很难准确地计算出要消耗身体多少能量才能达到减肥效果，但专家建议每次运动最好能够消耗 1 200～2 100 J，这大约相当于利用中等强度进行慢跑、游泳或骑自行车 30 min，或快走 1 小时。

4. 运动类型

选择什么样的运动方式进行心肺功能训练，这主要还是取决于运动强度和训练者的自身情况。一般而言，在健身俱乐部中，强度较大的集体课程有动感单车、搏击操、杠铃操等。对于有氧训练器械而言，跑步机又是最被大家广泛应用的锻炼方法。但是如果是一位体重较大，或下肢关节有损伤的训练者，考虑到以上几种运动方式属于高冲击、大强度的训练，会对下肢关节造成较大影响，因此不推荐该训练者使用。

心肺功能训练计划的执行应以循序渐进为原则。例如以慢跑来减脂的话，在起初阶段宜从快走开始，然后慢慢再加插短距离的慢跑，待有足够的体能后，才加长慢跑的距离。其他有氧运动也是一样，以轻量开始，切勿急进，以免伤及身体和破坏运动计划。

平日少做运动的人在开始参加运动时，无论身体和心理方面都需要一个适应期。这适应期大约 6～8 星期。在这阶段，训练者必须坚持原则，下定决心，而且按部就班，培养对有氧运动的兴趣。当效果出现时，便能够享受其中的喜悦了。私人教练在其中应起到至关重要的监督和鼓励的作用。

4.5.5 心肺功能训练器械

下面将对健身俱乐部常见的心肺功能训练器械进行介绍，以便帮助私人教练更好地指导会员进行心肺功能训练。

1. 功率自行车

功率自行车是健身俱乐部里最安全的一种心肺功能器械，如图 4—41 所示。一般分为两类，一种是竖直型的，骑这种车时腿在下面，身体稍前倾；另一种是半躺型的，骑时双腿在身体前面一点，身体稍后仰，后面有靠背支持。这两种都有很多人喜欢，适用于不同人群。如果想利用自行车进行中高强度心肺功能训练的健身者，建议使用竖直型自行车。如果对于一部分腰部有损伤的会员来说，半躺型自行车可以更好的支持身体的核心部位。

使用功率自行车的注意事项：

（1）调整座位高度。站在车旁边，车座高度和健身者髋关节同高。在健身者

a） b）

图 4—41 功率自行车

a）竖直型 b）半躺型

踏着脚踏到最远时，膝关节不要完全伸直，要保持一定弯曲；屈膝的时候，角度不应过小。

（2） 在控制面板上会显示训练的速度、坡度、时间等数值。高级的室内健身单车备有心率计，健身者只要用手握住两个金属手把，健身者的心率就会在显示屏上显示出来，尽量多使用这个工具，以便帮助健身者更好地控制运动的强度。

（3） 不同阻力可以帮助会员达到不同训练效果。比如如果会员想减脂，阻力通常可以调整到 9～12 之间。

2. 跑步机

跑步机是俱乐部中使用率最高的心肺功能器械，如图 4—42 所示。健身者可以用跑步机来做步行或跑步等健身活动，大部分跑步机在设计中考虑到了步行和跑步对人体关节的冲击，所以传送带部分会有减振装置，对膝关节起到了保护作用，这比在室外的水泥地面上步行或跑步安全得多。几乎所有的跑步机都可以向上倾斜，模仿上山坡时的运动，有些甚至可以向下

图 4—42 跑步机

倾斜，模仿下斜坡的运动，增加了训练的乐趣和难度。

另外，科学设定了运动强度的跑步机能够纠正室外跑步者运动随意的问题，通过保持一定的运动节奏和强度，帮助健身者在最短时间内获得最大有氧训练的效果，明显提高心肺功能。而且，由于跑步机都是参考人体生理结构设计的，所以健身者还能通过使用机器纠正以前错误的跑步姿势。

使用跑步机的注意事项：

（1）不要使劲抓住把杆，它们是为了帮助身体保持平衡用的，而不是省力用的，除了刚开始和结束的时候，在跑台上跑步或步行时最好不要用力抓握把杆，如果只有握紧把杆才跟得上跑台的速度，那么说明速度太快了。握把杆太紧往往会造成弓背、沉肩等不良姿势。

（2）刚开始的时候速度要慢，逐渐提高速度，以免从跑步机后面飞出去。停下来的时候也要注意应先将速度慢慢降低，然后再完全停下来。

（3）眼睛要往前看。眼睛和头部是步行时方向的指导，脚的方向会随头的方向改变而改变，所以不要往斜前方看，更不要回头。

（4）上跑步机时，应先考虑到把紧急制动装置夹在衣服上，以免在注意力不够集中时由于远离跑步机而出现危险。

3. 台阶器

台阶器也称为“登山器”，如图 4—43 所示。这种器械不仅可以帮助健身者减去更多的脂肪，对心肺功能和腿部的塑形也会有好的作用。台阶器的设计原理是根据人们日常生活中爬楼梯和爬山的动作设计出来的。人们在做爬楼梯动作时，大腿前侧的股四头肌、大腿后侧肌群和臀大肌都会参与运动，但是，在台阶器上做大腿上下踩踏动作时，健身者的膝关节要比真正的爬楼带给膝盖的压力减少很多，这很好地缓解了其他运动中对膝关节带来的压力。

图 4—43　台阶器

台阶器对很多初学者来说是不易掌握的，因为踏板会不断地下降，要支持健身者的身体重量，健身者需要不断地向上攀升。如果健身者的腿部受过伤或力量不足，最好先在其他健身器材上适应一段时间再用台阶机。

使用台阶器的注意事项：

（1）利用把杆来保持平衡。熟练后可放开双手，让它们自由下垂在身体两旁，这样不仅更能加强心肺功能，也挑战了平衡能力。

(2) 身体直立，可以稍稍有一点前倾，但不要弓背，而且不要让身体左右倾斜。左右倾斜很可能是步幅太大。肩要放松，并稍向后张，腹肌收紧。

(3) 尽量把全脚掌都放在踏板上，如果踮着脚尖，小腿的肌肉就会很快疲劳，这样会缩短健身时间，达不到预期的效果。

4. 椭圆机

椭圆机（见图4—44）是最近几年兴起的一种新的健身器材，很多人很快就适应了它。在很多健体俱乐部里，椭圆机的使用率甚至比跑步机都要高。顾名思义，椭圆机就是健身者在走路或跑步时，每一步经过的路线基本是一个椭圆形。椭圆机有两个踏板，它们的动作轨迹也是椭圆的，健身者在它上面运动时，感觉是在走或跑，但脚掌却不离开踏板，这样使健身者既享受了步行或跑步的乐趣，又将对关节的负荷减到最小。

图4—44 椭圆机

椭圆机有两种不同的使用方法。对于初学者而言，双手握在器械中间的把手上会加强自身的稳定性，更容易掌握。而双手放在科移动的把手上，增加了上肢肌群的参与，因此能够消耗更多的热量，同时可以锻炼自己的协调性和平衡能力。

椭圆机使用的注意事项：

(1) 走上椭圆机的时候，要从脚踏最低的一侧上去，以免发生危险；下的时候同样。

(2) 不要向后运动。有很多人认为，当在椭圆机上向后运动的时候，可以更多地利用臀部。其实不然，两种方向都是主要针对大腿部分的，而且向后运动时，对膝关节的压力会增大，长此以往会对膝关节的韧带和肌腱有不良影响。

(3) 尽量不要让脚掌离开踏板。椭圆机上的运动部件很多，如果脚离开踏板可能会造成不必要的损伤，同时也不利于保持平衡。

4.6 私人教练日常工作

4.6.1 亚健康测试

私人教练只有在准确了解会员的身体状况之后，才能针对性地给出相应的健身计划和饮食建议，从而帮助会员以最安全有效的训练方法达到健身目标。因此，私人教练必须熟练掌握所有亚健康测试的方法，以便准确地获得会员身体状况的数据，这就是所谓的体能评估。进行体能评估时，每家健身俱乐部使用的仪器不同，大致分为依靠微电子技术的单体全功能的仪器和分项目的体测设备，当然，依靠皮脂钳手工测量体脂含量是私人教练应该掌握的。下面就普遍应用的皮脂含量和身体围度的测量进行讲解。

1. 皮脂含量

皮脂含量指的是脂肪部分的体重占全身总体重的百分比。私人教练通过皮脂钳和脂肪百分比对照表可以估算出会员身体内脂肪的比例。

（1）测量方法

1）统一标准，全部用身体右侧。

2）确认测量的解剖学部位。

3）用一只手的拇指和食指从离解剖学部位 1 cm 处抓起皮肤皱褶。

4）用另一只手把皮脂钳垂直对准皮肤皱褶，把卡钳衬垫轻轻放在解剖学部位处。不要放开皮肤皱褶。

5）在放松卡钳开关 3 s 内读出读数。

6）要注意不要让手指影响了皮肤皱褶的测量。

7）每处测量要重复 2～3 次，确保准确性。每一次测量最小单位应小于 1 mm。

8）查阅附表，找出皮肤皱褶相对应的数据。

9）注意，身体脂肪测量的标准误差为±3.5%。

（2）各部位皮脂测量（见图 4—45）

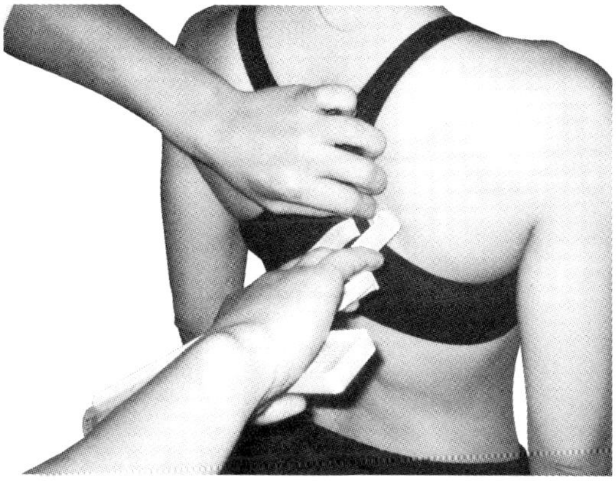

背部：肩胛骨下缘呈45°角捏起一个倾斜的皮肤皱褶

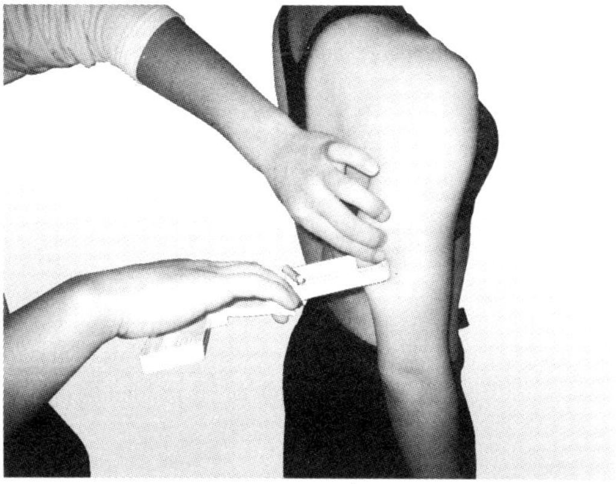

三头肌：在肩和肘的中点，即上臂中点处捏起一个竖直的皮肤皱褶

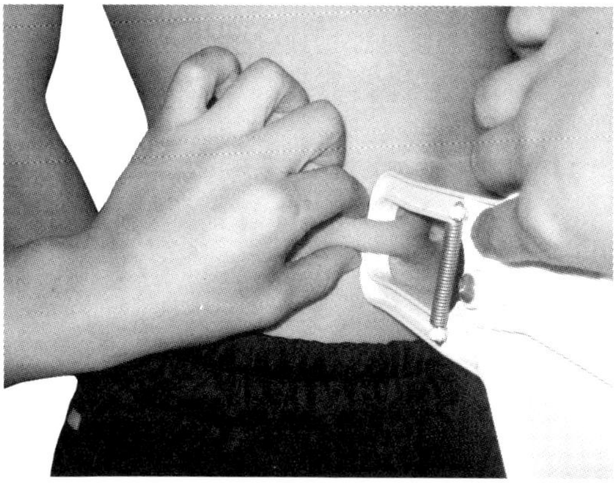

腹部：在肚脐一侧2.5 cm处，捏起一个皮肤皱褶

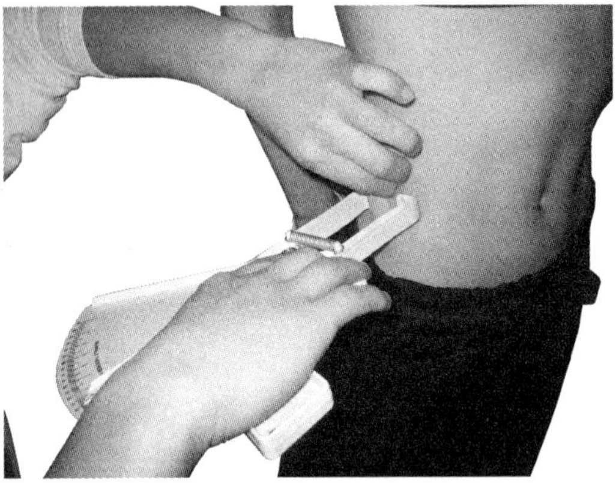

髋部：在腋窝正面向下的延长线与髋部上缘交点处呈 45°角捏起一个倾斜的皮肤皱褶

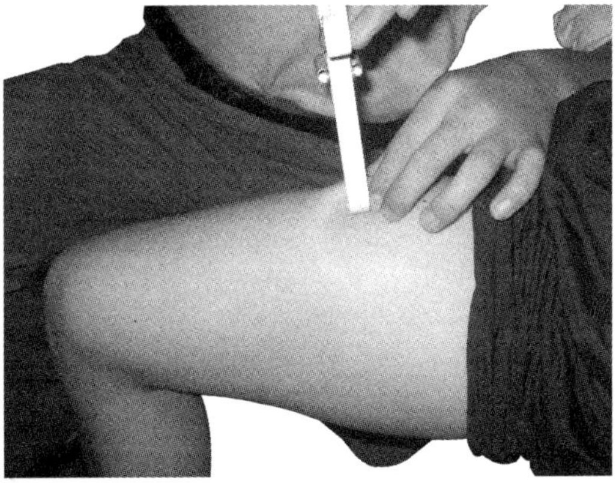

大腿：在膝盖上缘与髋骨连线中点正面处捏起一个竖直的皮肤皱褶

图 4—45　各部位皮脂测量

（3）计算身体成分比例。所有数据相加，查阅表 4—5，体重×百分比＝脂肪体重，体重－脂肪体重＝瘦体重。

表4—5　　部分脂肪百分比表

测量值(mm)	脂肪百分比(%)	测量值(mm)	脂肪百分比(%)	测量值(mm)	脂肪百分比(%)	测量值(mm)	脂肪百分比(%)	测量值(mm)	脂肪百分比(%)	测量值(mm)	脂肪百分比(%)
15	8.05	41	11.95	67	15.85	93	19.75	119	23.65	145	27.55
16	8.20	42	12.10	68	16.00	94	19.90	120	23.80	146	27.70
17	8.35	43	12.25	69	16.15	95	20.05	121	23.95	147	27.85
18	8.50	44	12.40	70	16.30	96	20.20	122	24.10	148	28.00
19	8.65	45	12.55	71	16.45	97	20.35	123	24.25	149	28.15
20	8.80	46	12.70	72	16.60	98	20.50	124	24.40	150	28.30
21	8.95	47	12.85	73	16.75	99	20.65	125	24.55	151	28.45
22	9.10	48	13.00	74	16.90	100	20.80	126	24.70	152	28.60
23	9.25	49	13.15	75	17.05	101	20.95	127	24.85	153	28.75
24	9.40	50	13.30	76	17.20	102	21.10	128	25.00	154	28.90
25	9.55	51	13.45	77	17.35	103	21.25	129	25.15	155	29.05
26	9.70	52	13.60	78	17.50	104	21.40	130	25.30	156	29.20
27	9.85	53	13.75	79	17.65	105	21.55	131	25.45	157	29.35
28	10.00	54	13.90	80	17.80	106	21.70	132	25.60	158	29.50
29	10.15	55	14.05	81	17.95	107	21.85	133	25.75	159	29.65
30	10.30	56	14.20	82	18.10	108	22.00	134	25.90	160	29.80
31	10.45	57	14.35	83	18.25	109	22.15	135	26.05	161	29.95
32	10.60	58	14.50	84	18.40	110	22.30	136	26.20	162	30.10
33	10.75	59	14.65	85	18.55	111	22.45	137	26.35	163	30.25
34	10.90	60	14.80	86	18.70	112	22.60	138	26.50	164	30.40
35	11.05	61	14.95	87	18.85	113	22.75	139	26.65	165	30.55
36	11.20	62	15.10	88	19.00	114	22.90	140	26.80	166	30.70
37	11.35	63	15.25	89	19.15	115	23.05	141	26.95	167	30.85
38	11.50	64	15.40	90	19.30	116	23.20	142	27.10	168	31.00
39	11.65	65	15.55	91	19.45	117	23.35	143	27.25	169	31.15
40	11.80	66	15.70	92	19.60	118	23.50	144	27.40	170	31.30

2. 身体围度

身体围度也是另一个衡量身体成分是否标准的重要数据之一。

（1）测量方法

1）统一标准，全部用身体右侧。

2）确认测量的解剖学部位。

3）每处测量要重复2～3次，确保准确性。每一次测量最小单位应小于1 mm。

4）注意测试时教练的身体姿势。

（2）各部位围度测量（见图4—46）

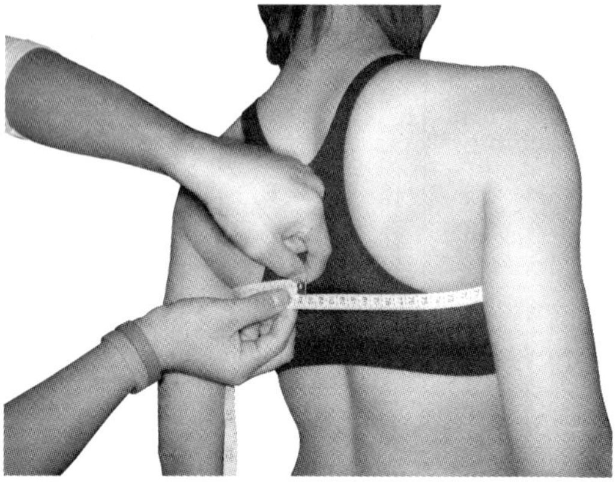

胸围：胸部最高点，双臂自然下垂，均匀呼吸

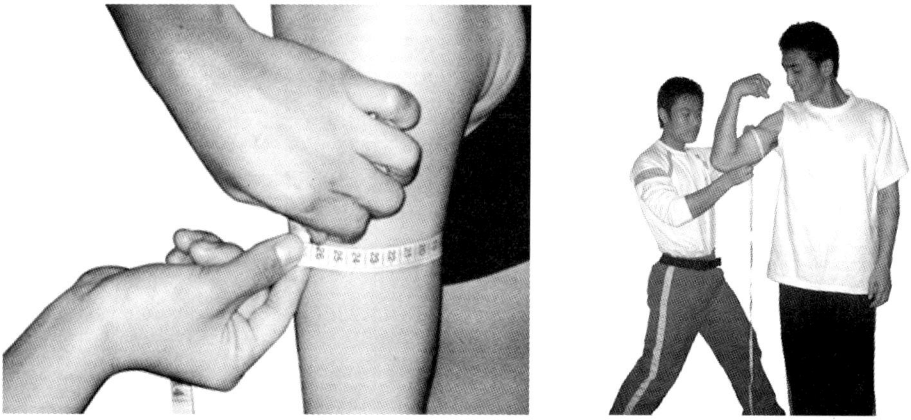

臂围：肩峰与肘关节连线中点，女性自然下垂，男性弯举

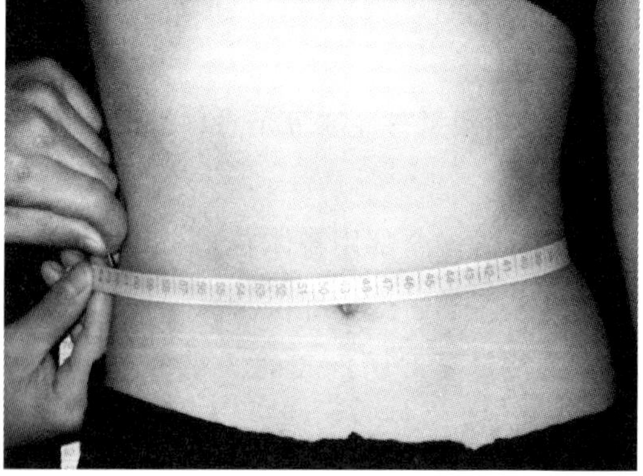

腰围：肚脐旁一周，双臂自然下垂，均匀呼吸

臀部：臀部最高点，两脚并拢，均匀呼吸

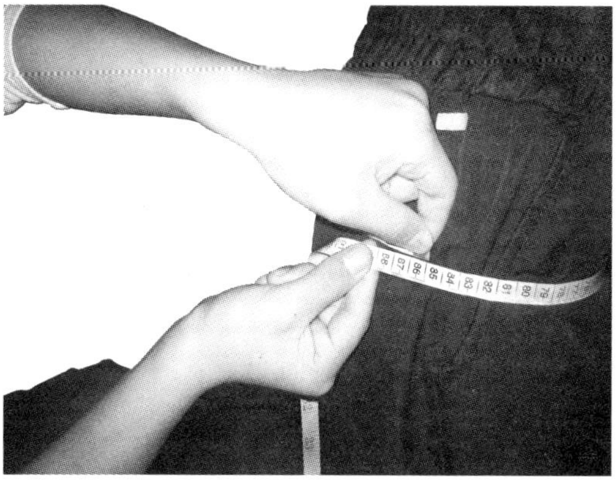

围：膝关节与髋关节连线中点，重心在另一条腿上

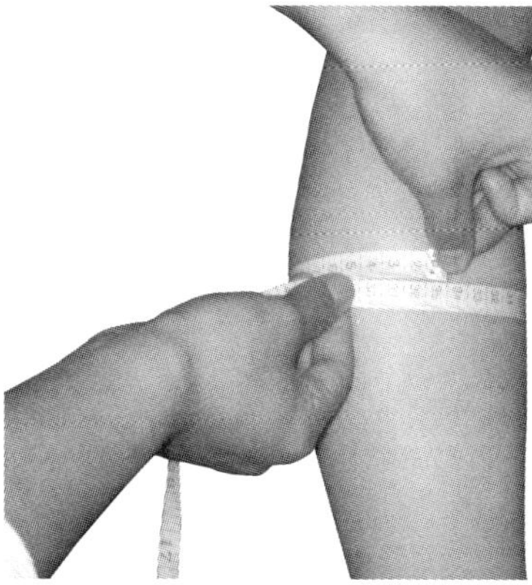

小腿围：小腿肌腹最大圆周处，重心在另一条腿上

图4—46　各部位围度测量

4.6.2 私教课的授课流程

标准的私人教练课程分为7个步骤：

1. 前台接待

为了体现私人教练的专业性和优质服务，私人教练在时间允许的情况下，应该在开课前10 min到前台迎接自己的会员，在前台等待时主动与其他会员打招呼，为会员在上课前讲解本次训练课的训练计划和要求。

2. 热身

每节训练课前，私人教练都要安排会员做5～10 min的热身运动。选择的方式有很多，比如跑步机、椭圆机、自行车等都可以，或者自己为会员设计互动的热身内容，比如传球跑等。

热身的益处有：

(1) 加强全身血液循环。

(2) 使关节囊分泌滑液。

(3) 使肌肉收缩和反应次数增加。

(4) 使作用在心脏的压力减小。

(5) 减小受伤的可能。

(6) 使会员做好运动前的心理准备。

3. 力量训练

力量训练不但可以达到增肌的目的，更重要的是可以帮助会员提高基础代谢，以消耗更多热量，因此，建议所有的会员都应加强力量训练。女性会员可能会比较排斥器械训练，担心自己练出很多肌肉，影响女性的柔美。其实这些担心都是不必要的。从生理学的角度讲，男性与女性所分泌的荷尔蒙激素是不同的，因此不用担心有过多的肌肉生长，从训练的角度的讲，采取轻负荷多次数的训练原则也不会使女性增长过多的肌肉。

力量训练的益处有：

(1) 增强肌肉力量。

(2) 增强肌肉耐力。

(3) 改变体形，提高自信。

(4) 休息时的热量消耗量提高，即基础新陈代谢（BMR）提高。

（5）降低受伤风险。

（6）增加骨骼强度。

（7）更平衡，更协调，更灵活。

（8）进行日常活动更轻松。

4. 心肺功能训练

在进行完力量训练之后，应适当的做一些心肺功能的训练。在提高心肺耐力的同时，又可以很好地缓解由于力量训练所造成的乳酸堆积。因此建议私人教练把心肺功能训练安排在力量训练之后。

心肺功能训练的益处有：

（1）减少身体脂肪。

（2）减低发生冠心病和心脏病的可能性。

（3）降低发生中风的可能性。

（4）提高对多种疾病的抵抗力。

（5）改善胆固醇水平。

（6）提高处理紧张的能力。

（7）增加精力。

（8）增加心肺耐力。

5. 放松

在完成所有的训练项目之后，不应该让会员马上停止运动，这样会使心脏压力过大。最好的方式是通过一些轻微的有氧运动达到放松的效果。

放松的益处有：

（1）调节心率到安全值。

（2）使体温恢复正常。

（3）减少心脑血管压力。

（4）使肾上腺素恢复平稳值。

6. 拉伸

当会员的心率恢复到安全范围内之后，就要为会员进行专业拉伸了。这不同于简单的放松按摩，是私教课特有的专业性放松手法。好的拉伸可以帮助会员快速地消除疲劳，体会到训练后的舒适感受。

拉伸的益处有：

（1）缓解乳酸堆积。

（2）提高肌肉弹性。

（3）提高运动幅度。

（4）减少肌肉受伤风险。

（5）加强与会员的沟通。

7. 预约下次课程

完成一节完整的私教课前，千万不要忘记为会员预约下次的课程。因为每位私人健身教练的时间都是有限的，为了帮助会员系统地、并不间断地完成训练和有效、合理地利用私人教练的时间，提前预约好下次课程是非常重要的步骤。

第 5 章

健身俱乐部会员管理系统

5.1 健身俱乐部软件应用的发展

近 10 年来，计算机行业有了长足的发展，计算机应用普及到每个家庭、每个企业。也正是这 10 年，中国健身市场逐渐产业化，大大小小的俱乐部涌现出来，国内自由的器械厂商、管理咨询团队、专业化的管理软件也逐渐成熟起来。国内健身俱乐部应用计算机系统主要经历了如下几个阶段。

第一阶段：建立适合本俱乐部特点的计算机硬件环境。包括购买计算机及相关的设备，建立俱乐部的计算机网络，对员工的计算机基本使用的培训。这是俱乐部计算机应用的起步阶段，为将来奠定了基础。目前很多俱乐部已经达到这一阶段。

第二阶段：购买或者自行开发中小规模应用软件系统。在这个阶段中，俱乐部中的各个部门人员已经认识到，计算机系统应用于日常工作中能够在提高工作效率、降低员工劳动强度、降低业务运作费用等方面发挥很大的潜力。健身俱乐部会选择购买或自行开发一些适合各个部门使用的业务处理软件，如刷卡系统、财务系统、体测系统等。

第三阶段：实现计算机应用软件系统的统一。俱乐部在第二个阶段中，会逐渐发现使用多个松散的计算机应用系统将形成信息孤岛、流程不畅等众多弊端。当健身俱乐部的计算机使用达到一定的层次，统一整合的应用软件系统的要求会逐渐地强烈起来。所以，有些连锁俱乐部开始考虑花很大的费用来购买 ERP 等全面管理的软件系统。这些系统主要整合了人力资源管理、财务管理、销售管理、俱乐部管理等多个方面，为俱乐部的运作提供完善的管理方案。比起原来的每个方面使用一个相对独立的软件系统有着极大的优势，如使原先各种孤立的数据能够在整合的系统中得以充分的共享处理等。

5.2 健身俱乐部计算机硬件环境

俱乐部的软件并不是说找一台计算机，上面安装一下软件就可以应用了，而是跟一系列的IT技术密切相关。这些技术的应用在每个俱乐部设计、装修时，必须考虑到位。以下把这些IT技术做一简单介绍，以便俱乐部的管理者、应用者能有一个基本了解。

5.2.1 局域网技术

局域网（Local Area Network），简称LAN，是指在某一区域内由多台计算机连接成的计算机组，如图5—1所示。某一区域指的是同一办公室、同一建筑物、同一公司、同一学校等，一般是方圆几千米以内。局域网可以实现文件管理、应用软件共享、打印机共享、扫描仪共享、工作组内的日程安排、电子邮件、传真通信服务等功能。

图5—1 局域网

一个大中型健身俱乐部局域网如图5—2所示。局域网一般由交换机、服务器、用户工作站、外部设备等部分组成。

交换机是局域网内各台计算机相互连接在一起的关键设备，其主要功能是完成计算机之间的数据交换功能。

服务器是局域网内的核心设备，主要作用是完成数据运算和存储功能。服务器可以由普通的计算机兼任，也可以选购专用的服务器设备。专用服务器一般具有高度的容错能力、优异的扩展性能和系统性能、极长的系统连续运行时间，能在很大程度上保护用户的数据和应用安全。

用户工作站就是指普通的计算机，现代俱乐部中计算机已经作为基本的办公用品，一般每个部门至少配备1台以上。

外部设备一般有用来打印会员合同、收据的打印机，用来给会员拍照的摄像头，

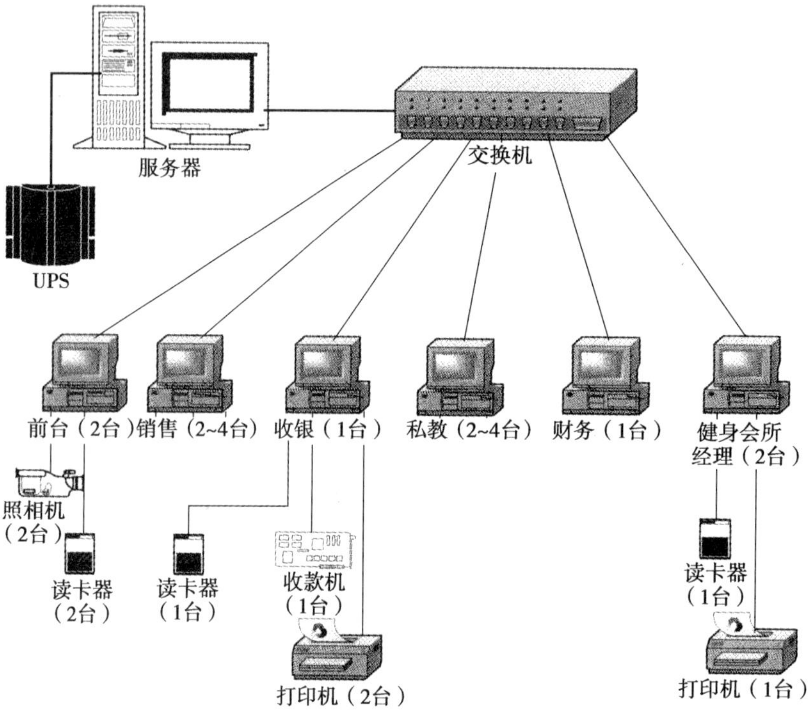

图 5—2　大中型健身俱乐部局域网

用来识别会员身份的会员卡、指纹仪等。

5.2.2　VPN（Virtual Private Network）网络技术

连锁健身俱乐部的各个俱乐部之间距离很远，有些甚至分布在全国范围内，单一意义上的局域网已无法把分布各地的俱乐部连接起来，因此采用 VPN 网络技术便是一个很好的解决方案。

VPN 即虚拟专网，是指在公用互联网上建立专用网络的技术。一般每个俱乐部通过 ADSL 拨号上网方式接入到互联网中，在互联网上通过相应的加密和认证技术来进行数据传输和交换，如图 5—3 所示。

正是由于这样一个“虚拟”的概念，借助已经广泛稳定运行且成本相对低廉的互联网络，企业网可以变得容易实施且费用低、易管理。

（1）VPN 可以享受互联网的所有服务范围和接入方式，如 ADSL、ISDN、电话拨号等上网方式，这使得企业网在实施、扩展等方面都变得十分容易。

（2）公网由于其规模经营及资源共享，成本低，可以为企业节省大量资金。

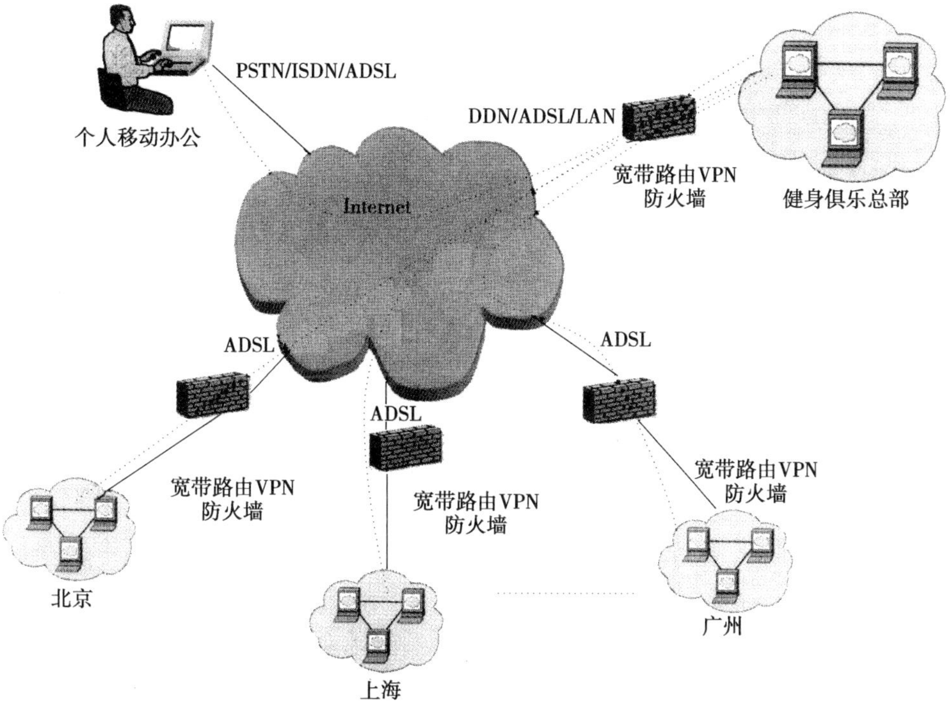

图 5—3　虚拟专网

（3）最重要的是，互联网的充裕而经验丰富的网络技术人员在企业网络设计、实施、维护、管理方面都可以为企业提供切实的帮助。

基于以上几种优势，采用 VPN 组网方式已经成为连锁俱乐部首要之选。

5.2.3　常用的计算机外部设备

俱乐部管理软件的应用离不开相应的外部设备，这些 IT 技术的应用，使软件更方便、快捷、好用。下面就把俱乐部中常用到的计算机外部设备做一下简单的介绍。

1. 摄像头（见图 5—4）

摄像头（Camera）又称为电脑相机、电脑眼等，它作为一种视频输入设备，在俱乐部里广泛应用于拍摄会员的照片、学员证等资料。摄像头一般按照像素大小区分。俱乐部应用也非越高越好，一般只要 130 万像素以上即可。

图 5—4　摄像头

2. 会员卡和读卡器

会员卡作为会员身份的标志，要求会员在来俱乐部时出示，已经在所有俱乐部中普通应用。一般常见的会员卡有磁条卡、条码卡、接触式 IC 卡、非接触式 ID/IC 卡。以下重点介绍磁条卡和非接触式 IC 卡。

磁条卡（Magnetic Card）是一种磁记录介质卡片。它由高强度、耐高温的塑料或纸质涂覆塑料制成，能防潮、耐磨，且有一定的柔韧性，携带方便，使用较为稳定可靠。通常，磁卡的正面印刷俱乐部的标志、提示性信息（如插卡方向）；另一面则有磁层或磁条，具有 2～3 个磁道以记录有关信息数据。磁条卡价格便宜，但是容易“消磁”导致无法使用。

非接触式 IC 卡又称射频卡，由 IC 芯片、感应天线组成，封装在一个标准的 PVC 卡片内。射频卡只要在读写器 10 cm 范围内就可以刷卡，所以不必插拔卡，非常方便用户使用。这大大提高了俱乐部前台验卡的速度。

3. 指纹仪（见图 5—5）

指纹仪作为一种较成熟的生物识别技术，具有高度的可靠性、唯一性。在俱乐部中会员只要用手触摸指纹仪，其个人档案信息便可在计算机上显示出来，使用方式快捷、简便、准确、真实。由于在大规模人员使用以及个人隐私处理等方面尚存问题，所以在连锁健身企业中推广较少。

图 5—5　指纹仪

4. 打印机

常用打印机一般分成针式打印机、彩色喷墨打印机、激光打印机、POS 打印机、证卡打印机等。

（1）针式打印机（见图 5—6）主要用于票单、会员合同等内容的打印，其具有低廉的价格、极低的打印成本、很好的易用性等优势。劣势则是打印质量低、工作噪声大、打印速度慢。

图 5—6　针式打印机

（2）彩色喷墨打印机（见图 5—7）因其有着良好的打印效果与较低价位的优点而占领了广大中低端市场。此外，喷墨打印机还具有更为灵活的纸张处理能力，在打印介质的选择上，喷墨打印机也具有一定的优势：既可以打印信封、信纸等普通介质，还可以打印各种胶片、照片纸、卷纸、T 恤转印纸等特殊介质。

图 5—7　彩色喷墨打印机

（3）激光打印机（见图 5—8）同样分为黑白和彩色

两种，它提供了更高质量、更快速度、更低成本的打印方式。虽然激光打印机的价格要比喷墨打印机昂贵得多，但从单页的打印成本上讲，激光打印机则要便宜很多。而彩色激光打印机的价位很高，几乎都要在万元左右，应用范围较窄，很难被普通用户接受，在此就不过多地进行介绍

图 5—8　激光打印机

（4）证卡打印机（见图 5—9）顾名思义就是用来进行证件打印的设备，在俱乐部中主要是应用于打印会员卡上会员的照片。由于要打印在特殊材质上，所以证卡打印机远比常见的激光、喷墨打印机要昂贵得多。

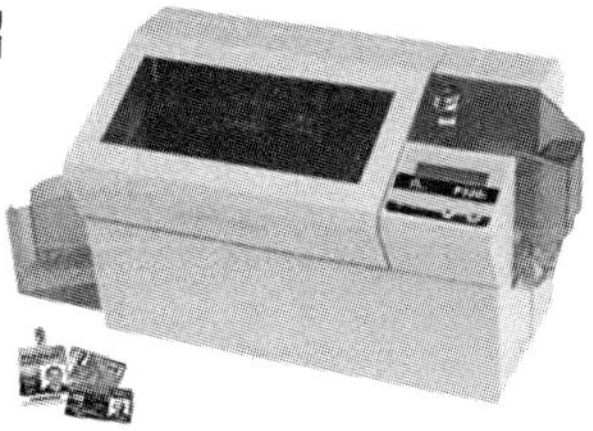

图 5—9　证卡机

5.3 健身俱乐部软件功能介绍

俱乐部管理软件从广义上说是指俱乐部中各种业务应用的软件，如财务软件、会员体测软件、会员管理软件等；狭义上一般特指会员管理系统。会员管理系统按照应用的部门、使用的功能一般分成会籍管理子系统、私教管理子系统、客服管理子系统、财务管理子系统、商品管理子系统等。

5.3.1 会籍管理子系统

会籍管理子系统主要由会籍顾问、会籍经理、收银人员等使用，主要是完成潜在顾客资料收集、跟进、会员入会、续会、升级、会员档案维护、会员信息查询统计等业务。

1. 潜在顾客管理

作为会籍顾问日常最频繁的工作之一，就是通过各种渠道收集潜在的顾客信息（姓名、性别、电话、手机、办卡意向、来源情况等），并将之在第一时间输入到软件系统中去。在软件系统的提示之下，电话邀请参观、试训、体验，在软件系统的协助下，保持一个最佳的、最有效频度的电话联系，让顾客觉得温馨和体贴的同时，逐步认可俱乐部的服务。潜在顾客管理流程如图 5—10 所示。

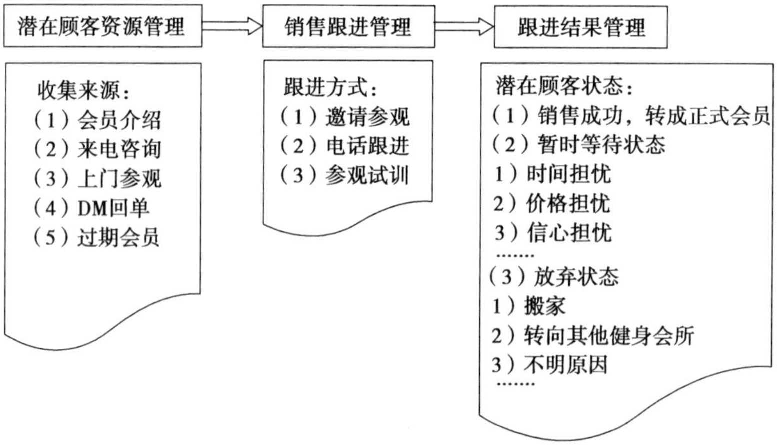

图 5—10 潜在顾客管理流程

跟进过程中及时记录跟进结果，把会员的各种担忧状态记录下来。例如，有价格担忧的顾客，等到俱乐部有适当价格的活动的时候，进行通知。长时间跟进未果的顾客，在软件系统中可以直接操作为放弃，记录放弃的原因，并总结相应的销售经验。

会籍经理、总经理通过软件可以在第一时间了解销售细节，详细掌握潜在顾客情况，便于进行相应销售策略的调整。

2. 办理入会合同

会籍管理子系统中最常用的功能之一就是办理会员入会协议，按照标准化流程，可分成7个步骤。在不同的俱乐部，具体操作岗位可能有所不同，可以是一个人完成所有步骤，也可由会籍顾问、收银人员、会籍经理配合完成这个流程。入会流程如图5—11所示。

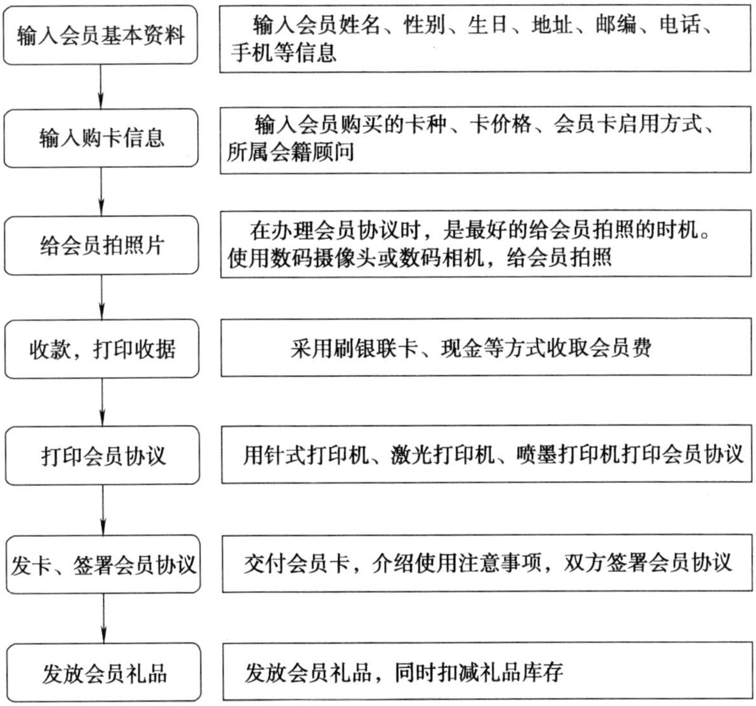

图5—11　入会流程

3. 会员档案管理

会员档案是俱乐部核心机密资料，是俱乐部的“衣食父母”。一般而言，每名会籍顾问只能查看到属于本人的会员资料。一旦有会籍顾问离职的时候，会籍经理要把其所属的会员资料重新分配。

当会员的地址、手机、联系方式、电子邮箱发生变更的时候，会籍顾问本人可以进行修改，但是会员关键信息（如姓名、性别、照片、指纹等），必须由更高级别权限的岗位进行维护。

会员档案管理中包含有多种方式的查询报表，以便于会籍顾问及时了解所属会员的情况，定期与会员沟通。基本的查询包括：新会员锻炼情况跟踪、快要到期会员名单、近期生日会员名单、近期未锻炼会员名单、近期流失会员名单、本人会员近期投诉查询、本人会员积分查询、本人会员分类统计（按照性别、卡种、训练频度等方式）。

4. 会籍销售统计

会籍销售统计主要便于销售经理、财务经理及时了解每名会籍顾问的任务完成情况，完成情况中又需要详细区分出来续会销售额、朋友转介绍（BR）部分的销售额、电话咨询（Ti）部分的销售额等；当前、当月、当年销售排行榜；会籍销售提成的计算；针对潜在顾客跟踪情况，进行销售预测和分析等功能。

5.3.2 私教管理子系统

私教管理子系统主要由私人教练、私教经理、收银人员等使用，主要是完成会员购买私教课、私教上课预约、私教上课刷卡等业务过程。

1. 私教购课协议

私教管理子系统中最常用的功能之一就是办理私教购课协议，该功能比入会流程要简化一些。私教购课流程如图5—12所示。

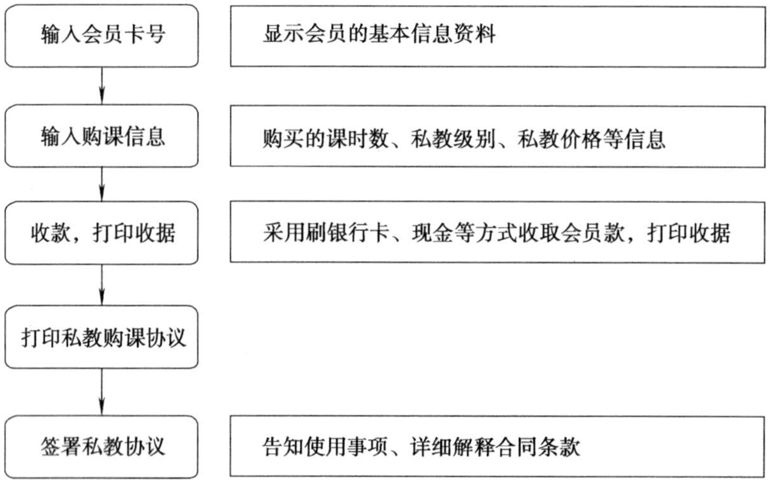

图5—12　私教购课流程

2. 私教上课预约

私人教练只能查看到购买本人私教课程的会员，或者由软件系统分配过来初次体验私教课程的会员资料。上课之前进行预约，可以有效地安排教练的日程表。预约必须符合以下条件：

（1）预约时间。必须在会籍和私教的有效期内进行。

（2）同一个时间段，不能预约多人次。

（3）解约必须提前若干小时进行，否则扣除该节私教课。

该会员当天到俱乐部前台验卡的时候，提示该会员当天有私教课程预约，进一步确认预约信息。

3. 私教刷课

每一次上完私教课之后，私人教练可以在私教岛进行上课刷卡，并打印出来私教上课流水小条，由会员签字之后生效。具体的应用细节如下：

（1）每名私人教练，只能上自己的会员的课程。

（2）私教上课的时候，必须有会员在前台的到场记录。

（3）如果之前有失约的预约记录，该次刷课打印出来两张刷卡小条，会员签字确认，一并扣除私教课程。

（4）私教上课时判断当前是否有预约，将预约表上的状态修改为已上课。

（5）定期将会员的体测结果输入到系统中去。

4. 会员私教档案管理

会员私教档案有别于会员会籍档案资料，这里增加了会员体测记录，历次体测记录之间的对比、变化，历次购课、续课的记录等。同样，私教只能查看属于本人的会员信息。基本的查询如下：

（1）系统新分配给私教的会员名单。

（2）近期生日会员名单。

（3）近期未锻炼会员名单。

（4）近期流失会员名单。

（5）会员体测记录查询、对比分析。

（6）本人会员分类统计（按照性别、卡种、训练频度等方式）。

5. 私教销售统计

私教销售统计主要便于私教经理、财务经理及时了解每名私教的销售任务完成情况。完成情况中又需要详细区分出初次购课的销售额、续课部分的销售额等，当前、当月、当年私教销售排行榜，私教销售提成的计算，私教会员量占俱乐部总会员量比例等。

5.3.3 客服管理子系统

客服管理子系统主要是供前台或者专职的客服人员使用，主要完成前台验卡、会员请假、补卡等日常手续。

1. 前台验卡

前台验卡是系统中最关键的程序之一。每一次验卡过程也就是一两秒钟的事情，前台操作人员要根据系统中做出的提示，迅速完成刷卡操作。系统提示的信息有：

(1) 会员的姓名、性别、照片、卡种、卡有效期。

(2) 是否初次到访提示。

(3) 是否有请假提示。

(4) 是否有生日提示。

(5) 是否有私教预约或者课程预约。

(6) 会籍顾问或者私教是否有留言提示。

(7) 是否有欠款提示。

2. 请假

请假一般又叫做冻结、存卡、停卡。不同的俱乐部请假的规则也有所不同，例如有些俱乐部提供60天的免费请假期，有些不提供；有些俱乐部请假时间必须是整月请假，有一些健身俱乐部则可以按天计算。如果用手工管理起来非常烦琐，时间长了难免会有遗漏。用软件系统管理的时候非常方便。

整个请假操作由两步完成。第一步为请假登记，只要在前台计算机上刷一下卡号，输入请假时间，系统就自动将会员卡状态封存起来。第二步为销假，一般又叫解冻、开卡，会员只要再次到前台刷卡，系统自动就将会员卡状态打开，重新计算会员卡有效期限。

3. 补卡

会员丢失会员卡之后，需要到前台进行补办，补办会员卡一般会收取一定的手续费。补办卡之后，旧卡作废，全部会员资料移植到新卡之中。

4. 上课预约

一些特殊的课种，由于上课资源有限，如动感单车、高温瑜伽课等，需要进行提前预约。会员可以通过电话自助服务、电话人工服务、俱乐部的网站进行预约。一旦俱乐部课程进行调整的时候，也便于及时通知相应的预约会员。

5. 会员来访记录统计

前台操作人员可以很方便地查询如下的报表，具体明细如下：

（1）今日来访会员名单。

（2）今日在场会员名单。

（3）某一个会员的历次来访记录。

（4）按日或月统计日均来访会员量。

（5）按时间统计会员来访量。

5.3.4 财务管理子系统

财务管理子系统包括两部分：一部分是收款业务，包括会员合同收款、私教合同收款、会员卡储值收款、日常商品的买卖、请假、补卡手续费等；另一部分是财务核查，确认收入，各种日、月收入统计报表功能。

5.3.5 商品管理子系统

商品管理子系统主要管理俱乐部日常销售的饮料、服装、营养品等采购入库、配送、销售等业务，即时查看商品库存。

5.4 未来健身俱乐部软件应用展望

未来健身行业竞争会更加激烈，大大小小俱乐部不断涌现出来。在行业不断扩张的过程中，会发现到达了瓶颈，就是再选址、开新的店、招募新的会员，也已无法再提高会员量、销售额了。俱乐部普遍存在以下情况：

• 会员资源往往得不到有效管理。会员资源是企业生存的根基，是俱乐部的重要资产。会籍顾问通常将会员资源当作个人资产，人员的流动往往会导致会员资源流失，企业资源难以持续有效地得以积累。

• 会员资源的利用率低。销售过程难以量化管理，管理凭直觉。管理无法做到事前和事中的有效控制，销售成功率低。

• 会员资源潜在价值挖掘不充分。缺乏顾客的二次消费、顾客口碑的传播以及关联产品的销售等。

• 整体销售协同性差。完整的客户关系通常动态地存在于俱乐部会籍部、客服部、私教部等多个部门之中。由于没有规范化的销售流程，从而导致信息难以共享，团队协作差。俱乐部的销售能力仅仅是会籍顾问的个人能力，而没有上升为组织能力，销售能力难以复制，团队整体销售能力发展不平衡，严重制约了企业良性持续的市场开拓。

• 营销投入回报率低。俱乐部为了提升业绩，常常会采取一些传统的激励措施，如加大广告力度、提高会籍顾问的工资、提高销售提成、频繁调换人员等，但这些措施不能从根本上解决销售管理的协作性问题。

• 会员续会率低。分析不出来哪些会员是自然流失、哪些会员是非正常流失。

目前，绝大多数健身俱乐部都意识到“顾客是上帝”，“一切以顾客为中心”，但是这些仅仅是口号。

如果把会员价值分为既成价值、潜在价值及模型价值，显而易见，每个俱乐部运营的核心就是尽可能地提升会员的多维价值，

5.4.1 下一代俱乐部管理软件系统介绍

下一代俱乐部管理系统将是从单一应用功能到多维结合的综合性 ERP（Enterprise Resource Planning——企业资源计划）信息平台。它是以财务管理为基础，以 CRM（Customer Relationship Management——客户关系管理）为核心，结合各种辅

助性功能子系统，集 BI（Business Intelligence——商业智能）决策工具进行辅助的复杂型信息系统。它在保证人、财、物信息精准的基础上，对各类信息进行深入分析、挖掘，通过深化与顾客之间的关系，为其量身订制相应的商业模式及营销策略，以满足顾客个性化的需求，尽可能提升顾客的多维价值，为企业建立一个会员多方位信息收集、管理、分析、利用的平台。下面就以 CRM 的几个方面做简要描述。

1. 会员数据挖掘

一家俱乐部少则几百人，多达上万人。众多的会员中有多少比例的会员是忠实顾客（养成良好的运动习惯，每周来访俱乐部的频率 1 次以上）？吸引这些忠实顾客来俱乐部的健身目的是什么？喜欢俱乐部的环境呢，还是俱乐部的某位金牌教练？这些忠实的会员对俱乐部的口碑如何？满意度如何？每月有多少忠实顾客流失了？这些忠实顾客流失的原因是什么？

时常听到会籍顾问在销售会籍卡时，这样跟会员讲“我会经常督促您锻炼”。在售卡之后，会籍顾问有没有做到真正的督促？督促的效果如何？有多少会员在督促下成为俱乐部的忠实顾客？应该由会籍顾问去做督促，还是由私教去做督促呢？

以上所有问题的回答，需要使用 CRM 系统中会员数据挖掘功能，给出一个准确、实时的数据，而俱乐部的管理部门通过这一系列的数据，来制定相应的营销政策。

2. 客户服务与支持

在很多情况下，客户保持和获利能力依赖于提供优质的服务，客户只需轻点鼠标或一个电话就可以转向其他品牌的健身俱乐部。因此，客户服务和支持对很多健身俱乐部是极为重要的。CRM 在满足客户的个性化要求方面，速度、准确性和效率都令人满意。客户服务与支持的典型应用包括：客户关怀、订单跟踪、现场服务、问题及其解决方法的数据库、投诉行为安排和调度、客户投诉管理等。

3. CRM 渠道：多渠道的客户互动

现有俱乐部有许多同会员沟通的方法，如面对面的接触、电话、电子邮件、互联网、通过合作伙伴进行的间接联系等。CRM 应用有必要为上述多渠道的客户沟通提供一致的数据和客户信息。客户经常根据自己的偏好和沟通渠道的方便与否，掌握沟通渠道的最终选择权。例如，有的客户或潜在的客户不喜欢那些不请自来的电话，但对偶尔的电子邮件却不介意。就外部来讲，俱乐部可从多渠道间的良好的客户互动中获益，如客户在同俱乐部交涉时，不希望向不同的俱乐部部门或人提供相同的重复的信息，而统一的渠道方法则从各渠道间收集数据，这样客户的问题能更快地、更有效地被解决，以提高客户满意度。

5.4.2 下一代俱乐部管理软件的实施

下一代俱乐部管理软件的实施，绝不仅仅简单是一个软件购买、安装、应用的问题，而是对整个俱乐部的经营理念、企业文化、组织构架、业务流程等进行全方位的优化和再造过程。

第一个层次是在健身俱乐部中树立“以顾客为中心”的管理理念。实现“以顾客为中心”的信息整合，也就是将过去散落在不同部门、业务环节或员工个人手中的顾客静态信息和动态信息整合到一起，完成企业化的顾客资源管理。这是企业必须要迈出的一步，做到这一点才能谈其他应用。

要做到这点非常难，因为信息随时在变，信息的第一利用人、第一获取人等都不固定，需要支持多角度的查询检索条件等，这通常需要借助 CRM 系统中相对固化的采集和汇总方式来进行。

第二个层次是在顾客信息整合的基础上建立各部门协同配合的工作流程管理。在企业内部完善“以顾客为中心”的精细业务规则，通过这个阶段的实现，可以帮助企业提高协同工作的效率，加快顾客的响应速度，提升企业整体运营的战斗力，这个流程的优化能够减少现阶段不必要的冗余的工作环节，甚至可以优化某些重复性、事务性的工作岗位。

第三个层次是利用上述信息完成“以顾客为中心”的决策分析，把过去很难提炼出来的业务信息进行深加工处理，帮助企业更多地依靠数据说话，对业务从结果性的分析过渡到过程与结果并重的分析，比如根据顾客的价值体系和购买特征的变化来制定合理的销售服务策略，从而达到应用的高级目标。如果企业在选择系统的时候就比较清楚地了解每一步深化应用的条件，设定合理的预期，就能够更好地从企业的管理现状出发，改善顾客管理中最迫切也最容易成功的环节，这样企业上下可以在每个阶段都看到实施的明显效果，用成果来推动进一步的应用。实践证明，这样的实施就很容易成功。

相信通过有效的信息管理，可以与会员建立更长久的双向关系，并获取会员忠诚。相对于新会员，忠诚会员每年或每次两次消费更多，企业服务成本大大降低；忠诚会员还会介绍并带来新会员，降低了企业的推广费用。

可以相信，在未来几年中将有很多健身企业相继地引入各类 ERP 平台作为信息工具，以帮助企业更好地开拓山辟地。

相关链接

一兆韦德开拓健身行业信息化管理的先河

在目前健身行业的信息化建设中，大部分企业还是处于单一或多个功能性系统独立使用的信息孤岛模式。而一兆韦德在信息化建设上已完成从单一的MIS（Management Information System——信息管理系统）到复杂的ERP（Enterprise Resource Planning——企业资源计划）信息平台的蜕变，到目前为止是国内健身行业中首家搭建ERP管理平台的企业。其信息平台有以下几个主要特点：

1. 平台先进

一兆韦德的ERP平台是引进处于世界领先地位的甲骨文公司（Oracle）的先进产品，从而充分保证了平台的安全稳定和整个平台生命周期的可拓展性。

2. 优化整合

一兆韦德的ERP系统并非简单地引进先进产品，而是在先进理念的基础上进一步优化整合，完全结合企业管理思想，为企业量身打造的信息平台，使企业在实际管理中达到灵活控制，宽紧可调，应用自如。

3. 功能全面

一兆韦德的ERP信息系统涵盖了财务、采购物流、人力资源、俱乐部、工程等所有的管理业务，使企业的管理环节紧密结合，流程融会贯通，信息充分共享。如此高度全面的信息整合在实施ERP系统的企业中也是少见。

4. 信息实时

一兆韦德的ERP系统能保证各个分俱乐部的所有信息完全准确实时地交换传递，使企业的信息收集、整理、分析、决策更加快速及时，为企业在信息万变的激烈竞争中取得先机。

5. 内修外炼

一兆韦德的ERP系统是通过专业公司进行全程监控实施的，但同样注重于内部支持团队的建设。在ERP实施之初便建立起一支由应用小组和技术小组组成的ERP支持团队。此团队除保障了ERP信息平台能安全稳定地运行外，也为企业管理策略的适时调整提供第一时间的支持，使ERP平台和企业发展与时俱进。